[犯罪社会学講義]

科学と国家と大量殺戮

生物学編

澤野雅樹

JN118948

言視舎

目次

第1講
序・ダーウィン前夜
——差異と変異を説明する試み

1　本講義のテーマについて

　表題のとおり、主題は「科学と国家と大量殺戮」である。本講義の科目名である犯罪社会学や犯罪学の歴史は相応に長いが、戦争犯罪や国家による暴力を扱おうという姿勢はないに等しかった。学問の体質から来るものなのか否かは不明だが、国家公務員による犯罪を取り上げることはあっても、国家による組織的犯罪にはなかなか手をつけたがらなかった。とりわけ戦争や大量殺戮は専門外とばかりに手を触れようともしなかった。それゆえ犯罪学者に対し、なぜ戦争犯罪や国家による犯罪を主題にしようとしないのかと批判する声も絶えなかった。

　実際、いわゆる大量殺人の場合、捜査に当たる警官たちがどんなに無能であっても被害者数が100人を超えることは滅多にない。犠牲者が10人を超えれば国境を超えて取り上げられるだろうし、20人を越えれば大犯罪として世界中で報道されるだろう。しかし、国家や軍による虐殺で10人や20人の死者が出たところで、大抵の人たちは大事と捉えるよりも小事と捉えるだろう。千、いや万を超える単位の死者が出て、ようやく人の記憶に留まる資格を得ると言ってもよい。ヒトラーやスターリン、ポルポトなど名うての殺戮者に至っては数十万から数百万、果ては数千万という単位の死者数がカウントされている。どれもが推定値でしかないのは、端的に言って多くの命を奪いすぎたからである。その意味で、犯罪学者たちに対する些か厳しい批判は的を射ていた。どうしてあんたらは人殺しや暴力を主題にしていながら、小物ばかり話題にするだけで、本当の「悪」から巧みに目を背け、ないことにしているのか、と。

　だが、犯罪学者や犯罪社会学者に詰め寄る上の批判にはやや厳しすぎる面があるのも否定できない。なぜなら犯罪学の宿命というべきか、研究の基礎ないし土台が特定の法秩序の下にあり、法律による定義をはじめから鵜呑みにする

傾向があるからである。言い換えるなら、犯罪学は違法行為の犯罪性に疑義を挟むことがないし、犯罪の名指しをもって秩序が仮構された事実を問題化しようともしなかった。そのせいか、法秩序を蹂躙し、法外な力を振るおうとする勢力が出現するや否や、犯罪学は咄嗟に口を噤み、言葉を失ってしまうのである。

　幸いなことに、私にはその種の慎ましい習性が身についていない。これから我々が見て行くテーマ系は、従来の犯罪学ないし犯罪社会学の死角にして今後の犯罪学および犯罪社会学の焦点にもなりうるホットなテーマ系になるだろう。事実、我々の講義は1年を通して一貫したテーマで行なわれる、──今学期は生物学の成立から始まるのだが、いきなり生物学を大量殺人と並べても、いまいちピンと来ない人も多いにちがいない。しかし、両項の関係は今もって無縁ではない。密接とは言えないが、無関係ではいられない。

　予告の意味を兼ねて、はっきり断っておこう。進化論からストレートに優生学が導かれることはない。また、もっとも過激な優生思想からでさえ、ナチズムのいわゆる「最終解決」は演繹されえない。

　優生学は「よき生まれ」（すぐれた生命）に由来する名をもちながら、どうして劣等な生命の除去に向かったのか？　単純なことだ、──すぐれた生命（才能、天分）には優生学者の助けなど要らないからである。すぐれた才能を伸ばし、偉大な力を育むのはその道の指導者や専門家であって、はなから優生学者の出番はなかった（少なくともごく最近まではそうだった）。

　生物学が神学的な思惟の地平から離陸し、動植物の栄枯盛衰の物語を新たに紡ぎ出した以上、そこから優生学のような派生物が現われるのはある意味で必定だったろう。単純明快さを尊ぶ頭脳は、進化の歴史に相撲の番付表みたいな一覧を見たがるからである。遺伝形質の優劣を力の優劣と混同し、鵜呑みにする者たちが絶えない所以でもある。

　同程度に素朴な頭脳の持ち主は、優生学的なニュアンスを帯びた言説を見つけると反射的に危険を察知し、大声で非難するだろう。やれナチだと叫び、やれ危険思想だとのたまう。事実、ナチスは優生学に由来するキャッチフレーズを多用したが、その使用法は誤用かつ濫用とも言うべき代物であり、科学的な妥当性など問題外であり、狙いはもっぱら語用論的な戦術的価値にあった。優

生学の主張からナチスの蛮行が帰結するとは言えないし、後者を生む原因の座に前者を据えることもできない。優生学の考えや煽り文句はナチスにとって原因ではなく口実であり、キャッチフレーズでしかなかった。それらは無関係ではないが、因果関係ではなく、つながりはあるものの、さほど太い線で結ばれてはいなかった。

　本講義もまた、太い線で結ばれた歴史物語を紡ぐわけではなく、学説史と歴史から15の断片を取り出すことに甘んじなければならない。15の窓から見える景色と言ってもいいが、それらのあいだにもつながりがあり、濃淡のさまざまな相関性が認められるにちがいない。たとえば、ある講義では、ロシアの秘密警察が捏造した文書を取り上げ、それをヒトラーが盲信したという事実に言及する。しかし、偽書の捏造とヒトラーの盲信とを一直線に因果の糸で結ぼうとすれば勇み足になる。というのも、それらに共通する要因として第1回シオニスト会議の開催を忘れてはならないし、会議の動機となったドレフュス事件を挙げないわけにもいかないからである。こうして関係網は広がるが、その分だけ錯綜し、各項を因果の糸で結ぶのはさらに困難になる、──関係項が増えればそれらを取り巻く条件も増えるし、偶発性や偶有性もその分だけ増していくからである。

　したがって、歴史や社会にかかわる事柄の記述は、どれほど太い因果性を思わせるものであっても、極度に圧縮され、単純化されたものだということを忘れないようにしたい。関係の記述は結局のところ、海面に突き出た氷山と氷山を結ぶようなものにならざるを得ない。社会の複雑化に反比例するように人の思惟がとめどなく単純化しつつある時代だからこそ、この点には留意したい。

　さて、本講義は多くの資料を引き、それらの言葉を道案内にして進められる。資料の文章にはその都度、事実の語り部になってもらいたい。なかにはかなり難しいものも含まれているが、優れた書物の文言は見えにくい真実を可視的にする照明の役割を果たす。それらの言葉はまた、事実を拡大投射するレンズになる一方で、我々を考える営みの真髄にも触れさせてくれるだろう。だから、簡単に要約するのは避け、できるだけ「本物」をそのままの形で資料として提示する。資料の文言が難しい場合はその分だけ、私のする解説を平易かつシン

プルな語り口で行なうつもりである。

　さて、第1回講義の内容であるが、ダーウィンの進化論が登場する以前の博物学の時代を垣間見ることにしたい。博物学的な認識の構図が支配的な時代、しかも博物学全盛の時代にあって、その中心部に生じた生物学的思惟の萌芽がにわかに胎動しはじめる様子をしばし見ることにしよう。

2　分類の秩序

　博物学（Natural History）は、分類の学問である。ナチュラリストは、新種を発見するとそれを近縁種と比較して、正しい位置に据える。その図表から弾き出される生き物は一つも存在しない。この世に存在するどんな動植物種でも、その図表に収まるだけでなく、どれも正しく所定の位置に収まっていることになる。その意味で、博物学とは、動植物の配置を事細かに変えながら、図表の完成を目指す学問だった。過去の一時期に存在したが今は滅びた生き物たちですら、その図の中では現存する種と少しも変わらない位置を占める。

(1) ツリー型分類——生物の区分

　カール・フォン・リンネは（1707 — 1778）は「分類学の父」と呼ばれる博物学者である。彼は動植物の分類秩序を、大きな枠組みから「綱」、「目」、「属」、「種」へと進み、最後に属名と種小名（または種形容語）から成る2名法を提案した。その際、命名はすべてラテン語で行なわれ、表記された。

　ミシェル・フーコー（1926 — 1984）を20世紀最大の思想家にした名著、『言葉と物』から、博物学的分類に言及した箇所を読んでみよう。

　〔資料1〕「博物学（histoire naturelle）とは〔中略〕名ざすことの可能性を見こした分析によって表象のうちに開かれる空間にほかならない。つまり博物学とは、《言う》ことができるであろうものを《見る》可能性、しかも、物と語がたがいに区別されながらも表象のなかではじめから通じあっていなければ、見たうえで言うことも、それどころか遠くから見ることもできないであろうものを、《見る》可能性なのだ」（ミシェル・フーコー『言葉と物』渡辺一民・佐々木

明訳、新潮社、1974年。153頁）

　表象という語の表記は、英語でもフランス語でも「representation」である。この語には「表象」のほかに「代表」や「記号」、「絵画」「彫像」などの意味がある。つまり、元々そこにある何ものかを別のもの・素材で表わす（代表・代理する）ことである。政治家を代議士（representative）と言うのは、我々有権者の意思を代わりに議会で表明してくれるからであり、それゆえ現代の民主主義は「代表」民主主義と呼ばれる。私たちは記号を操作して物事を認識し、絵画は絵具で風景や人物を再現し、彫刻は木材やブロンズで人物を目の前に現前させる。語彙の構造を見れば、「presentation」に接頭辞「re-」の付いた単語だから、その点を考慮して「再—現前」と訳す人もいるが、何か別の素材で象（かたど）って表わすという意味で「表象」ということを意識しておけばそれでいい。その上で「見る」ことは表象の側にあり、「物」は見られ、表象される可能性の内に沈んでいると考えてみよう。まだ見えないものは名前もなく、見ることのできない次元（不可能性）と、やがて見出されるものたちの次元（可能性）とのあいだにある。そう考えると、フーコーが表わそうとした博物学者の仕事がよくわかるだろう。

(2)　人間の位置

　具体的な理解をうながす意味で、現代の生物分類学にしたがって、人間がどのように定義されているかを見ておこう。

　　現今の分類例
　　日本語（英語・ラテン語）

　　　　　　　　　　　　　　　　　　　　例．ヒト（人間）
　　ドメイン（domain：regio）　　　　　　真核生物
　　界（kingdom：regnum）　　　　　　　動物界
　　門（phylum/division：phylum/divisio）　脊索動物門
　　綱（class：classis）　　　　　　　　　哺乳綱
　　目（order：ordo）　　　　　　　　　　サル目

科（family：famil1a）	ヒト科
属（genus：genus）	ヒト属（Homo）
種（species：species）	Homo sapiens sapiens

　リンネが先鞭をつけた分類学は、純粋に動植物を区別し、分類するための便利な方法にすぎなかった。しかし、上の例をしばらく眺めていると、私たちの目には人が地上に現われ、歩くようになるまでの悠久の時の流れが見えてくる。それら2つの視点のあいだには大きな距離がある。広大な距離を飛び越える契機を見る前に、それを準備した胎動とも言うべき試みをいくつか見ておこう。

3　変異を説明する3つの論理——ダーウィン前夜

　生物学と博物学の分かれ目に位置するのがダーウィンであり、ダーウィン以前の学問を通常、博物学（natural history）と呼び、ダーウィン以降を生物学（biology）と言う。ちなみにバイオロジーはギリシア語で生命を意味するビオスをロゴスとつなげた合成語である。

　19世紀、生物学的な認識が登場する以前の認識、つまり博物学者の目には何がどう見えていたのか？　当時の博物学者、つまりナチュラリストたちの頭を悩ましていた最も大きな問題は、聖書と自然との対立ないし矛盾にあった。

　自然の有りさまを見れば、単純な生き物から複雑な生き物まで、さまざまな種類の生き物がいる。それぞれの生き物は分類の秩序にしたがって整然と分かれ、所定の場所に収まっていた。分類の基準も誰にでもわかるように定められていた。各々の生物群は、特徴的な外観や部位の類似ないしちがいの程度によって、系統だった分類をすることが可能になっているはずだった。当時の学者たちは、系統分類の図表を作成しながら、生物はきわめて単純なものから始まり、徐々に複雑なものに変異していったのではないかと考えるようになっていった。

　しかし、聖書の記述にしたがうならば、人間よりも先に他の生き物が創造されていては具合が悪かった。人間以外の生き物は人間が創造されたあとに作られたか、少なくとも全生物がいっぺんに創られるのでなければならなかった。「創造」を信じるなら、世界は最初に創られたままである。つまり太古から現

在の姿のまま変わっていないという。聖書によれば、地球が創られた 4 日後に太陽が創られたと言われているが、それは本当だろうか？　ニュートン力学を参照すれば、こう問わざるを得ない、──太陽が創られる前に、地球はいったいどんな力に引かれ、どんな公転軌道をめぐっていたのか？

　こうした疑問を抱くようになるにしたがい、科学者の頭脳には徐々に聖書離れとも言うべき現象が萌してきた。すなわち、生物の多様性は、被造物の全体が静的に配置された図表などではなく、何らかの変遷、すなわち生き物の栄枯盛衰などの《変化の歴史》を表わしているのではないか。このような（いたって普通の）疑問を大多数の研究者たちが抱くようになり、静的な秩序に時間の推移を見ようとする態度が彼らに共通の見地になっていった。

　その印象が単なる妄想ではなく、事実だとすれば、生き物たちの変化を駆動してきた要因はいったい何なのか？　どんな作用が働いて現今の生物世界ができあがってきたのだろうか？

（1）ジャン＝バティスト・ラマルク（1744 ─ 1829）

　ラマルクは初期進化論（目的論的進化論）の提唱者として今なお有名な人物である。ラマルクの知名度はそれほどではないかもしれないが、彼の学説の影響力はとてつもなく大きい。彼が提唱した進化の駆動力は《獲得形質の遺伝説》と呼ばれているが、それをいまだ「進化」の核心だと勘違いしている人は案外多い。

《獲得形質の遺伝説》とは、種々の機能の使用・不使用に基づいて進化・退化の秘密を解明しようとする理論である。進化の実例としてキリンの首を挙げる人は、ラマルク進化論を信奉していると言ってもいい。つまり、キリンは高い木の葉を食べようとして首を上に伸ばしているうち、実際に首が伸びたという考えである。もっと高い木の葉を食べるためにさらに首が長く伸びた個体が生き残る上で有利になり、集団から秀でて、新たな集団の発端になったというわけだ。

　この学説は間違いなので、がんばって覚える必要はない。むしろ反論のほうをしっかり把握しておくべきだろう。ポイントは、獲得形質（生後、経験的に獲得した特徴）が次の世代に伝わる（継承される）ことはないという歴然たる

事実である。たとえば、うさぎの尻尾を人為的に切断したとしても、その個体から尻尾のない仔うさぎが生まれることはない。美容整形にかけた出費の成果もまた、子どもには継承されない。いわんや親が習得した言語を子どもが生まれつき喋ることもない（生得的な言語は存在しない）。つまり親の努力は、なんであれ子どもに伝承されない。

　ただし、ラマルク説への反論が絶対ではない点も肝要である。例外があるからだ、——獲得形質の遺伝説が適用される例外は、放射線被害である。もし親の生殖細胞が放射線によって変異を蒙り、損傷が修復不可能であれば、変異した生殖細胞（とそれが担う遺伝情報）は高い確率で子どもに伝えられてしまう。したがって、放射線の被曝によって後天的に遺伝子が変異を来した場合に限って、生後に獲得した変異が図らずも遺伝してゆくことになる。

(2) ジョルジュ・キュヴィエ（1769 — 1832）

　キュヴィエの名は、進化論に対する激しい反対者として広く知られている。しかし、実際にキュヴィエが反対したのはダーウィンではなく、ラマルクだった。彼の名を反ダーウィニズムの代表に仕立て上げたのは、キュヴィエ本人ではなく、彼の名を権威として持ち出してダーウィンを叩こうとした後年のイギリス人たちだった。ミシェル・フーコーが『言葉と物』の中でキュヴィエの仕事に言及したくだりを読んでみよう。

　〔資料2〕「発見、議論、理論、あるいは哲学的選択といった、より人目を引きやすいレベルではなく、考古学的深層において考察されるならば、キュヴィエの著作は生物学の未来となるであろうもののうえにはるかに張りだしているのである。〔中略〕ラマルクが、古典主義時代の人々の博物学のそれにほかならぬ、存在論的連続性から出発することによってしか種の変移を考えようとしなかったことに、だれしもただちに気づくにちがいない。ラマルクは、漸進的推移、中断されることのない完成化、他のものから出発しながらたがいに形成しあうことのできるような諸存在の間断ない大連続面、そうしたものをまず想定していた。〔中略〕キュヴィエは、古典主義時代における、諸存在の階列のなかに、根源的不連続性を導入した。そしてまさしくそうすることにより、生物学

的非両立性、外部の諸要素との関係、生活条件といった諸概念を浮きあがらせるとともに、生命を維持しているにちがいないある種の力と、死をもって生命を罰するようなある種の脅威とをあきらかにしたのだ。そこでこそ、進化論的思考のような何かを可能にする、諸条件のおおくが結合されるのである」（フーコー、294―5頁）

　この引用のポイントは2つある。ひとつは進化論の端緒と言われるラマルクが生物学以前の博物学に属しているとされる一方で、進化を否定したとされるキュヴィエの方は博物学的認識から大きく身を乗り出して、彼の思考はむしろ生物学の地平に達していたということである。
　第2点は、キュヴィエが生き物の秩序に導入した「不連続性」にある。ラマルクが想像力を駆使して安易に種や類の壁ないし隔たりを越えて諸動物をつなげてしまうのをキュヴィエは厳しく糾弾した。ただし、キュヴィエがダーウィンのように生物の秩序を「進化」による不連続性と考えたかと言えば、それもまた事実とは異なる。キュヴィエの考える不連続の歴史を司る原理は、ズバリ、「死」だった。まず生物の栄枯盛衰を司るのは、世界に起きた大惨事としての「死」だった。次いで「死」の視点は、医学に臨死解剖の視点が登場したのと軌を一にして、博物学者にも比較解剖学的な認識の枠組みが生まれ、詳細な知識が蓄えられていった。キュヴィエの「死」は、新たに発掘された化石の「生」を洞察し、個体の生涯を展望しながら、多くの生命を一掃した「死」をも展望することを可能にしたのである。つまり、比較解剖学者の微視的な視線は、諸個体の死の詳細を眺めながら、それらを束ねる集合的な事象として「絶滅」を発見したのである。
「死」のテーマ系をめぐるひとつの結論を、フーコーから引いておこう。

　〔資料3〕「動物が示してくれるのは、諸特徴（カラクテール）の静止したイメージというよりは、呼吸や食事をつうじての無機物から有機物へのたえざる移行、そして死の力による、諸機能の大建築から生命のない灰への反対方向への変換である。「死んだ物質は、生きている身体のほうに運ばれ、そこに場所を占め、それがとりいれられたところの組み合せの性格に応じて決定された行動を遂行し、やがて

そこを逃れ、死んだ自然の諸法則のもとに回帰していくのである。」こうキュヴィエは語っている。植物は運動と不動性、知覚をもつものともたぬものとの境に君臨していた。だが動物は、生と死の境にその身を持するのである。死は、あらゆる方向から動物をとりまいている。そればかりではない、内部からも動物をおびやかすのだ。なぜなら、有機体のみが死ぬことができるからであって、生きるものを死が不意に襲うのは、まさに生命の奥底からだからである。十八世紀の末ごろ、動物性が両義的諸価値をおのがものとするにいたったのは、たぶんこうしたことに由来する。獣は、死に従属するものとしてと同時に、死の担い手として姿をあらわす。動物の中には生命の生命自身によるたえざる食いつぶしがひそんでいるからだ。つまり動物は、みずからの内部に反＝自然の核を秘めることによってはじめて自然に所属するのにほかならない。もっとも秘められたその本質を植物から動物に移行させることによって、生命は秩序の空間を離れ、ふたたび野生のものとなる。生命はおのれを死に捧げるのとおなじその運動のなかで、いまや殺戮者としてあらわれる。生命は、生きているから殺すのである。自然はもはや善良ではありえない。生命は殺戮から、自然は悪から、欲望は反＝自然からもはや引きはなしえぬということ、それこそサドが十八世紀、さらに近代に向かって告知したことであり、しかもサドはそれを十八世紀の言語を枯渇させることによって遂行し、近代はそのためながいこと彼を黙殺の刑に処していたのである」（フーコー、297―8頁）。

　詳細な解説は後の機会にゆずるが、キュヴィエが今で言う古生物学者であり、また地質学者でもあったことに留意したい。つまり、彼はその時代に生きていた動物たちを解剖しただけでなく、土を掘って化石を掘り当て、骨格を分析した科学者であり、死のプリズムを通して生物の世界を全体として表象しようと企てていたのである。
　その上で、フーコーの観点に戻ると、彼の目にマルキ・ド・サドの同時代人としてジョルジュ・キュヴィエの肖像が浮かび上がっていたのがわかる。その場合の「死」とは何か？　生命の限界である。人を含むすべての生命は「死」という抗うことのできない限界に包囲されている。生命とは、他の生命を殺害しながらおのが生を永らえるが、それでもやがて「死」に呑まれるという悪し

き運命に支配されている。したがって、キュヴィエの学説は、生物の栄枯盛衰の物語を変異の原因を探ることによって描くのではなく、二段構えになった「死の反復」によって描こうとしたのである。一方は飽くことなく単調に続く「死の反復」であり、生物の限界を縁取る宿命としての「死の反復」であり、他方は諸個体を貫く「死の反復」の発端・起点にして終端・切断でもある出来事であり、生物種をまとめて一掃する「絶滅の繰り返し」としての「死の反復」である。地球を何度も襲った「死の反復」を通じてこそ、キュヴィエは地球と生命の全歴史を捉えようとしていたのである。

(3) エティエンヌ・ジョフロワ・サンティレール (1772 — 1844)

　今回挙げる3人のなかでは、ジョフロワはおそらく最も知られていない人物ではないだろうか。とはいえ昨今はヒトゲノムの解析が進み、発生生物学から劇的な成果が上がってきたのにともない、再評価の気運が高まっている。同じ遺伝子を読み込みながら、昆虫と我々ヒトでは腹側と背側が反対になるというように、遺伝と発生の神秘が解き明かされるにつれ、ジョフロワの名はますます大きくなるだろう。フランスの哲学者、ジル・ドゥルーズ (1925 — 1995) は分子生物学全盛の1960年代に早くも主著『差異と反復』(1968) において彼の仕事に注目し、忘れられていた生物学者を再評価し、従来の評価の見直しを図っていた。1980年、フェリックス・ガタリ (1930 — 1992) との共著である『千のプラトー』においても改めて彼の仕事を取り上げ、詳細に検討している。

　資料を読む前にひとつ注意しておこう。若かりし頃のジョフロワとキュヴィエは親友の間柄であり、パリの国立博物館で一緒に研鑽を重ねていた。しかし、キュヴィエはラマルクを辛辣に批判するうちに、進化の可能性を生物学的思考から排除してしまったようだ。彼の目には、おそらくジョフロワの研究でさえもラマルクの手先めいた悪質な「進化」論に見えたのだろう。以下のドゥルーズたちの引用において、キュヴィエがまるで悪の組織のボスのように扱われているのは、そのような経緯を背景にしていたことはもちろんだが、キュヴィエが若かりし頃とは異なり、当時の博物学界の大立者になっていたからでもあるだろう。全体としてはかなり長い文章だが、いくつかに切断し、簡単な解説を挟むので、なんとか読みきってほしい。

〔資料4-1〕「形式の関係、あるいは結合は、たとえ形式が同じでなくても同じものでありうる。生化学における有機的な地層の構成の統一性は、素材とエネルギー、実質をなす要素あるいは基（des radicaux）、もろもろの結合と反応の水準で定義されるのだ。しかし、それらは同じ分子でも同じ実質でもなく、同じ形式でもないのである。——ここでジョフロワ・サンティレールに讃歌を捧げるべきではないだろうか？　というのも、ジョフロワこそは、19世紀にあって、地層化作用に関する一個の壮大なる概念を打ち立てた人であるからだ」。

　形式と実質の二元論に注意しておこう。生物の身体を作るのは、抽象的な形式としての設計図であり、実質は所定の形式に流し込まれる素材＝物質である。アリストテレスの言う「形相因」と「質料因」に対応するが、のちの生物学における遺伝子と発生の関係にも対応する。ただし、遺伝子にも形式と実質の関係がある。遺伝情報（塩基配列の順序）は形式だが、それを担う物質（ヌクレオチド、核酸）は実質だからだ。

〔資料4-2〕「ジョフロワが実質の単位として、蛋白質や核酸よりもむしろ解剖学上の要素を選んだということは少しも重要ではない。そもそも彼はすでに、分子の働きそのものに注目しているのである。重要なのは、地層の統一性と多様性であり、たがいに対応しないのに形式の同形性があり、組成された実質には同一性がないのに、要素あるいは成分には同一性があるということだ。
　まさにこの点をめぐって生じたのが、キュヴィエとの対話、というかむしろ激しい論争である。〔中略〕ジョフロワは自分の側にいろいろな〈怪物〉どもを呼び寄せ、キュヴィエの方はありとあらゆる〈化石〉をそろえ、ベーアはといえば〈胎児〉の入ったフラスコを振りかざし、ヴィアルトンは〈四足類帯〉を体に巻きつけ、ペリエは〈口〉と〈脳〉の悲劇的な闘いを演ずる……等々。ジョフロワ——異種間同形性の根拠、それは形態が有機的地層上ではいかに異なっていようと、ある形態から別の形態に「折り畳み」を介して移行しうるということです。例えば、脊椎動物から頭足綱に移るには、脊椎動物の脊柱の2つの部位を引っ張り寄せてごらんなさい、つまり、頭部を足の方へ、骨盤を項

の方へもっていくのです……キュヴィエ（かっとして）──そんなのはでたら
め、でたらめですぞ、象からクラゲへ移行するなんてことはできやしない、私
はやってみたんだから。還元不可能な軸や型や分類学の門というものがあるん
ですよ。存在するのは諸器官の相似性と諸形態の類似性であって、それだけで
す。あんたは嘘つき、空想家だ。ヴィアルトン（キュヴィエとベーアの弟子）
──それに、たとえ折り畳みが良い結果をもたらしたとしても、誰がそんなこ
とをがまんできましょうか？　ジョフロワがもろもろの解剖学的器官しか考察
しないのは偶然ではありません。いかなる筋肉も靱帯も帯も「折り畳み」の後
には残らないでしょう。ジョフロワ──私は同形性があると言ったのでありま
して、対応と言った覚えはありません。つまり、「発達ないし完成のさまざま
な度合い」というものを介在させる必要があるのです。もろもろの素材は、地
層上のどこでも、一定の集合を構成することが可能な度合いに到達するという
わけではない。解剖学的要素は、分子の衝突、場の影響、あるいは隣接要素の
圧力といったものによって、あちこちで抑制または阻害されるのであり、その
結果それは同じような器官を構成するわけではないのです。形態の関係あるい
は連結は、その際まったく相異なる形態および配置によって実現されることに
なります。それでいて、全地層上で現実化されるのは同一の抽象的〈動物〉で
あり、それはさまざまな度合、さまざまな様態で、そのたびごとに環境や場に
応じてあたうかぎり完璧に現実化されるのです（問題はやはり明らかに進化で
はない。つまり、折り畳みといっても、もろもろの度合といっても子孫や派生
にかかわるのではなく、単に同じ一つの抽象物の独立した現実化にかかわるだ
けなのである）。ジョフロワがさまざまな〈怪物〉を引き合いに出すのは、こ
のときだ。人間のさまざまな畸形とは、一定の発達段階にとどまった胚なので
あり、胚の状態にある人間とは、人間的でない形式と実質にとってはある種の
不純物にすぎないのです。そう、〈異種重複奇形体〉とは1匹の甲殻類なのです。
ベーア（キュヴィエの味方であり、ダーウィンの同時代人、だがジョフロワの
敵と同様にダーウィンについては沈黙している）──それは間違いです。発達
の度合と形態のタイプを混同することはできません。なるほど同一のタイプは
さまざまな度合をもち、同一の度合がいくつものタイプに見られます。しかし、
度合をそのままタイプとすることは決してできません。あるタイプの胚は別の

タイプを呈することはできず、せいぜい別のタイプの胚と同じ度合を示すことができるだけなのです」。

　キュヴィエとジョフロワのちがいを鮮明にした例をひとつだけ取り上げよう。キュヴィエは、ジョフロワが脊椎動物の構造をひっくり返して頭足類（タコやイカ、オウムガイなど）に変換するのを見て、そんなのは象とクラゲを一緒にするようなものだと言う。象は脊椎動物であり、背骨や肋骨に見られるような体節の反復構造はクラゲのような放射状の構造とは大きく異なる。しかし、ジョフロワの展開した議論は、キュヴィエたちが捉え損ねたように、頭足類の身体の構造をクラゲの側に据えることを許したわけではない。むしろ、頭足類はクラゲよりも我々脊椎動物に近いのであり、タコやイカをどれほど展開してもクラゲの身体は導かれないが、我々の身体と頭足類は互いに変換可能であり、変換群のちがいは発生のちがいに求められる。つまり、身体的な構造の軸を発生させる同じ情報が異なる発生メカニズムにしたがって一方に脊椎動物を配分し、他方に頭足類を配分したにすぎないのである。

　〔資料 4-3〕「繊細でとても優しいジョフロワと、真面目で辛辣なキュヴィエが、ナポレオンの周囲で闘っている。キュヴィエはいかにも専門家、ジョフロワの方はいつでも専門を変える用意がある。キュヴィエはジョフロワを憎悪している。キュヴィエにはジョフロワの軽やかなものの言い方、ジョフロワのユーモアが我慢ならないのだ（そう、〈雌鶏〉には歯があるし、〈ロブスター〉には骨の上に皮膚がある、等々）。キュヴィエとは〈権力〉と〈領域〉の人であり、そのことをやがてジョフロワに悟らせることになるだろう。ジョフロワの方は、さまざまな速度を持つ遊牧の人の姿をすでに体現している。キュヴィエはユークリッド空間で思索し、一方ジョフロワはトポロジックに思考する。今日は、大脳皮質の褶曲をそのあらゆるパラドクスとともに考えてみようではないか。地層とはトポロジックなものなのであり、ジョフロワは折り畳みの巨匠、最高の芸術家なのだ」（ジル・ドゥルーズ＆フェリックス・ガタリ『千のプラトー』宇野邦一他訳、河出書房新社、1994 年。65 ― 7 頁）。

　フーコーは「死」を通して、キュヴィエが当時の博物学から一歩だけ先に踏み出していたと論じていた。しかし、ドゥルーズとガタリは、それでもキュヴィエの思考は従来の系統分類学の内側にあって、大学が擁する学問の秩序と領域に行儀よく収まっていた、——だから権力と権威の誘惑にも抗しきれなかった。それに対し、ジョフロワは諸領域を軽々と飛び越え、キュヴィエには冗談にしか見えない突飛なアイディアを披歴し、専門家たちを啞然とさせた。キュヴィエは解剖学的な構造の相同性を見ていたが、ジョフロワは要素間の関係を構造と見做し、生物たちの種々の身体が巧みな構造変換から導かれる変換群であることを見抜いていたのである。

　もちろん、彼らの生きた時代はダーウィン以前である、——つまりダーウィン以降の常識を当てにできない。「進化」のアイディアは宗教的にも社会的にも容認しがたいものだった。しかも当時はメンデル以前でもあったのだから「遺伝」の概念もない。ワトソンとクリックによる、遺伝情報の担い手がDNAだったという発見に至っては、実に100年以上も先のことになる。だから、キュヴィエであれジョフロワであれ、いずれも自分の目と手を使ってできたのは、現存する動物種の身体を色々な角度から比較することに尽きていた。さらには解剖学的に判明している身体の構造を化石記録と照合させながら、推論を進めるしかなす術がなかったのである。

　現実の生き物を仔細に観察すれば、いろいろな共通点があることがわかる。大半の動物の頭部は胴体の先端に位置し、顔は頭部の前面にある。頭部のある胴体の反対側には尾部（腰）が認められ、脚（足）が生えている。その関係を折り返すと頭足類になるが、我々の目と頭足類の目はまったく異なる器官から収斂進化を遂げたことも（今では）わかっている。また、我々の顔を見ると、上部に目が2つあり、目の下には両目のあいだに2つの穴が空いた鼻が突き出していて、真下に口が1つある。この順序と左右のバランスは魚類から両生類、爬虫類、哺乳類でほぼ共通している。昆虫は肢が6本あるが、両生類からヒトまで、陸棲動物の全体は肢が4本で共通している。昆虫の翅は6本の肢とは別に生えているけれども、鳥類やコウモリは2本の肢を翼（羽根）に進化させているから、「空を飛ぶ」という機能は共通するものの、遺伝や発生の点では別物であることがわかる。多少のちがいに目をつむれば、動物全体を貫く「構

造」のようなものが見えてくる一方、よく考察するとメカニズムにおける種々のちがいにも気づくはずだ。

　ジョフロワは、構造と現実のあいだに現実化の契機があると考え、生物の間のさまざまなちがいを創り出す「発生」学的な視点をもつことができた。もちろん、まだ発生学という学問の名称も生まれていない時代の話である。

　ジョフロワが「畸形」を持ち出したのは、ダーウィンが突然変異を進化の兆しとして持ち出したのと同じ理由からである。ルネッサンスにおいて「畸形」の問題は、神の創造の問題として考えられていた。創造のミス？　いや、そうではないと、例えばデッラ・ポルタは『自然魔術』という書物で述べていた。神が誤ることなどありえないのだから、多様な畸形は神の意向を反映していなければならない。それゆえ、どのような畸形であれ、この世に現われた一切の畸形は、どれも創造の奇跡として祝福されなければならない。しかし、19世紀人であるジョフロワの観点からは、もはや神学的な要素は背景に退き、代わりに畸形の事実が発生途上の異変（構造を現実化するプロセスに生じた事故）として捉えられるようになっている。

　ジョフロアの立脚点はこうだ。すべての動物は単一のプランをもとに造られ、各器官の相互の位置は構造的に不変である（場所機能の原理）。さらに生物体の諸機能は「構造」により規定される。ただし、〈折り畳み〉の原理は構造の普遍性や不変性よりも、発生の柔軟性に重きを置くものだった。

　次に我々はゲノム研究の観点からジョフロワの仕事を振り返る文章を資料として引いておこう。以下の文章は、ドゥルーズたちのものよりはるかにわかりやすいので、切れ目なく引くこととしよう。

〔資料５〕「かつてわれわれは、若干のうぬぼれもあって、自分たちの頭が脊椎動物に固有のものと考えていた。つまり、われわれ脊椎動物は、その優れた特質によって、「脳分化」した先端部分を作り上げる新しい遺伝子群を開発したと考えていたのだ。だがいまや、マウスの脳形成に関与するふたつの遺伝子（Otx（１および２）と Emx（１および２））が、ショウジョウバエの先頭部分の発生時に発現するふたつの遺伝子に見事なほど対応していることが知られている。また、ショウジョバエの目をつくるうえで中心的な役割を果たしている遺

伝子——アイレス（目がない）という矛盾した呼び名が付いている——は、マウスの目をつくるのに重要な役割を果たしている pax-6 という遺伝子と同じだ。マウスで言えることは、ヒトにもあてはまる。結局のところ、ハエもヒトも、体の構成はカンブリア紀に生きていた蠕虫類と大差ないのだ。どちらもまだ同じ仕事をする同じ遺伝子をもっているのである。もちろん、違いがないわけではない。もしなかったら、われわれはハエとそっくりになってしまうはずだからだ。しかし、その違いはわずかでしかない。

「例外」は、往々にして「規則」よりも説得力がある。1 例を挙げよう。ハエの場合、体の背側と腹側の違いを生み出すのに欠かせない遺伝子が 2 つある。ひとつは、デカペンタプレジックという背側化にかかわる遺伝子だ。この遺伝子が発現すると、それを含む細胞が背側の一部になる。もうひとつは、ショート・ガストゥルレーションという腹側化にかかわる遺伝子だ。ヒキガエルやマウスにも、さらにはヒトにも、このふたつとそっくりの遺伝子がある。ひとつは BMP4 で、その「テキスト」はデカペンタプレジックの「テキスト」と非常によく似ている。もうひとつはコーディンといい、その「テキスト」はショート・ガストゥルレーションの「テキスト」とそっくりだ。ところが驚いたことに、これらのよく似た遺伝子は、マウスとハエとでは正反対の作用をする。つまり、BMP4 は腹側化にかかわり、コーディンは背側化にかかわっているのだ。これは、節足動物と脊椎動物とがお互いに逆さまの関係にあることを意味している。太古の昔、両者に共通の祖先がおり、やがてその子孫が、腹を下にして歩くものと背を下にして歩くものとに分かれた。どちらが「本来の状態」なのかはわからないが、かつてどちらかが本来の状態だったことは確かだ。なぜなら、このふたつの系統に分かれる以前から背側化と腹側化にかかわる遺伝子があったことがわかっているからだ。ここで、エティエンヌ・ジョフロア・サンティレールという偉大なフランス人に敬意を表さなければなるまい。この人物は、さまざまな動物の胚発生を観察した結果と、昆虫の中枢神経系は腹側に沿ってあるのにヒトのそれは背側に沿ってあるという事実から、1822 年に先述のような事実を予測した。サンティレールの大胆な推測は、175 年ものあいだ嘲笑の的となった。世間一般は、この 2 種類の動物の神経系がおのおの独立に進化したという別の仮説に凝り固まっていたのだ。だが、サンティレールは間

違っていなかった」（マット・リドレー『ゲノムが語る23の物語』中村桂子・斉藤隆央訳、紀伊國屋書店、2000年。228―9頁）。

　ジョフロワは、節足動物の外骨格と脊椎動物の内骨格（特に肋骨）を相同とみなし、それによって両者の体制が同じであると述べたことによって、キュヴィエをはじめ、大勢の専門家たちから笑い物にされた。しかし、20世紀末にHox遺伝子やソニックヘッジホッグ遺伝子が発見されたことにより、肋骨の左右対称性をともなう反復構造と三葉虫やカブトガニなどの原始的な動物をはじめ、多くの節足動物における体節の反復構造とがまったく同じ遺伝子セットによって制御されていることがわかった。生物は進化の過程で、時に折り畳み、時に折り畳んだものを開き、折り返しながら展開していったのである。
　再びドゥルーズたちの文章を読んでみよう。

　〔資料６〕「キュヴィエとジョフロワ・サンティレールの果てしない論争。感覚的・想像的な相似や類似を告発する点では、少なくとも２人の意見が一致している。だがキュヴィエの場合、科学的な決定は、器官相互の関係と、器官と機能の関係とに重点を置くものだった。つまりキュヴィエは類似を科学の段階に移行させ、これを「比例関係にもとづく類似」にまで高めたわけである。キュヴィエによると、平面の統一性は類似によるもの、したがって超越的なものでしかありえず、しかもこの統一性を実現するには、異質で超えがたく、また還元不可能な構成にしたがって、それを別々の分枝に細分化するしかないという。ベーアがこれを補足している。平面の統一性は通じ合うことのない発展と分化のタイプにしたがって実現されるのだ、と。そのような平面は、それが構造であれ、発生であれ、あくまでも隠された組織の平面である。ジョフロワの観点はこれとまったく違う。器官と機能を超えて、彼みずから「解剖学的」と形容する抽象的要素に向かい、さらには種々雑多な組み合わせに入り、速さと遅さの度合いに応じて一定の器官を形成したり、一定の機能をになったりする純粋な素材としての微粒子にまで達しているからだ。構造の形態ばかりか、発展のタイプまでが、ここでは速さと遅さ、運動と静止、遅れと早さに従属させられたものとしてある。こうした方向は、のちに進化論の流れにおいて、ペ

リエのいう急速発生の現象、あるいは示差成長率や相対成長など、種というものを成長の早い、あるいは遅い運動学的実体としてとらえる考え方に再びあらわれてくるだろう（受精の問題ですら、形態と機能というよりも、むしろ速度の問題といえる。父親の染色体は十分早く卵核に到達して合体をとげるのかどうかということが問われるからだ）。〔中略〕頭足目の動物にも脊椎動物にも等しく通用する同じ1つの存立平面、あるいは構成平面。脊椎動物が十分に早く体を折り曲げれば、それだけで背中の両半分の要素が接合され、骨盤と首の後部が接近して手足がすべて体の一方に集まり、こうして〈タコ〉や〈イカ〉になるだろうからだ。たとえていうなら、それは「軽業師が両肩と頭部を後にそりかえし、頭と手で歩いてみせる」ようなものである。折り畳み。もはや器官や機能の問題ではないし、器官や機能の組織化をとりしきるにあたって、ただひたすら類似的関係と相異なる発展タイプにしたがう超越的な平面が問題となるのでもない。ここで問われているのは組織化ではなく、構成なのである。発展や分化の問題ではなく、運動と静止の、そして早さと遅さの問題である」（ドゥルーズ＆ガタリ、293—4頁）。

　やや難しい文章だが、いくつかのポイントに注意し、丹念に読み返してみるとジョフロワの偉大さが少しずつわかる。第1のポイントは「プラン」という単語にある。ジョフロワは「単一のプラン」にしたがって多くの動物が造られていると述べる。その「プラン」が資料では「平面」と訳されている。フランス語の「プラン」には「平面」という意味がある。「存立平面」の原語は「le plan de consistance」であり、「consistance」は「consister」という動詞の名詞形である。「consister」は英単語の「consist」を思い出せば、続く前置詞により「consist of 〜」の場合は「〜から構成される」と訳され、「consist in 〜」では「〜に存する」となり、「存立」という訳語はこれら2つの意味のいずれも犠牲にせず、両者をいっぺんに活かそうとした苦肉の策であることがわかる。
　平面とは、その上で、もしくはその内部で、何らかのプランにしたがって、さまざまな素材から何かが作られ、その何かから別の何かを分化させ、それ自身を完成まで導いてゆく土台であり、環境でもある。料理の素材を切るまな板も平面であり、素材を煮る鍋も存立平面であり、胚種から赤ちゃんまで育てる

子宮もまた存立平面である。ウミガメにとっては、卵を育む海岸の砂だけでなく、オスとメスとを分ける砂浜の温度も存立平面の一部を成す。また、さまざまな変異を作り出し、試行錯誤を繰り返す歴史的な環境の変遷もまた存立平面であり、生き物は必要に応じてその上で種々の実験を執り行ない、何を採用し、何を失うかを試してゆく。

例1. 翼

　プテラノドンなど翼竜の翼を見ると、その軸の半分までが腕であり、残る半分は薬指が長く伸びたものである。彼らの小指は退化して失われている。腕と薬指から成る前翼から脚部にわたって薄い皮膚が張られている。薄膜は魚のヒレや両生類の水掻きを大きく、大胆に展開したものだ。構造的には哺乳類のムササビやモモンガに近いが、はるかに規模が大きい。他方、哺乳類のコウモリは手の指をこうもり傘の骨のように展開して、指のあいだに薄い水掻き（皮膜）を張ることによって翼を形成している。他方、鳥類は大きな胸の筋肉と腕の筋肉を進化・強化することにより強大な筋力を手に入れ、翼の全体を羽毛で覆い、その上に軽量な羽根を重ねることで翼を形成し、独自の進化を遂げた。白亜紀の後期、隕石が落下する以前に翼竜が絶滅していたという説が今や有力だが、いかに大きな翼竜といえども、強力な胸と腕によって支えられた翼の出現に対し、薬指で支えなければならない非力な翼には到底勝ち目はなかったというのが正直なところだろう。

例2. 目

　目を持つ動物。ひとつは頭足類（タコやイカ）であり、もうひとつはその他すべて。昆虫のように複眼の目を2つもつ種も、我々のように単眼を2つもつ種も、構造的には一緒である。頭足類はまったく異なる目を別の経路から進化させた。性能的に優れているのは頭足類であり、彼らの方が我々よりも上等な目をもつ。別々の経路から光に反応し、「見ること」を可能にする目を獲得した、――これが「収斂進化」である。頭足類が「見ること」に特化した生き物であることを物語るのが、ミズダコが体表の色を変化させて環境に溶け込んでゆくさまや、あるいは身体の表面に極彩色のディスプレイを持ち、一方の面で

キラキラと鮮やかにきらめいてメスに求愛しながら、反対側の面ではライバル
のオスを威嚇するイカの振る舞いを思い出しておこう。彼らにとって「見るこ
と」は全身の体色に直結しており、延いては徹頭徹尾「生きること」に直結し
ている。

　リンネを含め、4人の仕事は現在の生物学に大きく影響している。ラマルク
の学説だけは誤りとされているが、未だ油断するとすぐに足をすくわれる。実
際、多くの学生がラマルク説を進化と思い込んでいるとわかっているからこそ、
第1回の講義で彼の学説を取り上げないわけにはいかないのである。
　キュヴィエは進化よりも大量絶滅を重視した点で、ダーウィンと双璧を成す
思想家であり、彼の友にして宿敵でもあったジョフロワは遺伝と発生の複雑な
メカニズムの探究に先鞭をつけた画期的な研究者でもあった。
　これらの点を前提しながら、次回はダーウィンのいったい何が画期的であり、
かつスキャンダラスだったのかを扱うこととする。

第2講
進化論──ダーウィンの位置

1 有限性の分析

　近代科学が歴史上のどの地点において成立したのかを問う場合、人々の思惟の中心をいったい何が占めていたのかを手掛かりにすることが多い。信仰が思考を支配・制限していた時代では、思惟の中心には「神」があった。神が占めていた座を人間が占め、思惟の核心が神から人間に移行するようになると、人間中心主義（ヒューマニズム）が確立する。いわゆる科学的「認識」が成立するのは人間中心主義を土台としてなのである。

　マックス・ウェーバー（1864─1920）は同じプロセスを「脱呪術化」と呼んだ。その語が含意するのは、迷信からの脱却以上である。すなわち、「脱呪術化」とは「神」という不動の超越的価値が背景に退き、人間の認識が絶対的なものの呪縛から解き放たれたことを意味している。上位の超越的な審級との断絶が受け入れられてゆくにしたがい、人の見聞きするもの一切は次第に宗教からの影響を離れ、世俗化してゆく。

　その様子を別の角度から見てみよう。まず、神の創造を受け入れる場合、すべては創造の結果であるから、万物は時間の前後関係を抜きにして1枚の図表の上にきれいに並べられることになる。万物の不変かつ静的な一覧表の出来上がりというわけだ。

　ところが、創造の観点から離れ、距離を設けた途端に、不変かつ静的な秩序は不穏に蠢きはじめ、今度は不断の変動のプロセスへと様相が変わってゆく。

　もちろん事は生物だけではない。経済学が成立する手前にいたアダム・スミスの「見えざる手」を思い出してみよう。スミス自身は「神の見えざる手」と言ったわけではないが、彼の言う「見えざる手」に統べられた重商主義的な秩序は、どれほど身勝手な行為であろうとも、市場経済は利己的な行為を集合的に統合し、秩序ある繁栄をもたらすと考えられた。ところが上位から統べる

「手」が姿を消すにしたがい、経済は重農主義や人口論、労働価値説に見られるような、気まぐれで移ろいやすい認識に重点を置くようになっていく。不動の静的な秩序が崩れ、一切が流動化してゆくがゆえに、今度は「神」ではなく、「人間」がその浮動を抑えるべく、経営管理的な手段を主たる業務と見做す経済学が生まれ、現代の財政学へと変容していった。

　創造説に則った博物学的な秩序が衰退し、変移の蓄積による進化論的な認識に取って代わられるのは、他の学問の質的変化と軌を一にしていたのである。その際、常に中心に座するのは「人間」という有限な存在であったという点は、相応に強調しておく必要があるだろう。その場合の「人間」とは、目的としての「人間」であり、中心としての「人間」である（そこに潜む欺瞞に敏感だったニーチェはいち早く反対者としての立場を鮮明にし、人間をサルと超人との架け橋と規定していた……）。

　こうして、進化の頂点にして経済の担い手としての「人間」、理性的主体にして、〈悪〉に手を染める人間（サド、バタイユ、ジュネ）、また死の運命に怯むことなく、死と対峙しながら己が存在に目覚める「人間」像が現われる（ハイデガー）。

2　第1の選別——進化論とは何か

　それでは、あらためてチャールズ・ダーウィン（1809—1882）のテキストから、「静的分類から動的分類へ」の第一歩を見てみよう。

　〔資料1〕「たしかに、種と亜種——つまり、ある博物学者たちの意見では種にひじょうに近いがその階級に完全に達してはいないもの——のあいだに、明確な境界線はまだ引かれていない。亜種と十分はっきりした変種とのあいだ、あるいは低度の変種と個体的差異とのあいだでも、同様である。これらの差異は相互に融合して目だたない系列をつくっている。そして、そのような系列は、実際の推移という観念をわれわれの心にきざみつける。

　それで私は、分類学者にはあまり興味をもたれない個体的差異を、博物学の本に記録する価値をかろうじてもつと考えられるような軽微な変種への第一歩であるとして、われわれにとって高度の重要性をもつものとみなすのである。

　また私は、それよりいくらかでも著名で永続的な変種を、さらにいっそう顕著で永続的な変種にみちびく段階とみなし、この後者は亜種に、ついで種にみちびく段階であるとみなす。差異のある段階から他のもっと高度の段階への推移は、たんに二つのちがった物理的条件がながくつづけて作用したことに帰せられる場合もあるかもしれない。しかし、私はこの見解をあまり信用していない。私は変種がその祖先とごくわずかしかちがっていない状態からもっとずっとちがった状態に推移していくことを、自然選択が構造の差異をある一定の方向に集積していく作用に帰するのである。それえ私は、特徴の著明な変種は発端の種とよぶことができると信じている」（チャールズ・ダーウィン『種の起源（上）』八杉龍一訳、岩波文庫、1990年。74―5頁）。

　ダーウィンが行なったことを一言で表わすなら、座標に時間軸を導入し、「図表化された静的秩序を動的な変動のプロセスに置き直すこと」である。その際、ポイントは上の資料においてダーウィンが着目している「個体的差異」にあった。それでは、いったい個体的差異とは何であろうか？　もしも進化が起こったとすれば、個体もしくは集団にそれ以前とそれ以降とを画す画期的な差異が出現していなければならない。となれば、その画期的な差異の担い手がどこかにいることになるだろう。個体の出現を抜きにして集団化することはありえないから、差異の担い手はまず前代未聞の個体として出現していたことを意味する。そして、その差異を有することが種にとって決定的な意味をもつことになった。つまり、この場合の「差異」とは、同じ種に属する個体のあいだの差異ではなく、それまでの種に対して別の種の誕生（種別化）を意味する差異であり、それがある種の内部に出現し、新種を旧種の外に離脱させたことを意味する。

　それにしても、どうしてダーウィンは博物学が単なる偶発事と見做した個体レベルの異変に注目することができたのだろうか。資料の論理の流れを見てみよう。先ずは「軽微な変種への第一歩」、それが「発端の種」となり、生殖を通じて繁殖すると「永続的な変種」になってゆく。その変種が定着すれば「亜種」となり、そこから新たな「種」が形成されてゆく。このような変化の駆動力となるのがいわゆる「自然選択（淘汰）」である。それを資料の文章では

「構造の差異をある一定の方向に集積していく作用」と呼んでいた。

　もしも個体的差異が単に妙ちきりんな個体で終わってしまうなら、それはおそらく畸形に過ぎないだろう。機能的な優位性がなく、環境をはじめ、周囲から歓迎されなければ、新規性は1個体で途切れて、世代の時間を流れることがない。他方、もしも何らかの利点があり、新たな魅力を放っていれば、周囲から歓迎されて世代を形成してゆくだろう。後者の場合には、個体に対する時間の制約を超えて、新奇な特徴が新たな世代に受け継がれ、数多の個体に受け継がれることになる。

3　第2の選別——性選択

　選択（淘汰）には、自然選択とは異なるもうひとつの選択がある。ダーウィンにはそちらをメインに扱った『人間の由来』（講談社学術文庫、上・下）もあるが、今は『種の起源』から引くことにしよう。

　〔資料2〕「自然選択は一方の性を、他の性との機能的関係において、あるいはときに昆虫でみられるように両性のまったく異なった生活習性との関係において、変化させることができるであろう。そこで、私が〈雌雄選択〉〔性選択〕とよぶものについて、以下に少しばかりのべなければならないことになる。雌雄選択は生存闘争に関係するものではない。それは雌を占有するために雄のあいだでおこる闘争に関係がある。その結果となるのは、まけた闘争者の死ではなくて、そのものがわずかの子孫しかのこさないか、あるいはまったく子孫をのこさないということである。それゆえ雌雄選択は、自然選択ほど厳重なものではない」（ダーウィン『種の起源（上)』、120頁）。

『種の起源』では性選択に大して意義を認めていないように思われる。しかし、一方のオスの子孫がたとえわずかでも残り、他方の子孫がまったく残らないとすれば、それは大きなちがいになるはずだ。それゆえ後の『人間の由来』では、性選択にもっと高い評価が与えられ、自然選択に並ぶもう一つの選択の地位が与えられることになる。しかし『種の起源』の段階では自然選択に圧倒的な優位性が与えられていた。おそらく、ダーウィンの気が変わったというよりも、

自然選択を提唱することに主眼が置かれていたと見るべきだろう。なので、ここではとりあえず2つの選別機構の本質的な違いを整理しておくにとどめよう。

　　　自然選択は自然環境との間で作用する「偏り」である
　　　性選択は選別者の趣味による「偏り」である

「偏り」とは何か？　大勢の兄弟が食物の奪い合いをする場面を想像してみよう。たぶん体格の大きさが有利・不利の「偏り」としてはたらくだろう。性選択において、たとえば「モテる」と「モテない」という言葉があることは、大なり小なり「偏り」があることを意味している。求愛する側は選別する側の「趣味」（好み）に合うようその特徴を伸ばしていく傾向にある。それに対して、選別者の方は、少しばかり好みの特徴に寄せてきたくらいでは容易に心を動かされない傾向にある。鳥類のメスたちがオスどもの求愛ダンスに手厳しい判定を下し、容易に身を委ねない様子は誰でも見たことがあるはずだ。

　また、選別者の傾向は、ときとして環境との関係で自然選択の方向性と一致することもある。身体的な頑強さ、環境の変化に柔軟に対応できる知性、等々。しかし、必ずしもいつも一致するとは限らない。例えば、角の長さやダンスの巧みさ、歌声の美しさ、外観の見映えのよさなどは、どれほど選択者の好みに見合うものであっても、必ずしも環境の要求に見合うようになるとは限らない。

　〔資料3〕「アリゲーターの雄は、雌を占有するために、インディアンが戦闘ダンスをするときと同様にたたかったり、わめいたり、ぐるぐるまわったりすると、記載されている。サケの雄は、1日中たたかっていることが、観察されている。クワガタムシの雄は、しばしば、他の雄の巨大な大顎によって、きずをおわされている。このたたかいは、おそらく、一夫多妻の動物の雄どうしのあいだで、もっときびしいであろう。特殊な武器をそなえていることは、これらの雄で、もっとも多いように思われる。
　〔中略〕鳥では、争いはしばしば、もっと平和な性質のものである。〔中略〕ギアナのイソヒヨドリ、ゴクラクチョウ、また他のある鳥たちは、多数がむらがりあつまる。そして雌たちは見物人のように立っていて、さいごに、もっとも

気にいった配偶者をえらぶ。おりに飼われた鳥をつききりでせわした人たちは、鳥がしばしば個体的なえりごのみをすることを、よく知っている」(同122頁)

性選択では、それぞれの種における生殖の期間や、生涯に可能な生殖の回数など、さまざまな制約がある。だから、それぞれの種が甘受する制約の数々によって戦略・戦術もまたさまざまになる。太平洋のサケのように生殖の回数が一生に1度きりの種では、あらゆる戦術がその1回のために投入されるだろう。カジキや大型のサメなど生殖が可能な年齢に達するとその後は生涯にわたり、生殖能力がひたすら増していくだけの種では、性選択と自然選択がかなりの程度まで一致してゆくだろう。哺乳類のような生殖に充てられる期間が限定されている種の場合、ある年代を越えてから発現する病気、たとえば中年期以降に発現するハンチントン舞踏病のような遺伝性の重病を除去できない。ハンチントン舞踏病の素因を有する男性は、むしろ際立って男らしい特徴を有するため、病気の素因は有害であるにもかかわらず、性選択においてはむしろ有利にはたらいてしまい、いつまでも除去されないという皮肉な結果をもたらしている。進化論という理論があくまで結果論であるため、ハンチントン舞踏病は、進化論的に見ても皮肉な特徴であり、悲しい結果をともなっている。

4　カッコウの托卵

カッコウという鳥の「托卵」という行為には、「ずるい」「卑怯」というイメージが付き物であるが、いくつか疑問が浮かぶし、不思議な気持ちにさせられる。ダーウィンも色々と考えさせられたのだろう。資料の文章を読んでみよう。

〔資料4〕「ヨーロッパのカッコウのような習性をもち、ただときには他の鳥の巣に卵をうむこともあるものであったと、想像してみよう。もしもむかしの鳥がこのときどきあらわれる習性によって利益を受けることがなかったなら、あるいはまた、もしもひなが他の鳥の取りちがえた母性本能によって利され、卵やちがった諸齢のひなを〔同時に〕育てなければならないために障害を生じる自分の母親の世話で育つよりももっと強壮になるということがあった

とすれば、そのようなむかしの鳥あるいは養子のひなは有利になるはずである。そして類推は、さらに私をしてつぎのように信じるにいたらしめる。すなわち、このようにして育てられたひなは、遺伝により、その母にときどきあらわれた異常な習性のあとを追う傾向を示し、そして自分もまた卵を他の鳥の巣にうみ、ひなを育てるのに成功するようになるのである。こうした性質の過程が継続することにより、カッコウの奇妙な本能が生じえたのであり、実際に生じたわけなのである。

〔中略〕同種または異種の他の鳥の巣に卵をうむという、鳥にときおりあらわれる習性は、ウズラ＝ニワトリ目ではそれほどめずらしいことではない。ダチョウと同類の群にみられる奇妙な習性は、たぶんこのことによって説明されるであろう。すくなくともアメリカ産の種においては、数羽の雌がいっしょに、まず１つの巣に少数の卵をうみ、つぎつぎにそうしていって、卵の孵化は雄鳥によってなされる。この本能は、おそらく、雌が多数の卵をうむがそれもカッコウの場合と同様に２日または３日の間隔でうむという事実によって、説明されるものであろう。だが、アメリカダチョウのこの本能は、なおまだ完成されてはいない。なぜなら、驚くべき多数の卵が平原にちらばってころがっており、私は１日集めにあるいただけで、こわれてだめになった卵を 20 以上もひろうことができたからである」（同 282 ― 3 頁）。

大抵、鳥たちは自分の産んだ卵を羽毛で包むようにして、とても大事に育てるという印象をもっているだろう。カッコウは政治学でいうところの「フリーライダー（ただ乗り）」の常習犯のような挙動におよぶため、大勢の人から「ずるい」と感じられるだろう。しかし、その利点は明白である。なにしろ「ただ乗り」なのだから、自分は育児のコストを払わず（つまり労せずして）利益だけ掠め取るという寸法である。しかも、親鳥がほかの鳥に育児を任せきりにするだけでなく、生まれたヒナもまた元々の住人の産んだ卵を巣から投げ落として台無しにしてしまうのだから、親子そろって「タチ」が悪いという印象ばかりが募る。

ただし、道徳的な観点にとらわれすぎると、肝心な点、つまりどうしてこのような奇妙な行動が可能になり、今も残っているのかという考察ができなく

なってしまう。疑問と要点を2つにまとめてみよう。

（1）カッコウに特有の行為は2つある。ひとつは托卵する母鳥の行動であり、もうひとつは孵化してすぐ他の卵を巣から落とす雛鳥の行動である。よく考えてみると、どちらの行動についても親から学習する機会はまったくない。子どもにしてみれば、親が托卵するのを目撃する機会がないだけでなく、生まれたら巣の中にある卵を外に捨ててしまうよう教えてもらう機会もない。それゆえ、どちらの行動についても、後天的に習得したものではないことがわかる。

（2）もしも托卵という行為が流行し、カッコウばかりが増えれば、その結果として他の鳥類の繁殖を危ぶめることにならないだろうか？

　この疑問に関しては論理的に推論してみよう。もしもまんまとだまされた種がカッコウの雛ばかりを育てていたなら、間もなく絶滅の危機に瀕してしまうだろう。そうなれば、森の中にたくさんあった鳥の巣の数も激減してゆくはずだ。鳥の巣の絶対数が減ってしまえば、カッコウが托卵を行なうチャンスもまたそれだけ減少するだろう。となれば、カッコウだけが繁殖に成功するという事態に帰結することはない。托卵のチャンスを（結果的に）与えていた種と個体の数がそれぞれ減少すればするほど、カッコウが托卵する機会も減少していくから、カッコウの個体数も必然的に減少するだろう。他方、托卵できる巣の数、つまりさまざまな種の鳥が繁栄し、森の中に鳥の巣が豊富にあれば、それだけ托卵の機会が増えるから、カッコウの個体数も増えてゆくだろう。つまり托卵の確率は、托卵の被害をこうむる他の種の繁栄と正比例の関係にあるのだ。したがって、カッコウが余裕をもって托卵できるということは、それだけ他の種が繁栄していて、托卵の1回や2回では揺るがないほど個体数が多いということを前提にしている。

　ダーウィンは、鳥類に対する私たちの印象をくつがえす例として、さらにダチョウ（と言っているが、南米産なのでおそらくレアのこと）のだらしない産卵の例を出していた。産み落とした卵を育てようともせずにその場を離れ、別の場所にまた産み落とすのだから、産卵と言うよりもむしろ散卵と呼んでしまいたくなるくらいだ。しかも、そのだらしない行動様式はわれわれが抱く「母

性」神話にも著しく反している。なにしろ大事に育てるどころか誤って踏んづけて台無しにしても平然としているのだから、母性もへったくれもない。ただ、そのだらしなさにもかかわらず、絶滅していなかったのは、彼らの個体数が途方もない多産性に支えられているためだったのだろう。

　ところで、どうしてダーウィンはこのような変てこな例ばかり挙げるのだろう。そこには大胆な仮説を証明する狙いがあった。

5　悪（忌まわしい本能）について

　私たちは普段、ごく当たり前の道徳意識をもって暮らしているものだ。それは人間社会で生きる上では有効だが、研究者として動物の生態を観察する際にはむしろ有害である。いかに有害かを示すのに打って付けの例を、ダーウィンはアリの奴隷制から採っている。以下の事例は、単に道徳に反しているのみならず、伝統的な宗教観（神の創造）に対する挑発でもあるから、その辺りに注意しながら、できれば楽しんで読んでほしい。

　〔資料5〕「奴隷をつくる本能——この注目すべき本能が最初に発見されたのはヤマアリの1種フォルミカ・ルフェセンス（Formica（Polyerges）rufescens）においてであり、発見者は有名なその父よりさらにすぐれた観察者ですらあったピエル・ユベである。このアリはまったく奴隷に依存して生活しているものであって、奴隷の助力がなかったならば、この種はたった1年で絶滅してしまうにちがいない。雄アリと生殖可能の雌アリとは、はたらくことをしない。働きアリつまり生殖不能の雌アリは、せっせと勇敢に奴隷狩りをするが、そのほかの労働はしない。自分の巣をつくることも、なかまの幼虫を育てることもできない。古い巣が住みにくくなって、移住しなければならなくなったとき、その移住を決定するのは奴隷であり、そして実際に、これらの奴隷が主人たちをあごでくわえて、はこんでいくのである。主人どもがまったく無力であるのは、つぎのことでわかる。ユベは30匹ほどのアリを奴隷からひきはなし、しかしいちばん好きな食物を多量に、またかれらをはたらかせる刺激となるような幼虫とさなぎを、いっしょにとじこめておいたところ、このアリたちは何もしなかった。かれらは自分でえさをとることさえできず、うえ死にし

てしまうものも多かった。次にユベは1匹の奴隷アリ（クロヤマアリ F.fusca）
をそこにいれてやったが、この奴隷アリはすぐにはたらきはじめ、生きのこっ
ていたものたちに餌をあたえ、生命をすくった。さらにいくつかの房室をつく
り、幼虫の世話をし、万事をうまくととのえた。十分にたしかめられたこれら
の事実より、さらに奇なるものがあるであろうか。もしもわれわれが他に奴隷
をつくるアリをまったく知っていなかったならば、かくも驚嘆すべき本能がい
かにして完成されたかについて考えめぐらすことは、のぞめなかったであろう」
（同 284 ─ 5 頁）。

　先のカッコウの例についても言えることだが、もしも世界を神が創造し、あ
らゆる生き物の営みが神の意志を反映しているのなら、どうしてカッコウみた
いに「ただ乗り」をして平然としている卑怯な生き物がいるのだろう。もしも
創造を肯定するなら、他種のアリを誘拐して奴隷としてこきつかうなどという
非道な習慣は言語道断であるはずだが、そのような忌まわしくも悪質な本能を
もった生き物をも、神がその御業によってこの世界につかわしたということに
なってしまう。
　引用の冒頭で、ダーウィンはある含意をこめて「奴隷を作る本能」と呟いた。
そんな本能が現に存在するという事実が、キリスト教の「神」にとっては大き
な痛手となってしまうにちがいない。なぜなら、もしも創造説にしたがうなら、
〈神の創造〉が〈悪（つまり神の教えや道徳律に反するもの）の創造〉を意味
することとなってしまうからである。神の前では誰もが平等であるはずなのに、
生まれながらに不平等の原理を組み込まれた生き物がいるのである。さらには
神の属性が善であり、善以外にないとすれば、神は自分の属性になく、またそ
の属性に反するものをわざわざ創造し、今なお生かしていたことになりかね
ない。さもなければ、全知全能の絶対者がたかだか昆虫の創造にすら失敗してい
たことになってしまう……。
　ここから結論しうることは一つである。すなわち、自然は聖書の文言や神託
の言葉など、まったくお構いなしだったということである。自然は、人間の道
徳など無造作に踏みにじりながら、環境に対する向き不向きによって生き物を
選別している。言い換えるなら、自然には善も悪もないから、勧善懲悪の原則

もなく、傍目には楽をして儲けている狡猾な輩をむしろ優遇しているように見えてくるのである。

〔資料６〕「アカヤマアリの本能がどんな段階をふんで生じたものかについて、私はあえて推測しようとは思わない。しかし、奴隷をつくらないアリでも他の種のさなぎが巣のちかくにちらばっていればそれを運んでいくことを、私は見ているので、もともと食物として貯蔵されたさなぎが発生をはじめ、このようにして思いがけず飼育されたアリがそこで自分の固有の本能にしたがい、自分にできる仕事をやるようになるということは、ありうることである。もしもかれらの存在がかれらを捕獲した種にとって利益になるものであれば――もしもこの種にとって働きアリをうむよりもそれを捕獲するほうが有利であるなら――ほんらいは食物としてであったさなぎあつめの習性が、自然選択によって強化され、奴隷を飼育するというまったく異なった目的のために恒久化されることになるであろう。この本能はいったん獲得されると、かりにそれが、すでにみたとおりスイスの同種のものにくらべて奴隷の助力をわずかしかうけないアカヤマアリより、さらにはるかに低い程度にしかすすんでいなかったとしても、自然選択がこの本能を増大させ、また変化させ――おのおのの変化がつねにその種にとって有用であったと仮定して――、ついにフォルミカ・ルフェセンスにみられるような、奴隷に卑劣に依存するアリの形成にいたらせたとすることに、まったく難点はないように私には思われる」（同290―1頁）。

　以上の説明を読めば容易にわかるように、自然選択説は、創造説では必ず行き詰まってしまう難所を容易に乗り越えることができた。つまり、創造説では、堕落の証とも言える卑劣な本性をもつ生き物がどうして造られたのかその理由を説明できないが、自然選択説では、そのような本性はもちろん、どんな行動パターンであれ、開花し存続する余地が少しでもあれば、自然が敢えてそのつぼみを摘むことはないと述べる。さらに、卑劣な本能にしたがって行動することに何かしらの利点があり、生存する上で少しでも理に適っていれば、自然がその優位性を断罪し、滅ぼすこともない。

　自然は、道徳に反するものたちを、それゆえに殺すようなことはしない。

それではこう問うてみよう。人間の社会でも悪人たちや卑怯者たち、怠け者たちが性懲りもなく生き残っている。それも自然選択と同じ理屈で説明できるだろうか。いや、人間の生存は自然選択説では説明できないし、進化とは何の関係もない。自然は選別するが、我々の暮らす社会は原則として、生きるべき者たちと死すべき者たちとを選別しない。「原則として」という、この言い淀むような一言を加えなければならないことが、この半期にわたる講義の大きなテーマである。私たちの社会では敢えて選別しないし、しないはずなのだが、自然にならって人間が「選別」を始めようとすると、いったいどんなことが起こるのか……。この疑問を忘れないでおこう。

6　絶滅

さて、ダーウィンは「進化論」という強力な理論を提起したが、説得力が強すぎたためか、自然による選別、および性による選別を前面に出しすぎたきらいがある。そのせいで何が失われたかを示す文章を読んでみることにしよう。

〔資料7〕「古生代末におけるサンヨウチュウ類、第二紀末におけるアンモナイト類のように、科または目の全体が突然に消滅したように見える場合にかんしては、重なりあう地層間に広大な時の間隔があったにちがいないという、すでにのべたことが想起されねばならない。これらの期間にも、多数の緩徐な絶滅がおこなわれていたであろう。そればかりではない。突然の移住や異常に急速な発達によってある新しい群の多数の種が新しい地域を占拠したときには、それらの種はそれにおうじた急速さで従来の居住者の多数をほろぼしてしまったであろう。こうして自分の場所をうばわれたものたちは、普通には近縁のものであったであろう。なぜなら、近縁のものどうしはなんらかの劣った性質を共有していると思われるからである」（ダーウィン『種の起源（下）』、58─9頁）。

ダーウィンは生物の栄枯盛衰のすべてを緩やかな自然選択の帰結だと考えた。彼の進化論がもっとも大きな影響を受けていたのは、チャールズ・ライエルという地質学者だった。ライエルゆずりの「斉一説」（世界は同一であり、過去に起きたことについても、現在の世界を説明するのに用いるのと同じ原理を適

用できると考える立場）を支持していた。斉一説が批判し、対立していたのは、ジョルジュ・キュヴィエの一派が主張していた天変地異説である。キュヴィエは地質調査から、ある地層を境に出土する生物種ががらりと変わることに着目して、なにか天変地異のような大異変があったにちがいないと主張した。しかし、ダーウィンは天変地異など宗教的な絵空事でしかなく、大地は悠久のときを刻みながら、ゆったりと、緩慢に変化してきたのであり、生物種もまた悠久の時間のなかで自然選択に揉まれ、栄枯盛衰のゆるやかな物語を紡いできたと考えた。

　キュヴィエは絶滅を主張する一方で、ラマルクの進化論を攻撃するのに躍起になった結果、進化と名の付くものすべてを蹴散らしてしまった。他方、ダーウィンは進化の概念を研磨し、見事な概念にまで練り上げたが、自分の思想を重視するあまりに絶滅説を一顧だにしようともしなかった。もちろん、今では進化も認められているし、過去に大小の絶滅が何度も起きていたことも証明されている。つまり、どちらも半分は正しかったが、互いの言い分を認めようとしなかった点で半分はまちがっていたことになる。ちなみに「大絶滅」と呼ばれているものだけは知っておいてほしいので、以下に簡単に列挙しておこう。

①オルドビス紀末（４億4000万年前）：大がかりな海洋の氷結という有力な説がある一方、最近は超新星爆発によるガンマ線バーストも疑われている（全生物中の85％が死滅）。

②デボン紀末（３億6000万年前）：2000万年にわたる環境の変動（全生物中の70％〜80％が死滅）。

③ペルム紀末（２億5000万年前）：シベリア洪水玄武岩による強度の気候変動（温暖化＝極度に二酸化炭素濃度が高くなり、かつ酸素濃度の著しい低下による高温高湿の気候）のため、海流が止まり、水中の酸素濃度も低下し、そのため海底から嫌気性細菌が上昇し、メタンと硫化水素で低地を覆い尽くした。三葉虫が死滅した（全生物種の致死率は実に95％以上になる）。〔21世紀現在、二酸化炭素濃度が上昇しながら、なお新エネルギー源として今後もメタンハイドレートに期待しているような状況では、この時期の絶滅に徐々に近づいていく可能性が排除できない〕。

④三畳紀末（2億年前）：隕石の衝突が引き金になったという説もあるが、ペ
　ルム紀と同様、活発な火山活動の可能性が高い（全生物中の 76％が死滅）。
⑤白亜紀末（6500万年前）：巨大隕石の衝突（メキシコ・ユカタン半島）、前
　後して計4度の洪水玄武岩（インドのデカン高原）による。アンモナイト、
　鳥類を除く恐竜など（全生物中の 70％が絶滅）。

　進化論に絶滅の事実を組み込むと、議論はやや異なった理路をたどるように
なる。すなわち、大規模な進化はとりわけ大絶滅のあとに起きる。大きな顔を
した動物たちが大地から一掃されてしまうと、かろうじて生き残った者たちが
がら空きになったニッチに進出し、領土を奪い合うようになる。そのプロセス
は進化の概念にほどよく合致する。
　滅ぼされた者たちは、それぞれの時代（紀）において主役を独占するいわば
支配者たちだった。白亜紀の主役である恐竜たちの時代に、われわれの祖先で
ある哺乳類は物陰に隠れ、小さく縮こまって身を隠し、大きな生き物たちに怯
えながら死の危険をやり過ごしていた。彼ら太古の哺乳類は、恐竜たちが巨大
隕石に滅ぼされたあと、すっかり空き地となった大地に進出して、今に至った
のである。
　ちなみに現代は第6番目の大絶滅の「紀末」に相当すると言われている。自
然現象ではなく、生物種の活動が原因で大絶滅が進行している初めての時代で
ある。

　目下、進行中の絶滅をむしろ推進する理論装置として、しばしば進化論が槍
玉に挙げられることがある。大略はわかってもらえたと思うので、そろそろ進
化論がどういう性質の理論であり、その性質ゆえにどんな影響力を及ぼしてき
たかを見てみよう。
「進化論」というと、誰でもすぐに「適者生存」または「最適者の生存」とい
う標語を思い出すだろう。すなわち、現存する生物種はみな長年にわたる「生
存競争」の覇者であり、それが自然による選別の意味でもあった。もしも生存
競争の内実が「弱肉強食」ならば、覇者たる生物種はまた、進化というリーグ
戦の優勝者として表彰台のてっぺんに立ったことになる。こうして地球の支配

者たる人間は、進化の頂点にして目的であるという、いわゆるヒューマニズムが樹立することになった。優しい響きもあるヒューマニズムは、ときに「人間中心主義」と訳されることもあるとおり、人間という動物の途方もない思い上がりと自惚れを表わした思想ないし姿勢としても捉えられる。しばしばその起源に認められるのがダーウィンの進化論なのだが、その謂われにはまったく理由がないわけではない一方、半ば濡れ衣でもある。

7　博物学と生物学

　さて、ダーウィンは「進化」を武器に、博物学者たちが精緻に描き出した静的分類表を過去に追いやり、生物学を離陸させた。彼自身の言葉から、科学的認識が博物学から訣別し、生物学を離陸させる場面を見ておくことにしよう。

　〔資料8〕「博物学者は、おのおのの綱のなかの種や属や科を、〈自然的体系〉とよばれているものにもとづいて配列することを、こころみる。だが、この体系とはいったいどんな意味なのであろうか。ある著者たちはそれを、もっともよく似た生物をあつめて配列しもっともちがった生物を引きはなすための工夫にすぎないとみなし、あるいは一般命題をできるだけ簡明にのべるための人為的手段――つまり、たとえばすべての哺乳類に共通な形質を1個の文であらわし、つぎの文で食肉類ぜんぶに共通な形質を、またもうひとつの文でイヌ属に共通な形質をあらわし、そしてそのあとにただ1個の文をくわえることにより、イヌのそれぞれの種類について完全な記述があたえられる――にすぎないと、みなしている。この体系が巧妙にできており、有効であることについては、議論の余地はない。しかし多数の博物学者は、自然的体系になにかもっと多くの意味がふくまれていると、考えている。その人たちは、その体系が創造者の計画を顕示していると信じているのである。だが、創造者の計画ということが時間あるいは空間における秩序を意味しているのか、それともなにか他の意味なのであるか、その点が明らかにされないかぎり、われわれの知識にくわえられるものはなにもないように、私には思われる」（同170頁）。

　ダーウィンが問題にしているのは、リンネが考案した動植物の命名法であ

る。基本的には現代の生物学も同じ手法を踏襲しているわけだが、問題は事物を命名してゆく手続きがそのまま分類表の構築となることである。つまり、もしも新たに命名された種が既成の図表に登録されておらず、晴れて新種とわかれば、それでもって考察も終わってしまうという、その点にこそ問題があったのだ。分類された動物種のちがい、つまり種差はそれぞれの動物種を分け隔て、異なる生物種の境界をはっきりと際立たせるが、それだけなのだ。ダーウィンはビーグル号に乗船し、ガラパゴス諸島に立ち寄った際に、フィンチという鳥のクチバシに形や大きさのちがいがあることに気づいた。しかも、そのちがいはそれぞれのフィンチが暮らしている環境、とりわけ彼らの食性に関わっていたのである。ちがいは分類表のためにあるのではなく、彼らが生きて変化してきたことの証だった。どんな生き物も長い時間をかけて分化し、今の形になってきたことを、それぞれのちがいによって物語っていたのである。そのようなダイナミズムを見ないと、どんなにちがいをはっきりさせて分類を精緻にしても意味がないと、そうダーウィンは述べている。

　まとめるとこうだ。

　博物学的図表：系統樹＝〈自然的体系〉　　神の計画
　他の意味（変異の蓄積による進化）

8　発生の神秘

　キュヴィエはラマルクを批判した勢いで親友だったはずのジョフロワ・サンティレールにも嚙みついた。では、進化論を擁するダーウィンはジョフロワに対してどんな態度を取るだろうか。

　〔資料9〕「形態学──われわれは、同一綱の諸成員が、生活の習性とはかかわりなく、体制の一般的なプランにおいて相互に類似することを、見てきた。この類似は、しばしば「型の一致」という語で、あるいはまた、その綱のいろいろな種の諸体部および諸器官が相同であるというふうに、いいあらわされている。こうした問題はみな、〈形態学〉という一般的な名称に含められる。これは博物学のうちのもっとも興味ある分野で、その真髄ともいえるものである。

把握に適したヒトの手、掘るのに適したモグラの手、ウマの足、イルカのみずかきの足、コウモリの翼が、みな同一の基本図にしたがって構成されており、おなじ相対的位置でならんだおなじ骨をもっているということ以上に、興味ふかいことがあるであろうか。ジョフロワ・サンチレール（Geoffroy St. Hilaire）は、相同器官のたがいの結合関係がきわめて重要であることを強調した。つまり、諸体部の形や大きさはほとんど制限なく変わりうるものだが、それでもそれら体部はおなじ順序で結合されたままでいるというのである。たとえば、上腕と前腕、あるいは大腿と下脚の骨が、入れかわっているなどということは、けっして見られない。それゆえ、はなはだしくちがった動物においても、相同の骨にはおなじ名前をつけることができる。昆虫の口器の構成でも、おなじ偉大な法則があてはまる。スズメガのいちじるしく長いらせん状の吻、ハチやナンキンムシの奇妙にたたまれた吻、カブトムシの大きな顎といったもの以上に、ひどくちがっているものがありうるだろうか。ところが、ひじょうにちがった目的を果たす役をしているこれらの器官は、どれもみな、上唇、大顎および二対の小顎の数かぎりないほど多くの変化によってできているものなのである。甲殻類の口器および肢の構成も、同似の法則によって支配されている。植物の花でも同様である」（同 195 — 6 頁）。

　同時代人から笑い物にされていたジョフロワをダーウィンはきわめて高く評価し、鋭い観察眼と大胆な推論の力を認めていた。その点でダーウィンの判断は、のちのジル・ドゥルーズやマット・リドレーの評価を先取りしていたとも言えるだろう（前回の講義で資料に引いた彼らの文章を再読せよ！）。ただし、ジョフロワを高く評価した分だけ、キュヴィエの発見に対する判断が鈍くならざるを得なかったのは、さすがに致し方のないところである。

　ミシェル・フーコーは『言葉と物』において、キュヴィエの認識は、半身を博物学的な秩序のうちに置きながら、残る半身は新たな地平に果敢に乗り出していたと述べていた。キュヴィエの目には、ジョフロワの大胆なアイディアでさえもラマルクと同類の「進化」論者と映ってしまったが、両者の思想の内実はまったくの別物だった。ジョフロワの言説は、体節の反復や折り畳みの概念により、変異のスイッチのオンとオフのメカニズムを予測し、構造と現実化

（ゲノムと発生）の関係について的を正確に射抜いていた。それゆえ、ジョフロワの斬新なアイディアは、ダーウィンの進化論を準備しながら、さらにダーウィンの先を行く可能性をすら秘めていたことになる。そして、ダーウィンが新たに紡ぎ出した言語の世界は、博物学から大きなブレイクスルーを果たした道標であり、同時に生物学の誕生を祝う記念碑でもあった。キュヴィエ、ジョフロワ、ダーウィンは、それぞれが異なる（新たな）視点から生物の世界に光を当てていたのであり、彼ら 3 人の視野から世界を見るとき、現代生物学のほぼ全域をカバーすることができると言っても決して言い過ぎではない。

　ただし忘れてはならない点がある。生物の身体に何らかの共通する構造があることは三者三様に気づいてはいた。少なくともジョフロワとダーウィンは、発生の機構がなんらかの構造とその読み書きの制御を司っていることになんとなく思い至っていたようだ。しかし、この時代はまだ変異の規則性を司るものが何なのかまったく不明のままだった。もちろん遺伝という現象はおろか、遺伝子が何なのかもまったくわかっていなかった。両性の生殖行為が出産に至るプロセスのスイッチになるくらいのことはわかっていたが、雌雄（もしくは男女）の何がどういう関わりを持って子の個体性に到達するのかは皆目わからなかった。

　さて、来週は再びダーウィン以前に戻り、キュヴィエが化石記録に何を見ていたかを考えてみたい。

第3講
絶滅論とキュヴィエ

1 古生物学という学問

　生物学という分野は広い。現代生物学のなかでも、もっともメジャーな分野はおそらく遺伝学と発生学であろう。それらの分野は国や軍、企業から多額の研究費をかき集め、隣接科学にも社会的にも日頃から成果が注目されている先端科学の代名詞である。遺伝や発生の分野は端的に言って、大学や研究所の実験室で発展してゆく。隣接領域は医学であり、また化学である。生理学は医学との境界領域にあり、生化学は化学や薬学、医学などと境界を接している。主要な研究対象は、細胞であり、とりわけ生殖細胞のなかにある染色体、さらに染色体に折りたたまれている遺伝子、つまりゲノムやDNA（RNA）と呼ばれる分子の塊であり、それらのデータから種々の細胞や器官を作り出す酵素の数々とそれらの役割をも探究している。

　もうひとつの分野を代表するのが、古生物学である。キュヴィエやダーウィンはこちらの代表選手である。おそらく室内で実験を繰り返すよりも屋外に出て、陽光を浴びながら調査や観察を行なうイメージが強いだろう。隣接領域にあるのは地質学（物理学の1分野）や、化学（特に年代測定）である。主な研究対象は化石であり、地層であるが、過去から今の生き物の生態を見たり、今の生き物から過去の生態を類推したりするため、（言うまでもなく）今なお生きている世界中の動植物も研究している。

　大きく2つに分けたけれども、それらの分野はまったく異なるようでいて、同じ課題を共有している。課題とは「生命とは何か？」という問いであり、いずれの分野も異なる視点から生命の世界の因果を説明しようと試みているのである。進化とは、言ってみれば、変異の歴史に関するとても気の長い視点から試みられた因果論的説明である。スティーヴン・J・グールド（1941－2002）という一世を風靡した生物学者の言葉を引いておこう。

　〔資料1〕「大進化に関する説は、適応帯の枠内で持続される傾向や共通の基本設計を説明することで揺らぐことはなかった。しかしそれらの説は、高次分類群が起源した際の基本的に異なる構造への移行にダーウィン流の連続主義的な見方をあてはめようとしてひどくまごついてしまった。いったいどうしたら、そのような移行が徐々に、しかも連続的な淘汰による制御の下で進行しうるだろう。

　キュヴィエ、ゴールドシュミット、シンプソンという3人の名前が結びつけられることはまずないが、しかし一点において、彼ら3人は意見が一致していた。それは、自然淘汰による型どおりの制御を持出す純粋な漸進主義では基本構造の断絶を突破することはできないと考えた点である。もちろんキュヴィエは、その断絶は埋められうるなどということは否定した。体の各部位の相関がそれを許すはずがないからだ。ゴールドシュミットは、たった1回の跳躍でまったく偶然にその断絶を埋めてしまう大突然変異、いわゆる「前途有望な怪物」を想定した。シンプソンは、適応帯の間の断絶、すなわち非適応段階をつなぐ量子的進化に手を貸すものとして遺伝的浮動をかつぎ出した。そのような劇的な移行が、形態に直接はたらく淘汰しか介在しない連続的な漸次的移行によって起こりうるなどということはありそうにない」（スティーヴン・J・グールド『個体発生と系統発生』仁木帯都・渡辺政隆訳、工作舎、1987年。466頁）。

　グールドは何を問題にしているのか。歴然たる事実（眼前にある証拠としてのちがい）をどう説明すればいいのか？　グールドはこの問いに3種類の答え方があったと言う。資料の文章の冒頭にある「共通の基本構造」は、言ってみればジョフロワの「プラン」に相当する。そして、「基本的に異なる構造への移行」と言われているのは、例えば魚から両生類への移行、爬虫類から恐竜たちへの移行、ネズミからヒトへの移行などを指す。キュヴィエはそんな移行の証拠はどこにもないと述べた。しかし、ゴールドシュミットはそういうことがいきなり起きることもあるんだと主張した。さらにシンプソンはたまりにたまった変化の種子がいきなり芽吹くことがあると述べた。どれもが後に登場するダーウィンの進化論とは異なる説明である。

　今回の講義のキモ、つまり問題は、ジョルジュ・キュヴィエはなぜ進化に抵抗したのか、という点にある。彼がラマルクの安直な進化説に反対したことはすでに述べた。ならば、どうして進化説を認められないと彼は思ったのだろうか？　それは彼が何を見つめていたのかを知らなくては理解できない。

2　ジョルジュ・キュヴィエ

　ミシェル・フーコーがキュヴィエを評価したのは、「死」の主題に取り憑かれていたがゆえに近代生物学に半身を迫り出していたという、やや特異な肖像を通してのことだった。ならばフーコーはキュヴィエの研究のどこに「死」を見出していたのか？　カール・ジンマーの文章から、ダーウィンとキュヴィエのちがいを通して手掛かりを探ってみよう。

　〔資料2〕「ダーウィンは、絶滅に関してはあまり重視していなかった。もちろん、生命の歴史は数々の天変地異（激変）によって区切りをつけられ、そのたびごとに地球上は新しい種類の生きものたちによって取って代わられてきたというキュヴィエの主張は知っていた。しかし、ライエルが主張していたわずかずつの（漸進的な）変化という考え方を受け入れていたダーウィンにしてみれば、キュヴィエらの主張はどうしようもなく古くさい考え方にしか思えなかったのだ」〔カール・ジンマー『「進化」大全』渡辺政隆訳、光文社、2004年。199頁〕。

　ダーウィンは有力な地質学者であったチャールズ・ライエル（1797 ― 1875）の徒でもあった。彼の目には《斉一説（漸進的な変化を主張する学説）》のほうが科学的な信憑性が高く、過去に天変地異があったというような説は、いかにもご都合主義的な夢想と映ったのだろうし、それゆえ科学的な説明としてはとても認めがたいと感じられたのだろう。

　キュヴィエもライエルと同じく地質学者でもあった。しかし、彼の目には大地がいつまでも「変わらない」という事実ではなく、いきなり「変わる」という事実がはっきりと見えていた。ダーウィンとキュヴィエのちがいは、むしろライエルをキュヴィエから分かつ大きな断絶に起因していたようである。

〔資料3〕「チャールズ・ライエルは、真の地質学を究める鍵は、地層の証拠を忠実に読みとらないという言質にあると、精力的に論じている。それに対して、偉大な直観主義者だったキュヴィエは、一連の激変的な動物相の絶滅があったと主張した」（グールド、51頁）。

　このグールドの文章は、やや複雑で面倒なことをシンプルな文章に集約している。ダーウィンは、より客観的な科学を代表するとの見地からライエルを支持しており、その立場から、直観的に過ぎていて、客観性に乏しい研究としてキュヴィエを軽視していた。しかし、ジンマーやグールドの言にしたがえば、ライエルは客観的な科学を標榜しながら、目の前にある地層にとらわれすぎないようにと警告を繰り返し、つまりは地層が物語る劇的な変化ではなく、私たちの暮らす地球が現に「簡単には変わらない」という（日常的な感覚が物語る）事実のほうに目を向けるようにと主張した。対照的に、キュヴィエは目の前に広がる地層のちがいを凝視し、疑いようもない歴然たる事実に取り憑かれていたのかもしれない。地下に埋もれた生命の痕跡から距離を置き、地殻の告げる言葉に対して耳を傾けようとしなかったライエルと、必死に耳をそばだてるキュヴィエとのちがいは、絶滅説にまったく関心を寄せなかったダーウィンと頑として進化説を受け入れまいとしたキュヴィエという、これまた皮肉で対照的な頑固さを生み出すこととなった。
　キュヴィエの人生も簡単に要約しておこう。
　1769年、ジョルジュ・キュヴィエは、スイスとの国境沿いで生まれ、1795年にパリを訪れる。翌1796年には齢26にしてパリ国立博物館で一般公開の講演を開始した。そこで披露された内容は、生物学の歴史でもとりわけ有名な逸話のひとつに数えられる。4月4日の講演記録によると、その日、キュヴィエはアフリカゾウとアジアゾウ（現生種のゾウ）の骨を比較するところから話を開始した。その後、彼はシベリアで発掘されたゾウの化石を持ち出して、「これはゾウの骨とは似ても似つかない」と主張した。さらに「アメリカのオハイオ州から送られてきた動物の歯」を例に挙げて、シベリアから出土した化石よりもさらに現生種のゾウから遠く離れた動物だと断定した（エリザベス・コルバート『第6の絶滅』から）。その後、キュヴィエはシベリアで発掘されたゾ

ウの仲間を「マンモス」と命名し、さらにオハイオから出土した化石ゾウを
「マストドン」と命名した。

　キュヴィエが不可解に思ったのは、これほど大きな骨を有する生き物なのに、
骨が出土した地域に暮らす人々の口から1例の目撃談も聞かれなかったという
点にあった。そこから彼は次のような疑念を抱いた、──「これらの骨の持ち
主はもしや世界に1頭も残っていないのではないだろうか？」

　シベリアから骨が届いてから数カ月後のことだった。アルゼンチンのブエノ
スアイレス付近で奇妙な動物の全身骨格が発掘されたという報告が、その詳細
なスケッチとともに届けられた。全長はゆうに３.７メートルに達し、立ち上
がると高さ（身長）が２メートル近くになった。キュヴィエはそれが特大サイ
ズのナマケモノにちがいないと確信した。ゴリラやヒグマに匹敵する巨大なナ
マケモノである。そこでキュヴィエは、ラテン語で「巨大なけだもの」を意味
する「メガテリウム」と命名した。のちに1万年前にはすでに滅びていたこと
が判明する。

　以上の化石はみな哺乳類のものである。しかし目撃例が一つもないことから、
現生種である可能性は著しく低かった。

　そうこうしているうちに、現生種からどうしても類推できない奇妙な骨格が
次々と届くようになった。博物学が一大ブームとなっていた時代のことである。
専門家だけでなく、素人の化石コレクターも大挙して調査地を訪れ、金槌で穴
を掘り、岩を削っていた。キュヴィエの元に新たに送られてきたのは、オラン
ダのマースリヒトという場所で発掘されたことにちなみ、「マースリヒト・ア
ニマル」と言われることになる動物のアゴの骨の化石だった。とても長く、先
端に向けて次第に尖っていき、サメを想起させるような細かい歯がびっしりと
生えていた。「いったい、これはなんだ？」

　答えを知る前に、キュヴィエが凝視していた化石群を整理しておこう。

　2つのゾウらしき動物の化石（マンモスとマストドン）。
　絶滅したと思しき巨大哺乳類の化石（メガテリウム：巨大なナマケモノ）。
　現生種とは似ても似つかない謎の巨大生物（マースリヒト・アニマル）。

　3つのカテゴリーすべてに「不在」の〈しるし〉が刻まれていた。前2者は、目撃例がなく、それゆえもはや世界のどこにも現存しない可能性が高いけれども、かろうじて現生種から近さや遠さの程度を類推できる骨格であった。しかし、最後の1体のみ、生きている痕跡が皆無であるばかりでなく、現生種からまったく類推することができず、近縁種がどこにも見当たらない奇妙な代物だった。

　しかも、注目しなければならないのは、4例の化石とも巨大な生物の骨格だったことである。体躯が大きければ、簡単には食われることがないし、容易には死なないし、滅びない。だが事実は、頑強な生き物が、にもかかわらず消滅したと告げている。その事実は、個体を襲った「死」以上に過剰な意味を放っていた。圧倒的な「不在」の事実を埋める学説がなかったからこそ、キュヴィエは、これら巨大生物が暮らしていた楽園を一掃するほどの出来事があったにちがいないと考えたのである。それがいわゆる「天変地異」説だった。

3　旧世界の哺乳類

　マンモスは体毛がふさふさだったが、見た目がゾウに似ているマストドンよりも現生種に近い。メガテリウムと同じく、マンモスとマストドンは旧世界の絶滅種だった。

　掘り進めていくにしたがい、地層はキュヴィエに容赦なく一つの事実を突き付けてきた。すなわち、地層のちがいに応じて発掘される化石の種類が明らかにちがうのである。そのちがいが含意するものに関するキュヴィエの洞察を見てみよう。

　〔資料4〕「「現存種および化石の双方からみたゾウの種」についての講演で、キュヴィエは絶滅を事実として確立することに成功した。しかし彼のもっとも途方もない主張——すなわち、その全体がまるごと失われた世界がかつて存在していて、そこは失われた種でみちあふれていたという考え——は今もそのままの形で残っている。もしもそんな世界がほんとうにあったのなら、他の絶滅動物の痕跡も必ず見出しうるものであるべきだ。だからキュヴィエはそれらを発見すべく作業に取りかかった」〔Elizabeth Kolbert,"*The Sixth Extinction: An*

Unnatural History", Henry Holt & Company, 2014. p.33.]。

　途方もなく巨大な生き物の「不在」は、まさに巨大な秘密でもあり、言って
みれば、とても無視できない「謎」がぽっかり口を開けて、目の前にあるよう
なものだ。滅んだ生き物の骨格に注がれた眼差しは、遠い昔に滅びた生き物が
たくさん生きている世界、つまり旧世界の全体像に向けられ、その様子を頭
の中で再構成するという道に開かれていった。フーコーの言葉を借りるなら、
「死」に取り憑かれた眼差しが、死者がかつて生きていた世界を再び蘇らせる
という可能性を切り拓いたことになる。

　しかも、化石と地層との対応関係を厳密に見てゆくと、複数の時代の〈つな
がり〉と〈断絶〉もはっきりしてきた。〈つながり〉の程度は、種差の近さと
遠さの関係（遠近のグラデーション）として表わすことができる。原生種のゾ
ウたちと絶滅種のマンモス、さらに遠い種としてもマストドン、といった具合
に。他方、原生種から〈断絶〉した種は、今の世界に生きているどんな種とも、
そもそも比較が成立しないし、絶滅種であるマストドンやメガテリウムと比較
してさえも「何もかもちがう」と呟くことしかできない。

　それが意味するものとは？

4　旧世界以前の世界

　キュヴィエは、マースリヒト・アニマルを現生種の哺乳類と比較するのでは
なく、水中で暮らす爬虫類と比較するようになった。これがのちの「モササウ
ルス」となる。巨大な海洋爬虫類の代表的な種となり、体長は最大で 20 メー
トルにもなる代物だった。ＮＨＫの特集番組では、海辺をうろつくティラノザ
ウルスにいきなり嚙みつき、そのまま海中に引きずり込む映像が作られていた。

　さらにキュヴィエの手元に奇妙な骨格標本が届けられた。ひじょうに華奢な
生物の化石だった。もちろん現生種のどこを探しても似ているものは何一つ見
つからない。彼はその骨を想像力で補強しながら、間もなく空を飛んでいた爬
虫類にちがいないと考え、長い指に帆を張るような形から、ラテン語で「指の
翼」を意味する「プテロダクティル」と命名した。この名がのちに翼竜のグ
ループ全体を指す言葉となり、グループを代表する主役があのプテラノドンと

なる。

　※キュヴィエの命名が見事なのは、薬指の華奢な骨1本だけで巨大な翼のゆうに
　　半分（多くは半分以上）を支えるという驚嘆すべき構造を表わしているから。

　プテロダクティルは鳥類ではないし、コウモリの近縁種でもなく、どちらとも根本的に異なる生き物だった。翅をもつ昆虫、手に帆を張るコウモリ、腕と薬指に帆を張る翼竜、腕に羽毛と羽根をもつ鳥類、これらは空を「飛ぶ」という機能に向かって別々に進化したという意味で「収斂進化」の代表的な例となっている。

　化石の発掘という一点だけで見れば、キュヴィエ以上に大きな仕事をした人物がほかにもいた。1812年、メアリー・アニングというイギリスの女性の化石収集家がイングランド南部で次々に奇妙な化石を掘り当てたのである。120センチほどの細長く、鼻先が針のように尖った頭蓋骨だった。これがのちに「さかなトカゲ」を意味する「イクチオサウルス」と命名される。
　さらにアニングは別の大きな化石も発掘。「トカゲの頭部」と「大蛇に似た胴体」をもち、「カメレオンの胸郭と、そしてクジラのひれ」を有する生き物を発見する。こちらは「ほとんどトカゲ」を意味する「プレシオサウルス」と命名された。

　キュヴィエの考察はこうだ。
　過ぎ去りしひとつの時代には、現存するゾウと絶滅したゾウとの関連性とちがいがわかる〈つながり〉が残っている。しかし、そのようなつながりが完全に絶たれた世界も別個にあったのではないだろうか？　絶滅種の化石を調べ、それらの整理を進めているうちに、キュヴィエは哺乳類の骨が出てくる地層はごく浅いところに限られていることに気づき、それらが出土する地層と近縁種のない骨格群が出てくる地層とのちがいを悟った。

　〔資料5〕「失われた動物種の遺骨は、今も生きている動物たちの目（order）に属するマストドンやホラアナグマのように、地殻の表面に近いところで見つ

けることができた。〔中略〕そのまま掘り進めてゆくと哺乳類はみな化石記録から姿を消してしまう。ついに一つの世界に行き当たるが、それは私たちの時代に先立つ直近の過去の世界ではなく、私たちに先立つ世界のさらに前の世界であり、巨大な爬虫類によって支配された世界だった」〔Kolbert, *Ibid.*, pp.40-1.〕。

　地下世界の地道な研究から生まれた知は、世界を（少なくとも）三層構造で捉えていた。ひとつは私たちの暮らす世界であり、もうひとつは私たちの暮らす世界と無関係ではないけれども失われた動植物がかつて支配していた世界である。そして、最後にわれわれの世界から完全に断絶し、隔絶しているが、まちがいなくこの地球で営まれていた別の世界である。この考えを突き詰めるとダーウィン以上に危険で罰当たりな思想に到達する。なぜなら、聖書に記された神の創造よりも前に起きた創造と絶滅の事実を、キュヴィエは地質学的な証拠を示して証明したことになるからである。そうなれば、地球は神が「光あれ！」と言う前から存在したことになり、となれば、聖書の記述は自動的に偽りであることになる。しかし、キュヴィエ当人をも含め、当時の人々はその真の危険性にはまったく気づいていなかったようなのだ。

　〔資料６〕「大半の地質学者は、地球の歴史には方向性がないというハットンの前提に異を唱えていた。始まりも終わりもないまま、創造と破壊を繰り返す自動継続周期が地球変動の原動力だという前提が気に食わなかったのだ。地史の記憶を詳細に調べるほどに、地球の姿は常に同じだったわけではないことがはっきりしてきていたからである。
　いちばんの証拠をもたらしてくれたのは、岩石それ自体ではなく、その中に埋まっている化石だった。たとえばフランスでは、ジョルジュ・キュヴィエという名の若き古生物学者が、現在のゾウの骨と、現時点ではゾウが生息していないシベリア、ヨーロッパ、北アメリカから見つかったゾウの化石との比較を行なっていた。キュヴィエは、巨大なあごの骨や、癒合して畝状の筋の入った超厚切りパンのような歯を、詳細にスケッチした。そして、化石ゾウ（マンモス）は現在のゾウとは根本的に異なっていることを証明した。キュヴィエの表現によれば、それは「イヌがジャッカルやハイエナとは異なるほどの」ちがい

だという。それほど異なる巨大な動物がそこらじゅうを歩き回っていたら、誰も気づかないなどということはありえない。つまりかくして、生物種の絶滅が過去に起こっていたことを、ナチュラリストがはじめて証明したのである」〔ジンマー、29－30頁〕。

5　絶滅論へ

絶滅論の第1の命題はこうだ、「哺乳類と恐竜は共存したことがない」。

われわれ哺乳類が繁栄している世界と、恐竜が繁栄していた世界は断絶しており、まったく無関係である。以前は進化論から類推して、われわれ哺乳類の祖先が「弱肉強食」の世界で恐竜を圧倒し、彼らを打ち負かしたと考える人が多く、定説もそちらに傾いていたが、事実はそうではなかった。もしも新生代の哺乳類と白亜紀の恐竜たちが同じ世界でテリトリー争いをしたとすれば、過去2億年の歴史がすでに証明しているように恐竜たちの圧倒的な勝利に終わったであろう。

ペルム紀から三畳紀を経て、ジュラ紀、白亜紀に至る時代はこう語る。哺乳類の祖先は当初こそボロ負け（全戦全敗）の連続だったろうが、次第に不戦敗と敵前逃亡を繰り返すようになり、間もなく物陰に隠れるようになり、すると体軀も次第に小さくなり、寿命も縮んでいくだろう（長寿を志向する余裕すらすでにないからだ）。

続いて絶滅論が告げる第2の命題である。「哺乳類の繁栄は、恐竜たちが死に絶えたあとの世界ではじまった」。2つの時代を画す出来事は白亜紀末の大絶滅であって、自然選択ではなかった。もしも恐竜が滅びなければ、地球という舞台の主役に哺乳類が（自然から）選ばれることはなかったし、人間が誕生する余地もなかっただろう。

〔資料7〕「続いてキュヴィエは、ほかにも絶滅した哺乳類がたくさんいたことを証明していった。その発見が語る意味について、キュヴィエは述べている。「この発見は、われわれの時代の前に、別の世界が存在していたのだが、なんらかの天変地異によって破壊されたことを証明しているように思われる。しかし、その原始的な地球はいかなるものだったのだろうか。人間の支配を受けて

いなかった世界はどのような性格を帯びていたのだろうか。ばらばらになった骨以外にはいかなる痕跡も残さないほどに世界を一掃した変革とは、いかなるものだったのだろうか」。

　キュヴィエはさらに論を進めた。ただ1回の天変地異で、マンモスそのほかの絶滅哺乳類が一掃されたとは思えない。連続して何回もあったはずである。異なる時代の化石は、それが埋まっていた地層を特定する証拠として利用できるほどの特徴をそなえていた。しかし、そのような天変地異を引き起こした原因が何だったのか、キュヴィエには確信がなかった。海水面の突然の上昇か、気温の急激な低下だったかもしれないと想像された。天変地異の後には、新しい種類の動植物が出現していた。地球の別の場所から移住してきたものか、新たに創造されたのだろう。しかし、キュヴィエにとって確実なのは、地球の歴史では変革は珍しいことではなかったということである。ノアの洪水が史実だとしても、それは遠い昔から継起してきた天変地異のうちのいちばん最近の出来事であるにすぎない。天変地異が起こるたびに、たくさんの生物種が一掃されてきた。しかもその大半は、人間が存在するはるか以前に置き換えられてきたのである」（同、30頁）。

　キュヴィエのどこが当時の人々にとって危険だったのかが今、ようやく明らかになりつつある。つまり、聖書の教えに反し、人間は神が作った最初の被造物であるどころか、つい最近、この地球に出現した新参者でしかなかったということになる。

　しかも天変地異は、ノアが方舟を作って動物たちを救済したときだけではなかった。その前には人間が誕生しておらず、それゆえ方舟が建造されることもなかったから、救われずに大量絶滅の憂き目に遭った動物たちの世界もあったはずだ。さらには、われわれの知る動物が1匹もいないだけでなく、私たちの知らない生き物ばかりが暮らしている「絶対」の旧世界があった。そこは真の別世界であり、聖書にもなんら記述が見当たらないから、神の創造に先立つ別様な世界であったか、さもなければ神の創造とは関係なしに、種々の世界が元々存在していたことになる。

　キュヴィエが考えていたのは、白亜紀の大絶滅が起きる以前の地球に広がる

世界だった。原生種のいかなる動物とも無縁の大型生物が繁栄し、大地を跋扈し、大空を飛び交い、大海を支配する世界——。

　キュヴィエの絶滅論は、白亜紀の大絶滅が巨大隕石の激突によるものだと証明されるまで、まともな生物学者は誰も相手にしようともしなかった。フーコーの評価すら例外的なものだった。しかし、今や白亜紀の大絶滅だけでなく、史上最悪の絶滅であるペルム紀末の大絶滅も明らかになりつつあり、その研究を通して、今度は現代人が引き起こしつつある大絶滅（第六の絶滅）に関する考察も進展している。そして、どの絶滅劇にも、必ずと言ってよいほどキュヴィエが「死」に注いだ冷徹な視線が活かされている。

　前回の講義録に過去の大絶滅を5つ列挙しておいた。いま再びそれらの絶滅を確認しておいてよいだろう。史上でもっとも激しい絶滅は2億5000万年前に起きたペルム紀末の絶滅であり、恐竜を大地から一掃した白亜紀の絶滅でさえ、それに比べれば軽症だった。現在、人類が引き起こそうとしている絶滅事象はどうやらペルム紀末の再現を演じようとしているように予感されている。どうするかは人類次第だが、制限時間はあまり残っていない。

　さて、19世紀はキュヴィエの学説を過去の遺物として葬ってしまった。それがため、本来は進化論以上に聖書に対する呵責ない反駁の可能性を孕んでいたにもかかわらず、西洋社会に大した衝撃をもたらすことはなかった。何しろキュヴィエは時代遅れであり、まちがっているのだから、というわけだ。対して、ダーウィンの進化論は科学的真理として広く受け入れられていたからこそ余計に危険な気配を放っているようにみえた。ダーウィンはキュヴィエを葬り、絶滅論の危険性も封印してしまったが、皮肉にも宗教（ないし一神教世界）の側からの非難を一手に引き受ける羽目にもなってしまった……。

　ダーウィンは信じていなかったが、途方もなく大規模な絶滅は何度も起きていたし、「大」のつかない絶滅はそれ以上に頻繁に起きていた。

　また、キュヴィエは信じていなかったが、進化はいつの時代にも起きていたし、日々刻々と進行してもいる。恰好の例として挙げられるのが、人間を苦しめている種々の耐性菌である。細菌やウイルスは、遺伝子の水平異同という形で、頻繁にDNAを改変し、変身する。

　他方、私たち巨大な生きものは、ウイルスのように頻繁に変異することはない。むしろ大昔に出現した動物とほぼ同じ遺伝子を今なお使用している。三葉虫からわれわれヒトにいたるまで、動物の身体を可能にした進化の大元をたどると、昆虫や恐竜をも含め、みなジョフロワが考えていた単一のプラン、現代生物学の言葉で言えば「Hox 遺伝子」と「ソニックヘッジホッグ遺伝子」という共通の情報をもっている。これら2種類の情報を遺伝子にもつ生物の出現は、歴史的に見て、ウイルスの遺伝子交換よりもはるかに驚異的な出来事だった。

　〔資料8〕「化石の記録から判断して、この遺伝子キットは、カンブリア紀の爆発的進化に先立つ何百万年かの間に少しずつ進化したものと思われる。この遺伝子キットのおかげで、動物は新しい種類を進化させるための大きな柔軟性を手にした」（同 166 頁）。

　この遺伝子セットを有する点において、恐竜と私たち現代人は完全に断絶しているのではなく、部分的に共通し、同じ祖先から分岐したと言える。恐竜はわれわれの祖先ではないが、同じ遺伝子を持っていた点において、根元に共通の祖先を持っており、歴史のどこかしらの時点で分岐し、別々の種となっていったのである。
　この情報がどんな働き方をしているのかというと、身体に中心軸があり、軸に沿って前後の向きが作られ、頭部と尾部、左右対称に配置される手足などいくつかの決まった方向性をもち、背骨や肋骨のような反復構造から身体が構築されている生き物——それらはすべて共通の遺伝子キットを装備しているのである。
　ならば、遺伝子とはなんであり、遺伝とはなにか？　それが次回のテーマである。

第4講
適者生存と遺伝形質における優劣
——スペンサーとメンデル

　今回の講義は2部構成になっている。前半は、ダーウィンの生物学と社会学における進化主義ないし進歩主義の起源とされるハーバート・スペンサーの学説を取り扱う。おそらく彼の言葉を読んでいると、その含意にまとわりついてくるある種のきな臭い空気を嗅ぎ取る人もいるだろう。また、講義の後半では「遺伝」という現象を実証的に突き止めたメンデルの仕事を取り扱う。こちらにもメンデルには責任のない雑音が絡みついているので、それを払拭した上で理解してほしい。それら2つの思惟の流れが、やがてダーウィンの思想を飲み込みつつ合流を遂げると、いわゆるネオ・ダーウィニズムにつながる思惟の端緒を形成することになる。

1　スペンサー——社会ダーウィニズムの端緒

(1) 動植物の構造変化

　ダーウィンが『種の起源』を出版したのは1859年11月末のことだった。フランス人のオーギュスト・コント（1798—1857）と並び、黎明期の社会学を代表する人物としてイギリス人のハーバート・スペンサー（1820—1903）の名を挙げる人は多い。彼の社会進歩論はダーウィンの影響下にあると言われることが少なくないが、次の資料に挙げるスペンサーの論文、「発展仮説」の初出年は1852年にまで遡る。つまり、進化論が登場する以前にスペンサーの「発展仮説」は世に問われていたのである。

　〔資料1〕「十分な事実を集められないために現存の種が現在の形態に到達するまでに経過した諸相を跡づけることが不可能であり、また継起した諸変化を起させた影響を確かめられない、ということはあるにしても、現在のいかなる種——動物でも植物でも——も以前と異なった条件のもとに置かれるなら、ただちに、新たな条件に適合するように構造が何らかの変化をしはじめるという

ことを、証明することができる。その人たちは、こうした変化が世代を重ねて
継続し、ついには新しい状態が自然のものになることを証明できる。栽培植物
や飼育動物、また人間のいろいろの種族において、このような変化が起った例
も示すことができる。こうして生じた差異の程度はしばしば、イヌで見られる
ように、他の場合には種の区別がそれでなされるもの以上になることも、示さ
れる。また、こうして生じた種類のあるものが変種か別の種かということで論
争が起ることも、説明される。さらに、われわれ自身において毎日起っている
諸変化——長く従事している仕事はやりやすくなり、仕事をやめると能力が落
ちはじめること——いつも喜ばしければ情熱は強められ、抑えられていれば弱
くなること——肉体的、道徳的、知的のどの能力も使用におうじて発達するこ
と——これらはすべて同一原理で説明可能であることを、証明できる。そして
このようにして、生物的自然の全体をつうじて、これらの特殊的差異の原因と
して措定される種類の、変化させる影響というものがはたらいていることを、
明らかにできる。その影響というのは、はたらきは穏やかだが、環境がそれを
必要とするなら、時が経つ間には顕著な変化を生じさせる——つまり、何百万
年という間に、そして地質学的記録が示す状態の大きな変動のもとでなら、い
かなる量の変化でも生じさせられる。そのような影響である」（ハーバート・ス
ペンサー「発展仮説」八杉龍一編『ダーウィニズム論集』岩波文庫、1994年。210—
1頁）。

　この資料において、スペンサーが重視しているのは「適応」である。つまり、
外的な条件が変化すると、生物の「構造」は新たな条件に合わせて次第に変化
してゆく。そして、新奇な特徴が世代を越えて反復されるようになると、そ
れが新たな本性（自然）として定着していく。スペンサーの言う「構造」は、
ジョフロワやダーウィンが考えていた不可視の内的構造ではなく、体格や骨格
など目に見える構造を指している点に注意しておこう。
　それゆえ考え方としてはかなり単純な作りになっている。構造の変化が世代
を経て自然種に到達し、定着するという図式的な説明がなされているからであ
る。例示されているのは、野菜や果物などの栽培植物であり、家畜やペットな
どの飼育動物であり、それらはどれも長年にわたる人為的な掛け合わせによっ

て改良されてきた。品種改良の歴史は進化論が登場するはるか以前に遡り、古代から当たり前のように行なわれてきた。それゆえスペンサーの議論は、ダーウィン進化論の先駆者というよりも、農業の歴史を参照しながら、社会と人間を品種改良の視点から捉えたに過ぎなかった。動植物の改良や新種作りの例としては、競走馬の血統やイヌの新種などが挙げられるが、それらの変化ははたして「進化」に相当するのだろうか？

(2) 致命的な混同

　どうやらスペンサーの思想には、以下に挙げる致命的な混同が紛れ込んでいた。

①個人による知識の蓄積や技量の習熟を動植物種の品種改良と混同すること
　　スペンサーは職人の卓越した技量に代表される、個々人が後天的に、つまり長年の努力や修業によって身につけた知識や技術が子孫に伝承されると主張している。しかし、それらの経験は教育や師弟関係によって伝授されるのであって、獲得した経験が遺伝子に転送されるわけではない。言うまでもなく、努力や気合で遺伝子の変異は起きない。

②社会・文化の変化と動植物種の集団的な変異との混同
　　言語や技能の発展、文化や感性の洗練などは、どれも大勢の人間が長い時間をかけて築き、磨き上げてきたものである。教えられてもいない言語を母語として話す赤ん坊はいないし、生まれながらに九九をそらんじる子どももいない。文化や言語、習慣も時代とともに変化するが、その変化が遺伝的に継承されることなどありえない。文化現象はなんであれ、遺伝的な変異とはなんら関わりがないということをむしろ強調しておくべきかもしれない。

③しかし、それらご都合主義的かつ俗悪な混同は、なかなか絶えない。
　　結局、スペンサーの進化主義を持ち込むと、途端に進化論は、人々の勝手な願望につきしたがうように変形を蒙るばかりか、その都度、せっかく葬ったはずのラマルクの「獲得形質の遺伝説」を甦らせることにもなり、進化論

の内部に致命的な誤謬を紛れ込ませつつ温存させることになってしまうのである。

(3) 最適者の生存

さて、スペンサーのいわゆる「社会改良主義」の中心仮説に移ろう。読んですぐにわかる通り、以下の文章はダーウィン進化論が登場したあとに書かれたものである。

〔資料２〕「環境に生じた変化が種の全体にとって致命的なほど激しいものでないならば、その変化は、種の諸成員があらわす僅かずつちがった可動的平衡にたいして多少とも異なった影響を及ぼすにちがいない。この新しい、あるいは変化した要因にさらされたとき、あるものたちは他のものたちより安定であるということが、かならず起るであろう。すなわち、その機能が変化した外的な要因の集まりとの平衡からいちじるしくずれてしまった個体は、死亡することになろう。そして、そのような変化した外的要因の集まりともっとも平衡を保ちやすい機能をたまたまもっていた個体は、生存をつづけるであろう。
　だが、この最適者の生存は、最適者の増殖ということを含意している。このようにして増殖した最適者のなかで、前と同様に、新たに生じた付随的な力にたいして僅かでも対抗する力をあらわしえなかったものでは、可動的平衡がくつがえされるということが起るであろう。この新たな付随的な力の存在のもとで平衡をほとんど維持しえない個体が相ついでほろびていくことにより、変化した条件と完全に平衡した、従来とはちがったタイプへの到達が起こりうる、ということになるにちがいない」（スペンサー「生命の進化」『ダーウィニズム論集』223―4頁）。

①前提

スペンサーの言う〈可動的平衡〉とはいったい何のことだろう？

それを理解するには少しばかり脇道に逸れて、精神分析の開祖、ジクムント・フロイト（1856―1939）の「快感原則」の理論を参照するのがよいだろう。フロイトの言う「快感」は、一言でいえば「不快」の解消である。ならば当の

不快とは何だろうか？　それは平衡（安定）を欠いている状態である。となれば、不快を解消し、安定（平衡）を取り戻すことで人や動物は「快」を感じることになるだろう。

　やや堂々巡りのような定義になっていると感じられるかもしれないが、これを具体例に応用して考えてみよう。空腹は「不快」であり、食事への衝動（食欲）を刺激する《非平衡》な状態である。食欲を刺激する匂い、見映えのよい盛りつけは人の食欲をダイレクトに刺激する。大の好物を摂取する人は、そのとき快い気持ちになり、お腹いっぱいになれば「満足感」を覚えるだろう。つまり、私たちは五感で「食の快」を満喫しながら、「空腹」という不快を解消し、平衡を取り戻すのである。人も動物も日々、平衡を失ってはそれを取り戻すサイクルを生きている。このサイクルをフロイトは「快感原則」と呼んだ。

　さらに個体レベルの「可動的平衡」を種のレベルに拡張し、世代を経る変異の物語へと展開してみよう。ダーウィンの言う個体的変異は当初、集団にとっては不吉な異変でしかなかったかもしれない。いわば予期せぬ非平衡の出現である。しかし、その異変は、ある平衡から別の平衡へと種が飛躍してゆく際に出現する過度的な非平衡なのかもしれない。新たな変異が世代を超え、集団（種）をして新たな地平に押し出すと差異は種差となって安定を取り戻し、平衡状態に達するだろう。

「平衡」と「非平衡」という対概念が19世紀に大きな影響力をもった背景には、熱力学の発展と、それと結びつく形で産業革命が西洋社会を抜本的に変えたことがある。熱力学的に言えば、平衡とは静止状態にほかならない。つまり運動がない状態であり、言い換えるなら均すべき勾配（非平衡）がない状態を指す。そのまま何も動かなければ力学的には0度の運動状態となり、それを《熱的「死」》と言う。別の表現を用いるなら、熱力学第2法則で言うところの「エントロピー」の増大を意味する。エントロピーが増すと、偏りが均され、乱雑さを増してゆく。例えば、コップいっぱいの水にインクを1滴たらすと、インクはゆっくりと広がり、やがて一様の薄さ（一定の濃度）になるだろう。それ以上に広がらないところまでエントロピーが増大すると、それが先に言及した「死」につながる。また、生卵がテーブルから床に落ちれば、殻が割れ、中身が飛び散るだろう。インクが拡散する様子であれ、卵が割れることで

あれ、それらの運動が逆向きに推移することは（全く、ではないが、ほぼ）ない。つまり、拡散したインクが1カ所に寄り集まることや、散乱した卵が1カ所に集まって殻をかぶり、テーブルに飛び乗る、といった現象はまず起こらない。万物は「乱雑さが増す」方向に動き、その都度エントロピーは増大してゆく。

　ならば生命はどうか？ 我々は時とともに崩れ、散乱していくのではなく、むしろ食物を食べ、知識を増しながら、健康な身体を維持し、より凝集度の高い存在になろうとしているのではないだろうか。その点において、私たち生命体は、熱力学第2法則の命じる方向性に逆らい、可能なかぎり偏り続けようとする存在である。つまり、生命は、生きているかぎり平衡に向かうのを回避し、エントロピーに抗いながら生きる「非平衡」の最たる存在（「ネゲントロピー」）だと言わなければならない――とはいえ、生きるということは、他の生命を漸進的に破壊し、巨大なエントロピーを生み出しながら、その波頭に乗った「非平衡」でしかないのだが……。

　あらゆる物質、あらゆる物理現象は、非平衡から平衡に向かう。それと同じように、人の心理も不快な状態（非平衡）を脱して快を得ようとする。波が収まって凪になるのと同じく、欲望や心理も不自然な凹凸を均して平らになろうとするのである。動植物も新たな変異（非平衡）がその時々の環境に適していれば、新奇な特徴はあたかも水に垂らしたインクの雫のように拡散し、新たな種を形成しながら間もなく安定を迎えるのかもしれない。

②最適者とは何か？

　さて、中心問題に移ろう。ダーウィンは自然選択を定義する際、その内実として〈適者生存〉なる表現をスペンサーから頂戴した。個体に生じた変異が環境の変化に応じて（結果として）有利に作用したという意味で、適者が選ばれたのである。この論理はいかにも機械的な説明だが、結果論としての「進化」は無理なくさまざまな現象を説明できた。

　しかし、その考えを人間社会に適用したらどうなるのだろうか？「適者」ないし「最適者」とは、社会的もしくは経済的に成功した者たちを意味し、政治的な支配者層を形成する人々、または社会的ステータスの高いエリート層の人

たちを指すことになるだろう。いわゆる「勝ち組」や「セレブ」と言い換えて
もいいし、格差社会の頂点に君臨する人々と見てもよい。しかし、よくよく考
えてみよう。いわゆる富豪たちは外部環境への「適応」に成功したと言えるの
だろうか？　ごく一部の大金持ちは、動植物の進化と同じプロセスを辿って一
攫千金を手にしたのだろうか？　ならば彼らとは対照的に、身体的に虚弱であ
り、経済的に困窮し、学歴もなければ学識もなく、容姿も冴えない人たちは
……？

③優勝劣敗の思想

　動植物の栄枯盛衰を人間社会に適用し、「適者生存」を身分や階級に反映さ
せると、現状の格差を追認し、不平等を正当化する議論になりかねない（実際
にそうなった……）。ダーウィンの学説は当時の人々の神経を逆撫で、ひどく
顰蹙を買うことになったが、スペンサーの議論が大騒ぎにならなかったのは、
彼の言語が当時の社会に巣くう諸問題を解消するのではなく、むしろ諸問題を
生み出している社会的・経済的な元凶をむしろ正当化し、容認していたからで
ある。

　〔資料3〕「生物が環境の諸作用のもとでその生命を維持していくためには、
自分のいとなむ諸機能が変動しつつ平衡を保たねばならない。これは自明の理
であって、平衡の破壊はすなわち死である。その推論の結果として、次のこと
がいえる。環境が変化すると、機能の平衡が擾乱され、その結果は次の二つ
のうちのどちらかである。すなわち、平衡が成り立たなくなるか、あるいは再
調整される——再平衡が生じる——かである。再調整を起させる方途は二つし
かない——直接的と間接的である。直接的の場合は、変化した外的条件が変動
的平衡に、その変化とつりあうような平衡化の反応を起させる。もしも再平衡
が1個体でこのように行われない場合には、世代の継続の間になされる。種は
いっぺんに消滅するか、あるいは世代を重ねていく間に、変化した環境の作用
にたいする機能の平衡の適合がきわめて困難である成員たちが消滅していく。
これが最適者生存すなわち自然選択である」（同244頁）。

　スペンサーが資料中で「平衡の破壊」と言っているのは、適応の失敗であり、その帰結は「死」である。対照的に環境への「適応」は「再平衡」と呼ばれている。スペンサーの進化論では、環境の変化が先立ち、それに適応する試みの成否だけが進化を決定する。生存競争は、個体のあいだ、ないし集団のあいだの熾烈な争いの結果ではなく、外的な条件をクリアしうるか否かによってのみ明らかになるという仕組みである。

　この考え方を人間社会に適応すると、成功者たちは環境への適応に成功した一方で、失敗者や落伍者たちは適応に失敗したということになり、悲惨な境遇は自業自得（もしくは「自己責任」）ということになってしまう。それゆえ、敗者は「平衡の破壊」を蒙り、死に到るのが道理に適っていることになる。この論理にしたがえば、社会的不平等や深刻な格差が温存されるだけでなく、不平等が放置され、不幸な者たちに救済の手が差し伸べられない状況さえも正当化されかねない。つまり、スペンサーの進化説は、強者や多数派による支配、言い換えれば弱者や少数者に対する迫害とも言える無策をむしろ生物学的に跡づける思想となっていったのである。

④スペンサーが自覚していた進化説の限界

　社会学者の中には「進化」や「進歩」と聞いただけで敵意を剥き出しにする人たちがいる。しかし、生物学者が受容している「進化」の概念と社会科学者たちが敵視する「進化」の観念が同じ理論を指しているとは限らない。それらを区別するには、同じ「進化」を語る議論にいくつかのヴァリエーションがあることを理解しておかなければならない。

　スペンサーは「適者生存」を提唱しながらも、その原理の限界も自覚していた。例えば、彼はトイレに行くたび、合理的に説明できないものを自身の股間に見ていた。

　〔資料４〕「だが、ここにおいて、たとえ生物進化のあらゆる現象が上記の道筋の中に収まるべきものとしても、未解決の問題がなお多く残ることを、告白せねばならない。
　　例として、哺乳類の睾丸の下降をとろう。直接の平衡としても間接の平衡

としても、これを説明することはできない。われわれはそれを適応的と考えることはできない。なぜなら、鳥類では体内的にいとなまれる精子細胞の生産が、哺乳類では変化した生活の必要条件に合わせるために体外的になされねばならなくなった、ということはないと思われるからである。また、これを最適者生存に帰することもできない。というのは、どんな哺乳類にしろ、この器官の位置がそのように変化することによって生存闘争で利益をうるとは、とても信じられないからである。それどころか、睾丸を安全な場所から危険な場所に移すということは、自然選択によって消去されてしまうことのように思われる。またわれわれは、そのような転位を再平衡にともなうものとみなすこともできない」（同 247 頁）。

スペンサーはトイレに立つたびに思った、——生殖に関わる大事な器官であり、かつ致命的な急所でもあるのに、こいつはどうして身体の中心の、それも外側にぶら下がっているのか？　ううむ、わからん……。

スペンサーは自分の股間を眺めて、進化論の限界を悟った。哺乳類のオスには非合理な形で大事な代物が垂れ下がっているが、鳥類を見ればしっかり体内に格納され、安全な状態になっている。それらのちがいと理由はどこにあるのか？　スペンサーにはその問いに解を与えることができなかった。

スペンサーが行き詰まった限界を現代生物学はどのように突破したのだろうか。

〔資料5〕「大部分の哺乳類と爬虫類の精巣は精子が高温に弱いために外部嚢または陰嚢にあり、体の内部の熱から隔離されている。鳥類の精巣はそれと異なり、体温の伝わる腹腔内にある。高すぎる体温の影響を抑えるため、精子の形成と発育は主に体温が低めの夜間に行われる。その後、新しい精子は、体内温度よりかなり低温の、体表近くで肥大した貯精嚢に蓄えられる」（フランク・B・ギル『鳥類学』、山階鳥類研究所訳、新樹社、2009 年。408 頁）。

この説明につけ加えるべき説明はほとんどないが、哺乳類でも精巣を体内にもつ種がいくつかある。海洋哺乳類、つまりイルカやクジラは体内に精巣を有

するが、やはり身体のもっとも冷たい場所（心臓から遠く、動脈よりも静脈が多く、体表の近く）に格納されている。

　ちなみに鳥類と哺乳類における性差（性染色体の組み合わせのちがい）を、親子の世代で示しておく。ヒトなど哺乳類の場合、性別を決めるのはX・Yという2つの染色体であり、同じXXの組み合わせだとメスになり、XYという異なる組み合わせはオスになる。それに対し、鳥類の染色体は、メスの場合、W・Z染色体の組み合わせであり、オスはZ・Z染色体の組み合わせから成る。鳥類はすべて両性生殖であるが、彼らの性染色体WとZの染色体は、起源も構造も哺乳類におけるXおよびY染色体とは関係がなく、独立に進化した。

2　メンデルの孤独な研究──ネオ・ダーウィニズムへ

(1)　グレゴール・ヨハン・メンデル（1822 ― 1884）

　メンデルの父は勤勉な農夫だった。その父が大怪我をしたことがもとで家計は困窮していく。息子ヨハンは学業に秀でていたので、父は家計が厳しいのは承知の上で農地を売り払い、息子を大学に進学させた。──「が、その苦労たるや大変なものがあり、ヨハンはより裕福なスポンサーを求めてアウグスティノ会の修道士となり、ブラザー・グレゴールの名を授かった。メンデルはその後、ブリュン（現在のブルノ）の神学校を卒業して一時期ある教区の司祭になったが、大した働きはできなかった。それからウィーン大学で学んだのち、自然科学の教員になろうとしたが、試験に合格できなかった」（マット・リドレー『ゲノムが語る23の物語』、57 ― 8頁）。自然科学を志し、生物学で画期的な業績を残した上に、早くから彼は数学が得意で、とりわけ計算に強く、さらには農業にも通じていたという。つまり、実験に対する才覚があった上に、データを集積し、集まったデータを分析する力が具わっていた。

　〔資料6〕「こうして神父メンデルは、34歳にして、修道院の庭でエンドウを使った一連の実験を始めた。実験は8年間にわたり、そのあいだに3万株以上（1860年だけで6000株）におよぶ植物を植えた。この実験がやがて、世界を大きく変えることとなった。一連の実験を終えて、メンデルはその成果の重要さに気づき、当時とりわけ名高い図書館にはかろうじて納本されていたブリュ

ン自然科学会誌にそれを公表した。ところが何の反響もなく、メンデル自身は、その頃ブリュン修道院の院長に昇進したこともあって、しだいに園芸への興味を失って行った。〔中略〕メンデルは、修道院の庭でエンドウの交雑、つまりいろいろな種のかけ合わせをしていた。それは、アマチュアの園芸家による科学のまねごとではなく、大掛かりで、体系的で、十分に考え抜かれた実験だった。彼は、交雑に次の七つの組み合わせを選んだ。種子が丸いものとしわの寄ったもの、子葉が黄色いものと緑色のもの、莢（さや）が膨らんだ形のものとしわの寄ったもの、種皮が灰色のものと白いもの、未熟な莢が緑色のものと黄色いもの、花の付きかたが腋生（軸に沿って分布する形態）のものと頂性（軸の頂上に集まった形態）のもの、茎が長いものと短いものだ。ここにあげた品種は、つねに次の世代に同じ形質を残すだけでなく、各形質がひとつの遺伝子によって決まるものなので、きっとメンデルは予備実験の結果これらを選んだにちがいない。この交雑では、どの組み合わせでも必ずどちらか一方の親に似た雑種が生まれた。その際もう片方の親の特質は消えてしまったかに見えたが、実はそうではなかった。雑種の自家受精をおこなったところ、消えたはずの祖父母の特質がおよそ４例に１例の割合で復活したのだ。メンデルはひたすら数えまくった。その結果、第２世代の総数は１万9959株で、優性形質のものが劣性形質のものを、１万4949対5010、つまり、2.98対１の比で上回っていた。この比は、20世紀になってサー・ロナルド・フィッシャーが指摘しているように、本当かと疑いたくなるほどあまりにも３に近い。〔略〕

　メンデルは何かに取り憑かれたかのように、エンドウから、フクシアやトウモロコシなどほかの植物にも目を転じていった。結果はどれも同じだった。ここへきて彼は、遺伝について深遠な事実を発見したと確信するに至った。形質は混じり合わないという事実だ。遺伝的性質の核心には、分割不可能な量子的・粒子的なものが厳然と存在する。液体の混じり合いや血液の融合ではなく、たくさんの小さなビー玉が一時的にくっつき合っているようなものなのだ。振り返ってみると、これは昔から明らかなことだった。そうでなければ、同じ家族のなかに青い目をした子どもと茶色い目をした子どもがいるという事実をどうやって説明できるというのだろう？　融合遺伝〔両親の形質が混じり合って子に現れるという遺伝〕の考え方をもとに自説を打ち立てていたダーウィンも、

何度もこうした問題の存在をほのめかしている」（リドレー、58―60頁）。

　生物学において、実験から得られた結果が推論に基づく理論を凌駕して、圧倒的な勝利を収めた瞬間になるはずだった。しかし、メンデルが論文を投稿し、発表した媒体は自然科学系とはいえ地元のマイナーな雑誌だったため、見るべき人の目に留まることもなく黙殺されてしまい、長い間、無視され続けた。「メンデルの法則は、19000年、彼もダーウィンも死んでかなり経ってから、三カ所でほぼ同時に再発見されることになる」（リドレー、62頁）。発見者はいずれも植物学者だったという。

(2)　メンデルの法則
①優劣の法則
　遺伝子は基本的に1対の対立遺伝子から成る。それらは「表現型（phenotype）」に出やすい「優性形質」と出にくい「劣性形質」であり、後者の特徴は前者によって覆い隠される傾向にある。
　例として、今、表現型に現われやすい特徴をAで表わし、現われにくい特徴をaと表記してみる。
　遺伝子型の組み合わせは、AA，Aa，aA，aaの計4種類になるだろう。劣性形質が表現型に現われる比は1／3（1：3）となる。ただし、試行は2^2＝4回、だから正確な確率は、

$$\frac{1}{4} : \frac{3}{4}$$

となる。ところで遺伝子における優劣は、優秀とか劣悪といった社会的評価とは関係ない。優性は「dominant」の訳語であり、「支配的」とか「優勢」を意味する。対して、劣性は「recessive」の訳語であり、「後ろに引っ込む」や「後退する」を意味する。でしゃばり形質と引っ込み思案形質とでも言えばよかったのかもしれないが、心理的な気質ではないので、そうするわけにもいかない。だから「優性」と「劣性」の対にしたのだろうが、「優劣」という文字の並びが価値の優劣を連想させるのは否定し難い、――ニュートラルな優劣のちがいに進化論的な「優勝劣敗」の観念がまとわりつき、個人や民族の優劣が

云々されたり、遺伝的疾患や先天的障害を貶めるために使われるなどして、既存の差別をいたずらに助長することになった。だから、近年は日本遺伝子学会も「優性」と「劣性」の対概念をそれぞれ「顕性」と「潜性」に代えるよう提案している。この提案は至極まっとうなものだ。遺伝形質の発現のしやすさを表わす「優劣」と価値としての「優劣」を混同しないようにといくら注意したところで感情が優劣の含意に引っ張られるのは致し方がないし、そもそもどちらも自然言語ではなく学術用語なのだから、有害ならいっそ別の言葉に変えた方がいい。

② 分離の法則

　この法則は「遺伝形質は決して混じり合わない」という事実の発見を意味する。メンデルが実験から得た結果は、それまで有力だった「融合（混合）遺伝」説を完全に反駁するものだった。すなわち、対をなす２つの遺伝子は、変質しないし、混じり合うこともない。遺伝子は消えたりしないし混じったりすることもないため、劣性形質はただ覆い隠されるだけで、次世代に再び現われることがある。これが（対立遺伝子の）分離の法則である。

③独立の法則

　優性ホモ（同形接合）の黒色で毛の短いモルモット（BBSS 型）と劣性ホモの茶色で毛の長いモルモット（bbss 型）で、BBSS 型の個体はすべて BS 型の生殖細胞を生じ、bbss 型の個体はすべて bs 型の生殖細胞を生じる。

　それらを掛け合わせると、子どもはすべて BbSs の遺伝子型を持つことになるから、毛色および毛の長さについて異形接合体であり、みな黒く短い毛をしている。

　こうして雑種第一世代の個体は、それぞれ $2^2 = 4$ 種類の配偶子を等しい確率で作り出すことになる（BS、Bs、bS、bs）。そのため、これら４つの配偶子を交雑させるとその結果として、

　9：3：3：1

の比率で、それぞれ黒色で短い毛、黒色で長い毛、茶色で短い毛、茶色で長い毛という第二世代が生まれる。全試行を含み込んだ確率は、

$$2^2 \cdot 2^2 = 2^4 = 16$$

となり、16を分母に加えれば、正確な確率がわかるだろう。

$$\frac{9}{16} + \frac{3}{16} + \frac{3}{16} + \frac{1}{16} = 1$$

雑種第一代による生殖細胞	卵（BS）	卵（Bs）	卵（bS）	卵（bs）
精子（BS）	BBSS	BBSs	BbSS	BbSs
精子（Bs）	BBSs	BBss	BbSs	Bbss
精子（bS）	BbSS	BbSs	bbSS	bbSs
精子（bs）	bBss	bbSs	bbss	BbSs

　独立の法則は、2つの遺伝形質が影響を及ぼし合うことがなく、ただ組み合わせの確率にのみしたがうことを意味する。対を形成しているが、影響関係はなく、互いに独立しているからこの名で呼ばれる。

④進化論との関係

　メンデルの法則は、ダーウィンが進化の原因と見なした「変異」をもたらすものではなく、むしろ反対に思ったほど変異は起きないし、意外なほど遺伝子が変わらないということを証明していた。

　ならば、変異はいったいどこからやってくるのだろう？

⑤変異を可能にするもの

　〔資料7〕「だが、変異の問題は残った。ダーウィニズムは、それを育むものとして多様性を必要とするのに、メンデリズムが与えてくれたのは不変性にほかならなかった。遺伝子が生物学の原子にあたるものだとすれば、それを変化させるのは錬金術にも匹敵するとんでもないことだ。この問題の突破口を切り開いたのは、ギャロッドやメンデルとはまったく違ったタイプの人間による、人為的な変異の誘発だった。ここで、エドワード朝時代の医師やアウグスティノ会の修道士と並んで、喧嘩好きなハーマン・ジョー・マラーの名を挙げなければならない。

　〔中略〕マラーの最大の発見は、遺伝子は人為的に変異させられるというもので、これでノーベル賞を受賞した。この発見の数年前には、アーネスト・ラザフォードによって原子の種類は変換しうるという事実が見出され、ギリシャ語で〈分割できない〉という意味をもつ「アトム（原子）」という言葉が実態にそぐわないことが判明している。1926年に、マラーはこう自問した。「変異は、生物のプロセスのなかでも特殊で、最近まで物理学での原子の変換がそうだったように、人為的に変更やコントロールができないものなのだろうか？」

　翌年、マラーはその疑問を解決した。ショウジョウバエにX線を照射して遺伝子を変異させ、子孫に奇形を生じさせたのだ。マラーは語っている。変異は、「生殖質のどこかにある難攻不落の砦から見下ろしてわれわれをからかっているような、人知の及ばぬ神のしわざではない」と。原子と同様、メンデルの提唱した粒子も何らかの内部組成をもっているにちがいない。だからこそX線によって変化したのだろう」（同64―5頁）。

　超変人だったマラーについては後の講義に譲ることにしたい。

　ここでは放射線被曝の簡単な説明をしておこう。電磁波は、波長の長いものから順に、「長波」「短波」「マイクロ波」「赤外線」と続き、これらはみな人の目には見えない波長の波で、光の名にはそぐわない。赤外線よりも波長が短くなると赤い「可視光線」が見えてくる。波長の長い順に可視光線を並べると、赤の次にオレンジ、そして黄色、緑、水色、青と続き、目に見える最も波長の短い電磁波は紫色になる。それよりも波長が短くなると再び見えなくなり、「紫外線」と呼ばれる。電磁波は波長が短くなるにつれて高エネルギー波となり、透過性が強くなる。紫外線はそれゆえ、皮膚の表面を貫いてその内側に食い込んでくる。メラノサイトを刺激して日焼けするのはそのためである。紫外線よりも波長が短くなると「X線」となり、身体を貫いて内臓の様子や骨格を写真乾板に焼きつける。厳密にはX線よりも波長の短い電磁波を「ガンマ線 γ ray」と呼ぶが、人によっては一緒くたにする場合もある。γ線は缶詰の殺菌などにも使われる強力な電磁波である。細菌の細胞を貫いて破壊してしまうのだから、高エネルギー波が細胞核を直撃すれば、そこに損傷が生じるのは至極当然の帰結でもあるだろう。

　また、農薬をはじめとする種々の化学薬品の被曝を通じて、生殖細胞に損傷を受けることもありうる。もしも細菌やウイルスのDNAやRNAにダメージを与える薬品を摂取すれば、人間の生殖細胞にも影響を及ぼし、細胞核に大切に格納されているDNAに深刻なエラーを引き起こす可能性がある。DNA（デオキシリボ核酸）は、デオキシリボースという糖、リン酸、そして4種類のヌクレオチド塩基から成っている。二重らせんは一方の糖と他方のリン酸が結合し、ちょうど逆向きにらせんを結合させている。ペアの組み方も決まっていて、一方がA（アデニン）なら他方はT（チミン）となり（逆に一方がTなら他方はA）、そして一方がG（グアニン）なら他方はC（シトシン）になる（逆に一方がCなら他方はGにもなる）という具合になる。らせんを作る2本のヌクレオチド塩基のうち、一方が傷ついても他方が無傷なら、規則にしたがって塩基配列に生じたエラーを修復することができる。しかし、対応する箇所が双方ともに損傷を受けてしまうと、もはや互いにまちがった情報を使って修復し合うことしかできなくなるから、事実上、修復は不可能となる。損傷箇所をいずれの情報を使ってもリカバーできなくなると、変異は遺伝形質としてそのまま子孫に受け渡され、ラマルクですら予想していなかった形で獲得形質の遺伝説を裏付けることになる。

第5講
禁忌と侵犯、あるいは本能と精神医学

　今回の講義はかなりスリリングな内容になるはずだが、人によっては難解と感じられるかもしれない。可能なかぎり平易な文章で綴っていくつもりだが、それでも相応の読解力と理解力が要求されることは覚悟していただきたい。要点は「遺伝」なる概念の大きすぎる影響力というか、もしくは余波に対する、人文・社会科学の側からの返答であり、しかも極めて理路整然とした形で差し出された「解」である。

1　インセスト・タブー：クロード・レヴィ＝ストロース
　　『親族の基本構造』から

　人類に遍く行き渡っている禁止は2つある。ひとつは「インセスト・タブー」であり、「近親婚（ないし近親相姦）の禁止」と訳される。もう一つが殺人の禁止である。

　当面、殺人の禁止は措くとして、人間がどんな時代のどのような文化に暮らそうとも必ず守っているのがインセスト・タブーである。人類が普遍的にインセスト（近親婚ないし近親相姦）を避けるのには何か確定的な理由があるのか？　もしもはっきりと理由があるのなら、それはどこにあるのか？　これが今回の問題である。

(1)　生物学的な理由──劣性形質の遺伝説

　たぶん生物学の授業に出席すると、訳知り顔の教師がよく口にするのがこれである。すなわち、同族系統の交配によって劣性形質が発現する確率が高まるから、生物は自然に近親交配を避けるようになったのだ、と。尤もらしい説明だが、その論理にはいくつか落とし穴がある。まずメンデルの遺伝形質に関する業績がようやく認められたのが1900年だったことである。彼のエンドウマメやトウモロコシを用いた実験は、1865年に口頭で発表され、翌66年に論文

76

も発表されたが、誰の目にもとまらなかった。ようやく発見され、日の目を見たのが1900年である。にもかかわらずメンデルの発見を人類が太古から「自然に」知っていたと仮定するのは、そもそも無理がある。それまで誰も知らなかったことを昔から誰もが知っていたと想定すること自体、矛盾しているし、不可解な理屈をこねていることになる。

　加えて、エンドウマメやトウモロコシの実験がいったい何を証明したのかといえば、同族系統を交配させると最初の頃だけ、通常は隠されている劣性形質の再出現による極端な変異を生み出すということであった。注意をうながすため、変異の出現に関連する文言に傍点を打っておいた。そこで言われる「極端な変異」とは、普段は隠されている劣性形質であるが、それが「再出現」したのは、トウモロコシが元々もっていた特徴だったからである。変異の特徴は、育成者が百年もの年月をかけてやっと消滅させたものだった。つまり、それは人間が自分たちのために消すことに成功した特徴であって、トウモロコシ自身が好ましくないと感じていた素質ではない。それゆえ彼らと自然との関係で「適切」だったか否かもわからない——つまり、自然により淘汰されたわけではないのだ！

　しかも「最初の頃だけ」と断った通り、なお同族交配をくり返しても「極端な変異」は定着することなく間もなく姿を消し、ほとんどの株は恒常的で不変な基本型へと帰着してゆく。

　私たちの身の周りにある野菜や果物は長い年月にわたって品種改良を重ねてきたものばかりである。だから、それらを用いた実験で同じ結果が出たとしても、さして意味がないのは、人間の価値観が実験結果に投影されているからだ。人間にとって好ましくない変異を見て「劣性」の語彙に「劣等」や「劣悪」の意味を重ね合わせて、栽培種にとって何が好ましいのかを度外視してしまうのである。

　事実に目を向ければ、人間集団でさえ、交通が発達する以前の時代には、たとえ近親婚をしなくとも同族系統を創り出していたことは明らかだろう。閉鎖的な共同体では、数百年、場合によっては数千年ものあいだ、同じ顔ぶれで婚姻を繰り返してきたわけだから、いつしか成員の全体が共通の遺伝形質に到達していたとしても不思議はなく、むしろ自然の成り行きだったろう。そのよう

な場合に、恐れられていた形質が出現しやすくなるかというと事実はむしろ逆である。閉鎖的な小集団は、集団を外部に開いて、他集団の成員との「外婚」を実践するよりも、そのまま種族内で「内婚」をくり返していた方が素早く、恐れられていた形質の除去に成功するだろう。事実として、——

　〔資料1〕「その集団の内部で、劣性の異型接合体にぶつかるチャンスは、種族外の人々との結婚が行なわれる場合よりずっと微弱になっている」（クロード・レヴィ＝ストロース『親族の基本構造』馬淵東一・田島節夫監訳、上巻、番町書房、1977年。76頁）。

　安定した遺伝形質に到達すれば、優性形質であれ、劣性形質であれ、おかしな変異が出現する可能性は著しく低くなる。加えて念入りに断っておくなら、19世紀最後の年にようやく到達しえた「遺伝」の概念をもって人類全体が遍く避けているインセストを説明するのは本末転倒となるのではないか。だとすれば、別のよく言われる要因はどうであろうか？

(2) 心理・生理的な理由

　心理学者は、しばしば人が近親婚や近親相姦を避ける理由として、「本能的な嫌悪」や「社会的な馴れ」を挙げる。つまり、人は「本能」や「馴れ」により、自然にそれを避けるようになるというわけだ。ならば、とレヴィ＝ストロースは問う、——放っておいても自然に避けるようになるものを、どうして人類は長年にわたって法的（社会的）に禁止してきたのだろうか？

　〔資料2〕「もし近親婚への恐れが、先天的な生理的・心理的傾向から生じたのであれば、なぜそれが、厳粛であるとともに本質的な禁止という形態——それは、どんな人間社会のうちででも、神聖さというおなじ威光を背にしてはじめてみいだせるものである——で表現されるのか。ふせがれなくともおかされるおそれのないものなら、それを防ぐための理由などなくてよい」（同79頁）。

　大事な点なので、敷衍することなく繰り返しておこう。人が「本能」という

謎めいた原因によって自然に避けるというのなら、それが起きるのを防止するために社会的・法的な禁止を定めることなどはじめから必要なかったはずなのだ（「本能」については講義の後半で）。

(3) 社会的な理由

　社会的な説明は、さらに取ってつけたような間に合わせの理屈になっている。これまで主張されてきた代表的なものを2つだけ挙げておく。
　①略奪婚の名残り
　②（女の）血に対する恐怖
　婚姻、とりわけ外婚制が略奪婚から始まったとする説明には根本的な欠陥がある。外婚制とは他者との婚姻であり、普遍的に見られる制度である。全人類に共通する現象が、何かの名残りと言うからには、その場合の「略奪婚」はあらゆる文化の歴史のどこかで生じた突発事故であることになる。あってはならない事故に関する記述が全人類の記憶に共通して刻まれているという説明には、当然ながらかなり無理がある。
　なお、現実に行なわれている略奪婚は、不意に訪れた余所者がいきなり娘や姉妹をかっさらうというよりも、娘を手放したがらない父親に対し、集団が娘を引き離して婚姻を成就させるための儀式として執り行なうことが多い。
　もうひとつの説明に移ろう。「血」を避ける風習は少なくないし、それを近親の女性を遠ざける理由に挙げるのはよいとしても、そもそも「近親者」のカテゴリーはどのように決まるのだろう。近しい親族のその近さの程度を決定することこそが肝心なはずだ。鮮血の鮮やかさは「赤」色について何かを教えてくれるかもしれないが、親族の近しさの程度については何も教えてくれない。しばしば親族のことを血族とも言うが、その「血」の分かれ目を説明できないと、根本の謎はそのまま残されてしまう。近しくない女性（他者）を近親者のカテゴリー（家族）に迎え入れること、すなわち婚姻の発生について説明できなければ、どんな理屈をこねたところで大きな欠陥はそのまま残ってしまうのだ。どこから他者の世界が始まり、婚姻が可能な人たちがいるのかがわかれば、他者の世界が始まる線分のこちら側が近親者の世界であり、そこでは禁止が制定されているはずだ。それゆえ、問われるべきなのは、「婚姻とは何か？」に

ほかならない。

2　婚姻

　問われなければならないのは、近親者を他者から分かつ線分を引きながら、禁止を樹立すると同時に婚姻という制度を可能にする「論理」である。数学的な表現を使うなら、自己と他者との「切断」である。レヴィ＝ストロースから、「親族呼称の関数」に言及した部分を引いておこう。

　　〔資料3〕「近親婚の禁止は、必ずしも実際に親等によって表現されるとは限らず、互いに特定の用語で呼び合う個々人に向けられているのである。〔中略〕決定的な役割を果たすのは、生物学的つながり以上に〈父〉〈母〉〈息子〉〈娘〉〈兄弟〉〈姉妹〉などの用語に含まれる社会的関係なのである」（同97頁）。

　父とはある人物を指す言葉に尽きるものではなく、〈父−子〉という関係を指すものであり、〈母−子〉も同様である。〈兄弟姉妹〉の関数で結ばれた項は、各人はみな各人に対して〈兄弟姉妹〉である。そして、これら親族呼称で結ばれた集団が「家族」もしくは「親族」と呼ばれ、婚姻が禁じられた内部を形成する。

　対して、親族の外部、すなわち婚姻が可能になる世界では、人々は親族呼称が用いられることなく、互いを名前や愛称で呼び合うことだろう。言い換えるなら、同じ親等であっても親族呼称で呼ばれる個体は身内とみなされ、固有名で呼ばれる個体は他者とみなされる。

　さて、多くの社会で実践されている婚姻には以下の2つの特徴がある。

①同じ親等に当たる者たちのうち、一方が身内で、他方が他人と見なされること
②内婚と外婚

　まず前者であるが、2つの親族のあいだで婚姻がくり返される（「A→BかつB←A」）場合、「私」の結婚相手は、父の姉妹の娘、もしくは母の兄弟の娘

となり、それら2つのカテゴリーは私にとってもっとも近い「他者」と見なされる（交叉イトコ）。しかも、父方交叉イトコと母方交叉イトコの2つのカテゴリーはしばしば一致する（両側交叉イトコ）。他方、父の兄弟の娘、母の姉妹の娘（平行イトコ）は、先の二者と同じ親等でありながら「身内」と見なされ、決して婚姻は許されない。なお、「交叉」は親世代の兄弟姉妹について、兄弟姉妹の性別が親の性別と異なる場合には「交叉」と言い、親と性別が同じ場合に「平行」と言う。

　また、3つ以上の集団内で、女性が順繰りに移動する循環型の婚姻（A→B→C→D…→A）が採用される社会では、同じ親等の者たちのうち、母の兄弟の娘（母方交叉イトコ）だけが「私」にとって「他者」とみなされ、母の姉妹の娘（母方平行イトコ）、父の兄弟および姉妹の娘（父方平行イトコおよび父方交叉イトコ）は、いずれも「身内」にカウントされ、婚姻の対象とはならず、禁止によって指定されたポジションとなる。

　つまり、婚姻が可能な人物が出現する位置を示す線分は、禁止を解除するのと同じ素振りによって禁止が樹立される世界（家族という小宇宙）を指定するのである。2つの面を持つひとつの制度と言ってもよい。その制度を定義すれば、親族内の内婚を禁じることにより外婚を実施するということになるが、その際、内婚と外婚はニュートラルな尺度のようなものと考えればよい。つまり、

　　内婚……所属集団の内部で婚姻を行なうこと
　　外婚……所属集団の外部から配偶者を獲得すること

　それゆえ、国際結婚を定義すれば、それを禁じる場合には、日本国外の外婚を禁じることで日本人との内婚を推奨することとなり、他方、それを推奨する場合には、日本人との内婚を規制し、日本以外の国籍を有するものとの外婚を認容することになる。

　略奪婚をめぐる思い込みと並んで、「結納」などの《婚資》を例に挙げ、婚姻を女性の人身売買の名残りだと告発する人たちがいる。もしも婚姻が売買ならば、同等の金銭を返すか、それ以上の品物を返礼として贈れば婚姻を取りやめにできる。もし婚姻を可能にする論理に到達したければ、婚資を楯にとって

屁理屈を言うのではなく、問題の核心は、いかなる婚資とも比較されえない大事な娘や姉妹をどうすれば手放すことができるか、という 1 点に絞れるはずなのだ。レヴィ＝ストロースは、その根本動機を次のようにまとめていた。

　〔資料 4〕「近親婚の禁止は、外婚制と同様、一つの互酬性の規則である。なぜなら私は、隣人も同じように断念するという条件でなければ自分の娘や姉妹を断念しないからである」（同 148 頁）。

　人は誰もが同じように身内の女が他者に嫁ぐことに耐えているとわかっているからこそ、自分もまた、かけがえのない娘や姉妹が他者のものになることを甘んじて諦められるのである。それゆえ、タブーと婚姻制度は一体なのだ。それらは婚姻できない者たちのカテゴリーを指定する禁止と、婚姻が可能になる者たちのカテゴリーを指定する縁組制度から成り、つまり禁止と縁組が両側から自己（身内）と他者を峻別するのである。人が性的関係を結び、婚姻の契りを結ぶことができるのは、身内を区切る境界線の向こう側に現われる人々だけであり、そこから婚姻可能な他者の世界（つまり社会）が始まるのである。

　そして、実のところ、殺人の禁止もまたインセスト・タブーと同様、自他の境界に対して非常に敏感な制度である。それらの禁止はいずれも自己（身内・同胞）と他者（身内ではない同胞、同胞ではない他部族の者たち、見知らぬ者たち）との間に境界線が引かれていることが大前提になっている。殺人の禁止が解除されるベクトルは、身内や同胞に屈辱を与えた自部族の裏切り者に向かい、戦争においては敵の部族の兵士に向かい、社会的な距離において近い者から遠い者たちへ、つまり守るべき家族や同胞から憎むべき他者へと向けられるのである。禁止の壁が高く、また分厚くなる集団であればあるほど、内部に向かう暴力の禁止は堅固かつ濃厚になり、暴力が解除されるベクトルは外側に向かって容易に開かれていくようになるだろう。

　さらに言えば、もしもタブーが解除されたなら、たちまち秩序が崩壊してしまう。社会の崩壊は単に外的な力が加わることで破壊されるのではなく、関係の仕組みが内側から瓦解し、脆くも崩れ去る。例えば、父と娘との婚姻や、母と息子との婚姻を想像してみよう。生まれた子どもは、誰の子であって、誰の

兄弟姉妹だろう。少しでも考えればわかることだが、インセストから生まれた子の位置はたちまち二重化し、翻って父と母をも二重化する。〈父－娘〉のインセストの場合、娘は父の子を産むから、同じ父をもつがゆえに彼女は自分が産んだ子の姉の位置に就く一方、父は父で、おのが娘が子を産んだのだから自分の子の祖父になる。〈母－息子〉のインセストでは、実の子を産みながら母は同時に息子の子の祖母となり、息子は母が産んだのだから父にして同時に子の兄となる、等々。こうして関係の秩序から成る「家族」という構築物は、誰が誰にとって何者であるかが不確定に成り、親族の秩序はたちまち倒壊し、言語を含む関係性の織物は斜めに断ち切られ、変な具合に折り畳まれる。無理矢理に体面だけ繕おうとして、それらしく傷跡を縫合したとしても、その結果は、誰にも着られない衣服が出来上がるというわけだ。逆に言えば、そのような事態の出来を何としても回避したいがために、社会の根幹をなす秩序は、普遍的な禁止によって樹立し、今も我々みんなの行為によって維持されているのである。

3　説明不可能なものの説明可能性

　インセスト・タブー（近親相姦ないし近親姦の禁止）は、婚姻の実践と表裏の関係にあり、自他を画す境界線は人の身にある限り、越えることができない。ところが「人の身にある限り」という限定は、しばしば解除されてしまう。実際、近親相姦の物語は世界中のいたるところで語り継がれてきた。古代ギリシアやローマの神話でも神々は近親者と情事に及んだものだし、南米のインディアン社会を見ても神々は人になしえないことを人間に見せつけるようにして近親相姦に及んでゆく。また、王室の近親相姦は、古来より人々の噂話として耳から耳へと伝えられてきたし、日本の公家も例外ではなかった。近親相姦に及ぶ王侯貴族の伝説や醜聞もまた神話と同様、世界中のどこでも見られることだろう。すなわち、神々と同様、例外者たちによるおぞましくも神々しい実践として――。神々や王族、貴族は、いわば人の道から外れた者の形象として禁止の境界を踏み越え、人外の力を誇示したのである。それら奇怪な威光を背にして人々の上にそびえ立つ「力」の形象こそが「怪物」である。

　文学世界にとりわけスキャンダラスな怪物の肖像を描き出した人物として、

我々は 2 つの人物を挙げるにとどめよう。1 人は、フーコーがキュヴィエの同時代人として挙げたマルキ・ド・サド（1740―1814）その人であり、もう 1 人が空想社会主義の代表格とされるシャルル・フーリエ（1772―1837）である。サドは文字どおりサディズムの実践として、禁止という禁止を片っ端から踏みにじり、あらゆる秩序を蹂躙し、最後は世界を道連れにして自己破壊に到ろうとした。他方、フーリエは、愛の実践として近親相姦を推奨し、インセスト・タブーを前近代的な因習として破棄しようとした（『愛の新世界』！）。いずれの作家についても、もっともスキャンダラスな作品は長らく日の目を見ることなく隠匿されてきたが、20 世紀半ばに相次いで発見され、出版の運びとなっている（今はいずれも邦訳が入手可能である）。

　しかし、社会が近代化を遂げるにつれ、君主は飼い馴らされ、暴君の衣裳を剥ぎ取られ、怪物の輪郭も次第におぼろげになっていった。国家の近代化は、君主制を廃止し、君主が王座を追われることにより可能になった。そのような事の成り行きからしても、近代社会は名もなき怪物や神話を好まず、運命論を迷信として斥ける。ミシェル・フーコーによれば、こうして真の「怪物」はすっかり影をひそめ、かつての巨大な怪物と比較すれば見る影もないほど小物の怪物たちが街路を跋扈することになった。その実例として、フーコーは 3 人の女性が犯した殺人事件を挙げていた。

　それらは息を止められる寸前に出現した最後の「怪物」的形象であると同時に西欧社会が出会う最初の「異常者」でもあった。それらはまた、語り得ないもの（言語を絶するもの）としての「怪物」から、科学的認識論の対象としての「異常者」へと、人々の思考や認識がシフトチェンジする瞬間でもあった。

〔資料 5〕「犯罪精神医学の創始に寄与したと思われる三人の怪物的人間、長い間〈…〉しなかった一連の怪物的人間について考えてみましょう。最初の怪物、それは、すでに何度もお話ししたセレスタの女です。これは、自分の娘を殺し、ばらばらに切り分け、その太腿を白キャベツと一緒に調理して食べたという人物です。次に、パパヴォワンヌの事件があります。これはヴァンセンヌの森で、二人の幼い子供を、おそらくはベリー公爵夫人の末裔と考えて殺害した人物です。そして最後に、隣人の娘の首を切り取ったアンリエット・コルニ

score
test
84

エがいます」（ミシェル・フーコー『異常者たち』慎改康之訳、筑摩書房、2002年。
122頁。文中の「〈…〉」は聞き取り不能の部分）。

(1) セレスタの女

フーコーは当初、事件の背景をなすアルザスの大飢饉を根拠に、犯人の動機
を「空腹」に求めていた。つまり食欲が卑属殺人の動機になったというわけだ。
しかし、次の週の講義において、フーコーはすぐさま訂正を入れる。犯人と思
しき女性の弁護士によれば、家の戸棚に食物がまだ残っていたからである。つ
まり「空腹」は、わざわざ自分の娘を殺害して食べるに足るだけの動機になり
はしない。こうして筋道だった動機の文法が成立しなくなると、たちまち動機
の欄は空白となり、その空欄を埋める言葉も心情もなくなってしまう。それゆ
えセレスタの女は正気の人間を裁く法廷から追放され、つまりは責任能力を認
められずに「無罪」とされたのである。

(2) パパヴォワンヌの事件の犯人

こちらはさらに病的様相を帯びていた。フーコーは言う、「見知らぬ二人の
子供の殺害という一見不条理で理由のない殺人に関して尋問したところ、彼は
即座に、その二人の子供が王家の子供であると考えたということを詳述ないし
明言した」（124頁）。つまりは妄想に憑かれ、思考の錯乱が顕著であったこと
から、こちらについても法廷で裁きを受ける資格はなく、病院送りが関の山と
いうことになる。

(3) アンリエット・コルニエ事件

さて、最後の事件であるが、まずは事件の概要を見ておこう。

〔資料6〕「まだ若い1人の女が——何人かの子をもうけ、その子たちを捨
て、自分自身もその最初の夫に捨てられた女が——パリのいくつかの家庭に使
用人として身を置きます。そして、何度も自殺をほのめかし、悲壮な考えを口
にした後、彼女はある日、隣に住む女性のところへやって来て、その女性のま
だ18か月（正しくは19か月）にしかならない娘をしばらくのあいだ預からせ

てくれと頼みます。女性は躊躇しますが、結局その申し出を受け入れることになります。アンリエット・コルニエは、この女の子を自分の部屋へと連れて行き、準備していた大きな包丁を使って女の子の首を完全に切断します。それから、一方に胴体を、もう一方に頭をおいて、15分間その前でじっと過ごします。そして、母親が女の子を迎えに来ると、アンリエット・コルニエは彼女に、「あなたの子供は死にました」と告げます。母親は、不安になると同時に彼女の言葉を信じられず、部屋に入ろうとします。するとアンリエット・コルニエはエプロンをとって女の子の頭をそれに包み、窓から放り投げます。彼女はすぐに捕えられ、「なぜこんなことをしたのか」と訊かれると、「ほんの出来心です」と答えます。そしてそれ以外の答は、事実上何も得ることができませんでした」（同124－5頁）。

　動機の文法は原則として、容疑者に対して行為に釣り合うだけの動機を求める――要件は天秤の上で両項が釣り合い、恒等式を作ることである。

〈利害関心＝犯罪事実〉

　アンリエット・コルニエの場合、動機（「ほんの出来心」）と犯行（隣人の子どもの殺害）とのあいだで重さの釣り合いが取れない。二項の不均衡が甚だしいと言ってもよい。
　しかし、法廷が被告を裁くのに際して、行為の軽重を動機の観点から計測するようになった以上、文法と論理がしばしば破綻し、こうした事態（法廷の紛糾）に到るのはむしろ必定ではなかったか？　行為を裁く場である司法が、不意に被告の内面を覗き込み、そこから因果の物語を紡ごうとし始めたのだから、以下のようなジレンマに陥り、誰かの助けが必要になるのは当初から予想されていた事態だった。

　〔資料7〕「法律を適用するには、犯罪の主体に理性が備わっていることが条件となります。主体が理性的でなければその主体に法律を適用できないということ。これが、〔刑法〕第六四条において言われていることです。しかし、処

罰する権利が実際に行使される際には、次のようなことが言われます。すなわち、処罰が可能となるのは、主体がなぜ、どのようにして、そのような行為を犯したのかということが理解されるとき、つまり、問題の行為の理解可能性が分析可能であるときのみである、と。それゆえに、精神医学は、理性をもつ主体によって犯された理由(レゾン)のない行為を扱うやいなや、あるいは、行為のうちに分析のための理解可能性の原理を見つけることも、その行為を犯した主体において痴呆の状態を証明することもできない場合にはいつも、徹底的に居心地の悪い立場に置かれます。行為に内在する理解可能性が見つからない以上、つまり、処罰権力の行為と犯罪との接点としての理解可能性が見つからない以上、必然的に、処罰権力の行使がもはや正当化されえないような状況が生じます。しかし逆に、痴呆の状態が証明されない場合には常に法律が適用されなければならないと第六四条に定められている以上、主体における痴呆の状態を証明できないかぎり、法律は適用されうるし、適用されなければなりません。そのような事例において、そしてとりわけアンリエット・コルニエの事例において法律が適用可能である一方で、処罰権力はもはや自らが行使されるための正当化を見いださないということ。ここから、大きな当惑が生じます。すなわち、ここから、刑罰のメカニズムがいわば崩壊し、行き詰まってしまうということです。処罰する権利の適用可能性を定める法律と、処罰権力の行使の様態とにもとづいて作動する刑罰システムは、それら二つのメカニズムが互いに相手を阻害し合うそのなかで身動きがとれなくなります。刑罰システムはもはや判断することができず、立ち止まらざるをえなくなって、精神医学に対し答を求めるしかなくなるのです」(同 129 — 130 頁)。

法廷が要請する天秤には《利害関心＝犯罪事実》という恒等式があったはずだが、今やその式は次のように変換されなければならない。

《主体の理性（raison）＝行為の理由（raison）》

責任能力は英語の "responsibility"（response ＋ ability）であり、応答する（返答する）能力が備わっていることを意味する。つまり、裁きを受ける資格

とは、理性の呼び掛けに答える能力があることであり、翻って、被告（主体）に責任がないと判断されるケースでは、次のような恒等式が得られる、——《理性の不在＝行為における理由の不在》。責任能力がないと判断された者は、行為の動機を充足する「理由」がない者、すなわち主体における理性の不在が明らかな者である。理性の呼び掛けに答える能力がないと判断されれば、人間なら普通にもつ本性（nature）を他の何者かに奪われた状態（疎外＝自己から疎遠になった状態 alienation）に陥った者として、狂気の屑籠に破棄される運命が待ち受けている。

　しかし、アンリエット・コルニエの事例がそこまで単純ではないのは、彼女は痴呆ではなかったし、錯乱していたわけでもなかったからである。法廷にいる誰もが彼女のうちに明白な狂気の徴候を見て取ることはできなかった。理解可能であるわけではないが、理解不能であることが明白だったわけでもない。つまり、理解可能性の限界にあって、その可能性を宙吊りにするような存在が彼女だったのであり、司法はそれゆえ判断停止に追い込まれ、精神医学に助けを乞うこととなった。

(4)　精神医学

　いよいよ精神医学の登場となるわけだが、被告の存在にもまして怪しいのは精神科医の素性である。そもそも彼らは医師なのか……？

〔資料8〕「私が思うに、頭に止めておかなければならないことが一つあります。そして昨年これについて十分に強調しなかったのはおそらく間違いでした。それはすなわち、18世紀末そしてとりわけ19世紀初頭に成立したものとしての精神医学は、一般医学の1専門分野のようなものではなかった、ということです。精神医学は——19世紀初頭において、さらにはおそらく19世紀の半ばになってもなお——医学的知ないし医学的理論が専門化されたものとしてではなく、公衆衛生学の1分野として機能します。精神医学は、医学の専門分野である以前に、社会防衛の特殊な領域として、つまり、病を病と直接的ないし間接的に同一視しうるものすべてによって社会にもたらされうるすべての危険から社会を護るものとして、制度化されました。〔中略〕精神医学は、このように公

衆衛生学の1分野として制度化されたため、それが知の制度として、すなわち確実で正当性を持つ医学的知として存在しうるためには、2つのコード化を同時に行う必要がありました。まず、狂気を病としてコード化すること。つまり、狂気の無秩序、錯誤、錯覚に対して病理学的な意味を付与する必要があったということです。〔中略〕しかし、他方、第1のコード化と同時に、第2のコード化が必然的に要請されました。それは、狂気を危険としてコード化することです。すなわち、狂気を、何らかの危険をもたらすものとして、本質的に脅威をもたらすものとして出現させなければならなかったということです。そうすることによって、精神疾患についての知としての精神医学が、公衆衛生学として実際に機能することができたのでした」（同130─1頁）。

　フーコーは断定する、──精神医学は医学の1部門として誕生したわけではないし、ましてや科学を名乗る資格もなく、ただ法廷に請われ、政府に頼まれて、社会防衛と公衆衛生の1部門として制度化されたにすぎない。
　精神医学が医学の名の下に姿を現わした背景には、はじめから2つの使命を追わされており、それらの使命を果たすべく遣わされたことが関わっている。

その使命とは「2つのコード化」…⎧狂気を「病」としてコード化すること
　　　　　　　　　　　　　　　　 ⎩狂気を「危険」としてコード化すること

　狂人を隔離施設に監禁するためには、単に診断し、疾病の烙印を押すだけでは足りず、法廷に立ち、公的なリスク要因として、彼らが生きて存在することが「危険」であると認定しなければならなかった。精神科医は、刑罰システム（処罰権力）が当惑し、無力化する急所に出現し、助け船を出す役回りだった。彼らがいわば法廷の狂言回しとなることにより、法廷は気絶の状態から目を覚まし、眠れる力を呼び覚まして「語り得ぬ衝動」を宿す者たちを病院送りに処すことができた。

　〔資料9〕「一方で、理由なき犯罪は、刑罰システムを完全に当惑させます。理由なき犯罪を前にするとき、処罰権力の行使はもはや不可能となります。し

かし、他方、精神医学の側において、理由なき犯罪は、大きな所有欲の対象です。というのも、もし理由なき犯罪を見極めてそれを分析することができるならば、それは精神医学の力の証明となり、その知にとっての試練となり、その権力の正当化となるからです」（同135頁）。

　以前の処罰権力は、行為の重大さを刑罰の凄まじさで等式化すればよかった。犯罪行為が残虐であれば、それ以上の凄まじい暴力で罪人の肉体に襲いかかり、報復の名の下にさんざん痛めつけてやればよかったのだ。しかし、刑罰の体系が王権の侵害に対する報復という図式を放棄して以来、司法は犯人の精神にさぐりを入れ、行為に至る犯人の「利害関心」に興味を持つようになった。ところが目の前に現われたのは明白な狂気の証拠がないにもかかわらず、特段の「利害」をもたず、つまりは犯罪を犯す「理由」がないが、「理性」のない人の列に加えることも適わぬ者たちだったのである。

（5）抗しがたい衝動
　そこで新たな形象（精神科医）は一計を案じる。その歴史的瞬間の記録を読んでみよう。

　〔資料10〕「医師マルクは、その意見書のなかで、「抗しがたい方向」「抗しがたい感情」「ほとんど抗しがたい欲望」「その起源については知り得ない残酷な性向」について語り、さらには、彼女が「血を好む行動」へと抗しがたく導かれたと語ります。マルクは事件をこのように特徴づけますが、これはすでに、刑罰システムに潜んでいた利害関心のメカニズムからはるかに遠く離れています。〔中略〕そして、抗しがたいものの原動力を指示するこうした一連の名辞、用語、形容語などの中心にあってそれらを組織しているもの、それが「本能」です。これは、テクストのなかでもそれとして名指されています。〔弁護士の〕フルニエは「粗野な本能」について語り、マルクは「本能的行為」あるいは「本能的傾向」について語っています。しかし、意見書と口頭弁論のなかでそう名指されているとはいえ、本能は、私が思うに、概念として把握されてはいません。それが概念として把握されることは不可能であり、それも、以前

90

からずっと不可能でした。というのも、当時、精神医学的言説の形成の規則において は、そのような全く新しい対象を名指すことを可能にするようなものが何もなかったからです。狂気が本質的に——十九世紀の初めにおいても依然としてそうであったように——錯誤、錯覚、妄想、盲信、真理への不服従などによって分類整理されていたかぎり、なまの原動力としての本能は、精神医学的言説のなかに場を持つことができませんでした。本能は名指されることこそできましたが、精神医学的言説のなかで構築されることも概念化されることもありませんでした。〔中略〕この名称は何を意味するものでもありません」（同143 —4頁）。

　法廷は今や、判事と被告が睨み合う対決の場ではなく、司法の言語と精神医学の言語が交錯し、複雑な言説空間が組織化される存立平面となっている。その際、平面の中心にあるのは名状し難い衝動であり、いわば「語り得ぬもの」の座である。ただし、言語を絶する名前のない怪物ではない。新たにその座を占めることになったものの名は「本能」である。本能とは何か？　それは被告本人を行動に駆り立てたものでありながら、被告本人の意志や理解力が及ばない何かであり、まったく与り知らぬ何かではないけれども、完全に支配し得ているわけではない何かである。被告を行為に駆り立てたという意味では犯罪行為の「原動力」であり、それゆえ「動機」の空欄を埋め、スカスカの空虚に充当されるべき衝動の名に値するように感じられるが、よく見るとその衝動の中身もまた空洞なのだ。

　それゆえ、「本能」が厳密な形で主体に帰属することもない。とはいえ、主体の外部に何らかの圧力があって「そうしろ」と命じたわけではないし、いわんや主体の内部にあって主体を行為へと駆り立てるもう一つの主体があったというわけでもない……。

　ところで、「本能」という概念は中空であり、つまり中身が空っぽであって、その件について議論されたこともないという指摘は本当なのだろうか。本能は登場して以来、生物学と社会学の諍いをよそに、常に逸脱行為と結びついて言説化されてきた。たとえば「男には浮気する本能がある」という白状ないし反抗予告の言葉に典型的なように——。その場合、言うまでもなく「男」という

一般的な観念を隠れ蓑にしようと企む者こそ行為（犯行）の主体にほかならない。

　それゆえ、本能が言及するのは次のようなケースに限られる。すなわち、狂ってはいないけれども、正常ではない。理解し得ないけれども、狂気というわけでもない。顕著に見られるのは、次のような恒等式に還元される。

《規範に反する行ないへの傾向＝異常（ab·normal）》⇒《病的変質（変質者とは、本能における規範からの逸脱を別様に表わした表現である）》

　〔資料11〕「アンリエット・コルニエとともに、慎ましやかで生彩がなく、純粋で無言の怪物が現れます。そして、この事件において——初めてはっきりと明白なかたちで——ひとつの概念というよりひとつの要素、すなわち本能という要素が、その輪郭を際立たせるようになると思います。本能とはいったい何でしょうか。それは、刑罰と精神医学という二つの領域において機能することのできる混成物、もしくは、刑罰のメカニズムと精神医学のメカニズムという権力の二つのメカニズムから成る歯車装置を作動させる1つの部品のようなものです。さらに正確に言いましょう。ここに構成される本能というこの要素を通じて、知を要請する権力のメカニズムとしての刑罰システムと、権力を要請する知のメカニズムとしての精神医学とが、初めて効果的なやり方で、さらに後には生産的なやり方で、互いに連動することになります。実際、本能によって、利害関心がなく動機がないゆえに処罰不可能とされるような犯罪をめぐる法的大問題が、理解可能な言葉に還元されます。また、やはりこの本能によって、1つの行為における理由の不在が、科学的なやり方で、ポジティヴな病理学的メカニズムに転換されます。したがって、本能は、知と権力の作用における1つの部品としての役割を果たす、と言ってよいでしょう」（同152—3頁）。

　かつての怪物は人々に恐怖を植えつけ、社会が不安のあまりに蒼ざめるような存在だったが、今や怪物は矮小化され、卑近になり、日常的な不安や恐怖の原因になった。小さな怪物は、もはや怪物として認知されることすら滅多にない、——彼らは新たな装いをまとって「変質者」として登場することになった。

疚しい欲望を抱えて物陰に隠れている者たち、止むに止まれぬ衝動に駆られて人の背後に回る影のような存在、平日の午後、空き地に佇んで物思いに耽る無表情な中学生、仕事にも行かず、無闇に周辺住民を怒鳴り散らす大男、等々。これら凡庸だが、小さな怪物としての「変質者」が宅地のあちこちに出没し、訳のわからない衝動（つまり彼らの本能）に周辺住民が手を焼くようになったのが、まさに我々の時代というわけである。

第6講
国民（Nation）の登場をめぐって

1　国民国家（Nation State）の成立

　国家は自然に発生したものではなく、太古から存在していたわけでもない。また、近代以前の政治体制としての国家は、近代になって成立した国家と同じものではない。

　実は呼び名もちがうのだ。ラテン語の status には「政体」の意味があるが、元々は「姿勢」や「立場」、「状態」から転じたもので、statio は「立って静止していること」、statua は「彫像」や「彫刻」を意味する。英語で 19 世紀以前の国家は "Common-wealth"、つまり「共通の富」と呼ばれていた。"state" が国家と結びつくのは、その根拠として「国民 nation」が誕生し、それと結託することによってだった。

　〔資料１〕「ナショナリズムの理論家たちは、しばしば、次の３つのパラドックスに面くらい、ときにはいら立ちをおぼえていた。その第１は、歴史家の客観的な目には国民（ネーション）が近代的現象とみえるのに、ナショナリストの主観的な目にはそれが古い存在とみえることである。その第２は、社会文化的概念としてのナショナリティ〔国民的帰属〕が形式的普遍性をもつ——だれもが男性または女性として特定の性に「帰属」しているように、現代世界ではだれもが特定の国民（ナショナリティ）に「帰属」することができ、「帰属」すべきであり、また「帰属」することになる——のに対し、それが、具体的にはいつも、手の施しようのない固有さをもって現れ、そのため、定義上、たとえば「ギリシア」というナショナリティは、それ独自の存在となってしまうことである。そしてその第３は、ナショナリズムのもつあの「政治的」影響力の大きさに対し、それが哲学的に貧困で支離滅裂だということである。別の言い方をすれば、ナショナリズムは、他のイズム〔主義〕とはちがって、そのホッブズも、トクヴィルも、マルクス

94

も、ウェーバーも、いかなる大思想家も生み出さなかった。この「空虚さ」の故に、オークランドを目の当たりにしたガートルード・スタインのように、ひとはすぐに「そこにはなんにもない」と結論してしまう」（ベネディクト・アンダーソン『想像の共同体』白石隆・白石さや訳、書籍工房早山、2007 年。23 頁）。

　古代において、都市国家に納税し、その受益者となるのは「市民」であり、ギリシア語では「ポリテース politês」、ラテン語では「キーウィス civis」と呼ばれていた。それに対し、現代人の私たちは特定の都市に暮らす「市民」としてアイデンティティを形成するよりも、日本人やアメリカ人、中国人など国家への帰属意識をもって自己規定する。ときにどんな国家も引き取り手になってくれず、国籍を持たない子どもたちが問題になるが、私たちはそうした寄る辺ない状態にある子どもたちを「かわいそう」と感じる。国籍がなく、どんな国家にも帰属意識がないことは、なぜ「かわいそう」なのか？ 私たちが何気なく感じる国民感情は情緒的であり、それゆえ具体的であるにもかかわらず、国家や国民の内実は空虚だとアンダーソンは述べる。国家と国民を結びつける紐帯は、ときに強く感じられるものの、感じとられるのは情緒や感覚でしかなく、それゆえ論理の脈絡を辿れず、それゆえ政治学的な根拠も見出しがたい。
　もし論理的に掘り下げようとすれば、モデルとして使えそうなのは君主制である。天皇制に関して、天皇自身が自分のステイタスに戸惑いながら口にするのが「象徴」という単語だった。象徴により表わされるのが国家だとして、どのようにして 1 個人が国家を表象しうるのか？
　将棋やチェスを例に考えるとわかりやすい。盤上の駒にはそれぞれ役目がある。敵軍の「王将」を取れば、勝ちとなる。王以外の駒の役目は、敵の王を取るか、自国の王を守るためにあるため、それらの駒を取る／取らないは、優勢か劣勢かを左右しても、勝敗を決することはない。つまり、君主制において王の命運は国家の行く末を決するものであって、王の身体は国家の身体と二重になっているのである。これをエルンスト・カントローヴィチは「王の二つの身体」と呼んだ。チェスや将棋において「尊い生命」は王の命だけであり、それに比すれば他の命は桁外れに軽い。ゆえに「王」以外の兵士がどれほど死んだとしても、それで勝敗は決まらない。殺しても戦術的な意味のない生命には殺

す価値もないから、狙いは必然的に王に絞られる。

　ところが、国民国家が成立すると戦争の標的が王 1 人の身体ではなく、国民全体に及んでいく。ミシェル・フーコーは、この推移を冷徹に分析し、戦争の変容を《将棋、チェス型の戦争から、ジェノサイド型の戦争（殲滅戦）へ》と定義した（『知への意志』参照）。

　しかし、フーコーの言う「〜から〜へ」は、王から国民に王座が明け渡されたことを意味するわけではない。戦争の標的が王から国民に移ったことは、玉座が 1 個人から国民全体に移行したことを含意するが、その推移を画す儀式が執り行なわれたというわけではないし、漸進的な移行の手続きがあったわけでもない。起きたのは国家をめぐる認識の変化である。問題を箇条書きにまとめておこう。

・過去から継承されたものではなく、むしろ継承されえないものの出現と制度化の問題
・王ぬきの統治が喫緊の問題となり、国家の統一性があらためて問題化される
・複数の言語を話し、複数の民族から成る国家を唯一無二の何かとして語りうるようにする条件は何か、あるいはそのようなものが存在するのか

2　フィヒテ「ドイツ国民に告ぐ」(1807／08)

(1) 始原的な言語

　フィヒテがこの表題の下に講演を行なったとき、実はドイツという国家は存在しなかった。ナポレオンとの戦争に敗れ、神聖ローマ帝国が崩壊したのがわずか前年のことである。祖国の統一を夢見るドイツ人にとって「国民」とは、まさに人々の意識にのぼるだけの観念だった。フィヒテが若者たちを前に自説を述べたとき、彼は聴衆の「国民」感情に訴えるため、ドイツ国民の根拠をどこに求め、またドイツ人の悲願であった国家統一の根拠を何に求めようとしたのか。その根拠は「ドイツ国民」の誇りに訴えるもの、すなわち彼らの何が外国人よりも秀でているのかにあった。彼が求めたのは「言語」だった。

　〔資料 2〕「重要なのは、この種族〔ドイツ人〕が保持してきた言語の特別な

性質でもなければ、他のゲルマン系種族が受け入れた言語〔外国語〕の特別な性質でもありません。肝心なのはもっぱら、一方が固有のものを保持しているのに対して、他方が疎遠なものを受け入れたという事実だけなのです。さらに言えば、始原的な言語をいまも話し続けている人々がかつてどの種族に属していたかということではなく、この言語が途切れることなく話され続けているということ、ひとえにそのことだけが重要なのです。

〔中略〕そもそも人間が語っているのではなく、人間の本性（Natur）が人間において語っているのであって、この人間本性が他の人間本性と呼びかけ合っているのです。したがって、われわれはこう言わなければならないでしょう。言語とは唯一にして絶対的に必然的なものである、と」（フィヒテ「ドイツ国民に告ぐ」細見和之・上野成利訳『国民とは何か』インスクリプト、1997 年。80 ― 1 頁）。

　明らかにフィヒテは危うい綱渡りをしている。彼の言う「ドイツ人」は「ゲルマン民族」ではない。というのも「ゲルマン人」なる民族の「純血」を示す根拠などどこにもないからである。それゆえ彼はゲルマン系の諸部族を束ねて一大国家を築く構想を企てたりはしない。単に国家と国民をつなぐもの、すなわち国と人との紐帯を「言語」に求め、やや大袈裟な身振りで「始原的な言語」と呼んだにすぎない。ならば「始原的な言語」とは何か？　意味は「はじまりの言語」である。それは古語（古ゲルマン語）だろうか？　あるいは土地土地に根差した方言のたぐいか？　いや、それらのどちらでもない。彼が想定していたのは国家の統合とともに出現する「国語」、いわゆる「標準語」である。

　標準語はヨーロッパ諸国でも 19 世紀に作られた国家語、つまり「国語」に相当する国民国家の創設にともなって制度化された言語がいわゆる標準語である（日本でも明治時代にヨーロッパをモデルに「国語」が作られるまで標準的な言語などなかった）。

　もしも国語が国民を統べる紐帯だとすれば、それは人工的に作られた「ことば」が制定され、人々に強制された帰結であるだろう。しかも、それは元々あった「母語」や「方言」を殺害することによってしか始原たりえない代物ではないか。フィヒテの言う「始原的な言語」は、少なくとも母語・方言として

の「オリジナルな言語」ではない。むしろ、それら本物の始原を抹殺したのちに始原の後釜として出現する贋作の言語でしかないだろう。

(2) 生きた言語

　フィヒテの論理には難点ばかりが目立つ。なぜなら始原の言語は、現に人が用いる「生きた言語」でなければならないが、いくつかの方言を素材に派生的に作られた人工物でもあるからだ。教育を通じて全ドイツ人に普及したとしても、教育という人為的な強制の産物である以上、事後的に付与された固有性である事実は隠し通せるものではない。にもかかわらず、フィヒテは次のように述べる。

　〔資料3〕「他のゲルマン系諸民族からわれわれドイツ人を区別する根本的な特徴：その差異はまさに、共同体としての種族が最初に分裂した際に生じたのであって、その本質は、自然力から溢れ出る最初の流れまで遡りうる生き生きとした言語をドイツ人が話しているのに対して、残りのゲルマン種族は表面だけは活発であってもその根においては死んでしまっている言語を話している、という点に存するのです。もっぱらこの事情、生きているのか死んでいるのかという点に、われわれは差異を置きます。
　〔中略〕それゆえドイツ人は、自らの利点を存分に利用しさえすれば、外国人をいつでも眺めわたし、外国人を完全に、当人自身よりもよりよく理解することすらできるのであって、外国人の言わんとすることをその拡がりの全域に応じて翻訳することができるのです。それに対して外国人は、最大限の労苦を払ってドイツ語を学習せずしては、真のドイツ人を理解することは決して不可能ですし、真正のドイツ語を翻訳しえないことは疑いありません」（同94―6頁）。

　よくある手口だが、自分を優秀に見せようとして、他人を否定し愚弄する人たちがいる。フィヒテのやり口はその手のやり口に似ている。すなわち、自己を肯定するようにみえながら、実は他者を否定しているだけなのだ。フィヒテは真のドイツ語を話す民を「ドイツ人」と規定し、ドイツ人だけが唯一の「生

きた言語」を話し、他の民族はたとえゲルマン系であっても、死んだ言語を話しているにすぎないという。

フィヒテが大きな影響を受けたイマニュエル・カントは、今で言うラトヴィア（ロシアのウクライナ侵攻により旧ソ連の一部であり、今もロシアが妙な口実を作って侵攻を企てていることが知られる）に暮らしており、生粋のドイツ人ではなかったから、彼も死んだ言語を話し、死んだ言語で本を書いたことになる。フリードリヒ・ニーチェもドイツ語で本を書いたが、元々はポーランドの牧師の息子だったのだから、彼の哲学もまた死んだ言語で紡がれていたことになる。

さらにフィヒテの妄想は突飛な方向に飛躍していく。彼は言う、ほかの言語はすべてドイツ語に翻訳できるし、ドイツ人はそれを余すところなく理解できるが、逆は不可能である。翻訳の可能性は一方通行であり、ドイツ人はすべてを理解できるが、他国民はドイツ人の考えがわからない。この特別な言語、すなわち始原的な言語を有する民族はドイツ人だけであり、それゆえドイツ人は「始原的な民族」（Urvolk）である。

〔資料４〕「創造的に新しいものを生み出しながら自ら生きている人、あるいは、新しいものの創造が不可能でも少なくとも取るに足らないものはきっぱりと廃棄し、始原的な生命の流れがどこかで自分を捉えているのではないかと注意を怠らない人、あるいはまた、そこまでは到らないにしても、少なくとも自由の存在に気づき、自由を憎んだり恐れるのではなく自由を愛する人——このような人々はすべて始原的な人間であり、もし彼らを１つの民族として見るならば、一つの根源的な民族（Urvolk）、民族そのものである民族、すなわちドイツ人なのです。それに対して、自分が二次的なもの、派生物にすぎないことに甘んじ、そういう存在として自分をはっきりと認識し把握している者はすべて、実際にそうした二次的な存在であり、またそう信じ込むことによってますますそうなっていきます。このような人々はたんに生命の付属物にすぎず、生命は彼らの前もしくは傍らでそれ自身の欲動の赴くままに活動しています。彼らは、すでに沈黙に到った声が岩から反響してくるこだまです。民族として見れば、彼らは根源的民族の外部にいるのであり、根源的民族にとって疎遠な

人々であり、外国人です」（同 119 頁）。

　フィヒテの言葉には、自惚れの強い人の匂いが漂っている。（今はない）祖国を賛美しようとして不必要に外国人を貶め、否定する身振りである。彼は言う、始原的なものは永遠不変でありながら、同時に創造性を謳歌し、自由を掌握する、と。それに対し、外国人は真の創造性に欠け、自由を謳歌することもかなわず、常にドイツ的なるものの外を漂い、ドイツから響いてくる声に反応し、真似ることしかできない。フィヒテの物言いは、「国民」の名に値するのはドイツ人のみと言っているに等しく、それゆえ「外国人」は他国に属する人というよりもドイツ人以外の人々、要するに余所者である。

　〔資料 5〕「停滞や退行、循環を信じたり、あるいは死せる自然に全面的に世界統治の舵を握らせたりする者は、どこで生まれどんな言語を話していようとも、非ドイツ的であり、われわれにとってはよそ者です。こうした人々はできるだけ早くわれわれのもとから跡形もなく立ち去ってほしいものです」（同 120 頁）。

　乱暴な論理だが、それなりに筋が通っているのは、ドイツから余所者を排することにより国民性、すなわち「始原的なもの」が立ち上がると素朴に信じられているからである。つまり、ドイツを支配するフランス人を排除し追放することで引かれる境界線の内側に「国民」が画定されるのである。

(3) 祖国愛
　祖国愛とは「個人がその国民（Nation）に対して抱く愛」であり、「本来的で理性にかなった愛」である（とフィヒテは言う）。しかも「祖国愛」はドイツ人に固有の感情だ、とも。
　その上で彼は若者に呼び掛ける。ひとつの挑発として――

　〔資料 6〕「〔…〕民族とは何か、という問い：この後者の問いは、もう一つの別の問いと同じであって、それと合わせて答えが与えられます。その別の問

いとは、しばしば問いかけられ、たいへん異なった答えを与えられてきた問い、すなわち祖国愛とは何か、あるいはもっと的確に表現するなら、個人がその国民（Nation）に対して抱く愛とは何か、という問いです」（同124頁）。

フィヒテは、若者に「祖国愛」を抱くよう挑発し、その感情をもって未来に開かれる歴史の「はじまり＝始原」にしようと言う。つまり、ドイツ人の歴史は古より連綿と紡がれてきたものではなく、彼が呼びかけた若者たちの手で創始されるべきものだったのだ。今しがた作られたばかりの国家の空洞を若者たちの「祖国愛」が埋める一方で、ようやく今から始まる国家の歴史が古来＝始原より続いているかのように仮構されるという、奇妙なループ構造が見られる。この、たちまち矛盾を来し、いかにも苦しげな論法は、誰の目にも明白であって、それゆえ邪魔者がいないわけではなかった。

〔資料7〕「あなたがたはたんなる終末であろうとするのか、尊敬に値しない世代、それどころか後世にはきっと必要以上の侮蔑を浴びせられることになる世代の、たんに最後のものたちであろうとするのかどうか。」（183頁）。「あなたがた年長者のみなさん、〔中略〕敬意に満ちた眼差しをあなたがたに向けている若い人々の考えを、是非ともこの機会に確かめ、力づけ、助言を与えてやってください、と。しかし、別の年長者のみなさん、決まりきった年長者のみなさんには、この講演はこう訴えます。どうか手出ししないでいただきたい。今度だけは邪魔だてしないでいただきたい。これまでと同様またしてもあなたがたの知恵と無数の憂慮とやらで道を塞がないでいただきたい、と」（同190頁）。

フィヒテは言う、年長者たちは沈黙せよ。古い世代に属する者たちは、今や内的境界から隔てられるもう一つの外部となった。彼らは過去から連綿と続いてきた始原などではなく、新たに創出される国家と若者たちの祖国愛とにより過去という屑籠に葬り去られるべき存在となったのである。

フィヒテの論理は、国家的（national）なるものの空虚がどのようにして埋められ、何によって充実したものであるかのように仮構されるのか、そのからくりを見事に示している。その論理がニーチェのような鋭利な思想家の目にど

う映ったかを見ておこう。

(4) ニーチェの呵責ない言葉

　〔資料8〕「──ドイツ人どもは認識の歴史の中へあいまいな名前ばかり刻み込んで来た。彼らはいつも「無意識的な」にせ金造りばかりを生んで来た（この言い方はフィヒテ、シェリング、ショーペンハウアー、ヘーゲル、シュライヤーマッハーに、そしてもちろんカントとライプニッツにも当てはまる。どれもこれも要するに面紗作り師<ruby>面紗作り師<rt>シュライヤーマッハー</rt></ruby>にすぎないのだ──）。精神の歴史における最初のまっとうな精神、四千年にわたるにせ金造りを真理の名において裁いてしまうような精神、そんな精神がドイツ精神と一体となったなどという名誉を決してドイツ人にになわせてはならない。「ドイツ精神」とは私には悪い空気だ」（ニーチェ『この人を見よ』川原栄峰訳、理想社版全集第14巻、1975年。136頁）。

　ニーチェの毒舌にしたがえば、フィヒテの行なった「始原的なもの」の創出とは、要するに「にせ金造り」の仕業である。それゆえ、いわゆる「祖国愛」を抱くドイツ精神にしても、所詮は嫌な匂いを放つ「悪い空気」にすぎない。国家というものの空洞はその「悪い空気」に満たされている。ならば「国民」を仮構する人為的かつ偽善的なからくりを知ってしまった時代精神は、その「国民」に対して、どのように問いかければよいのだろうか？

3　ルナン「国民とは何か」(1882) をめぐって

　ドイツからフランスに目を転じ、やはり国民に関して問いかける1人の高名な思想家の言葉に耳を傾けてみたい。その人はエルネスト・ルナンである。

(1) 国民の本質

　フィヒテの議論は多少の無理はあるが単純だった。民族性や言語に国民の本質を見出し、外部を貶めることで内部の卓越性を主張するのは、なるほど凡庸なやり口である。しかも、フィヒテの講演はいわば国民国家の揺籃期に行なわれた。対してルナンが「国民とは何か？」を問うたのは、フィヒテの講演から70年以上も経た頃である。何より彼には国家の統一を熱望する動機もなかっ

た。言語の比較研究も相応に蓄積していたから、ルナンには「国民」のポジティヴな定義はできないとわかっていた。だから彼は次のように言う。

〔資料9〕「忘却、歴史的誤謬と言ってもいいでしょう。それこそが一つの国民の創造の本質的因子なのです。だからこそ、歴史学の進歩は往々にして国民性にとって危険です。歴史的探究は、あらゆる政治構成体、もっとも有益な結果をもたらした政治構成体の起源にさえ生起した暴力的な出来事を再び明るみに出してしまうからです。統一は、つねに乱暴になされます。北フランスと南フランスの統合は、絶滅戦争と1世紀近くも続いた恐怖政治の結果です」（エルネスト・ルナン「国民とは何か」鵜飼哲訳『国民とは何か』47頁）。

よく考えれば、書き言葉としての日本語をそのまま話す人など、東京にも一人もいない。にもかかわらず、その《標準語》を日本人は昔から使っていたと信じ込んでいるとしたら、それはなぜか？　国語が人工的な作り物だということを忘却するからである。国民も同じことで、今、一国民と思っている人々がかつて二つの陣営に分かれ、血で血を洗う戦闘に明け暮れ、憎み合っていたことをそっくり忘れたからこそ、同じ「国民」だと愚かしくも信じることができた。《忘却》とはルナンが言うように「歴史的誤謬」にほかならないが、そこにこそ「国民の創造の本質的因子」がある。だから、人がせっかく忘れたことを掘り起こす「歴史学の危険」を弁えておく必要がある。「歴史学の危険」とは、知らなくてもよい事実を「惨劇の記憶、暴力の想起」としてわざわざ想起させる仕事なのだ。

フィヒテは始まったばかりの若い国家ゆえに「始原」を若者たちの心情に委ねようとした。しかし、ルナンの目には国民の起源など始めから存在しないか、もしくは国民を不可能にする起源を忘却しなければ可能にならない。フィヒテの始原はすでになく、未だない何かであり、彼はそれをもって境界線を引き、線の内側を「国民」と呼んだ。対して、ルナンは国民に確たる実体がなく、それゆえ仮構の不可能性を認識している。だから、その困難を忘却に身を任せることで乗り越えようとしたのである。

(2) 国民の不可能性と可能性

〔資料 10〕「国民の本質とは、すべての個人が多くの事柄を共有し、また全員が多くのことを忘れていることです。フランス市民は誰一人、自分がブルグント人、アラン人、タイファル人、ヴィシゴート人のいずれの後裔だか知りません。いかなるフランス市民も、聖バルテルミの虐殺、13 世紀の南仏で起きた虐殺を忘れていなければなりません。〔中略〕しかし、それでは、国民とは何なのでしょう。なにゆえにオランダは国民であり、ハノーヴァー州やパルマ大公国は国民ではないのでしょう。それを創造した原理が消滅したのに、なぜフランスは国民であり続けているのでしょう。三つの言語、二つの宗教、三つないし四つの種族からなるスイスが国民なのに、たとえば、あれほど均質なトスカナ地方はなぜ国民ではないのでしょう。なぜオーストリアは、あくまで国家であって国民ではないのでしょう。国民の原理は、いかなる点で、種族の原理と異なるのでしょう」（同 48 ― 9 頁）。

国家の独立を求め、承認する動機として、しばしば「民族自決権」なる用語が取り上げられるが、国民国家が登場した初期段階では、そんな言葉は空言にすぎなかったし、空想家による想像の産物でしかなかった。ルナンは「国民の本質」を「事柄の共有と多くの忘却」と呼ぶ。つまり、同じ経験を共有しつつ、同じ事実を忘却しているということであり、それが我々に共通の「常識」（sens commun）と無知を形成しているのである。

ところで、ルナンの言う「それを創造した原理が消滅したのに」という文章の「それ」により含意されている契機とは何のことだろう？ フランク王国が出来た頃のことだろうか、あるいは王国の分裂と再編のことだろうか、もしくは 1598 年、ナントの勅令によるユグノー戦争の終息を指しているのだろうか？ 引用の最後にある「種族の原理」という語に相応しい事象を探すとすれば、おそらくナントの勅令ではないかと思われるが、確証はない。

ルナンは「それ」を契機とした上で、「スイスはなぜ国家なのか」と問いかける。スイスには「3 つの言語、3 つないし 4 つの種族」〔21 世紀の時点におけるスイスの公用語は 4 つ〕があると彼は言う。（スイスの公用語の 1 つ、ロマンシュ語は使用する人こそ少ないが、現存する言語のなかでもっともラテン

語に近く、フィヒテの言う「始原の言語」に相当する。)

　他方、純粋な民族で構成される地方があるものの、州の名にとどまり、国家ではないのはなぜか？　アイヌや沖縄は、日本が多民族国家だということを証明するが、なぜ日本政府は彼らに民族自決権を認め、独立を支援しないのか？　また、これらの問いに正解はあるのか？　辛うじて確認できるのはルナンの恒等式、「忘却＝創造の原理の消滅」のみであろう。国民が可能になるのは、それを積極的に定義する原理がないということをみなが忘却するからである。そして、国民が原理的に不可能であることを忘却し、以降それについて考えず、問題にしないことで、初めて国民であることが可能になる。それゆえ、国民は種族の原理とは無関係であり、どんな民族・人種とも関係しないし、そもそも関係できない。

　〔資料11〕「民族学的配慮は、したがって、近代的国民の形成になんら関与していないのです。フランスはケルト系で、イベリア系で、ゲルマン系です。ドイツはゲルマン系で、ケルト系で、スラブ系です。イタリアは民族誌学を一番困らせる国で、ガリア人、エトルリア人、ペラスゴイ人、ギリシア人、その他多くの要素が交雑し、解読不可能なまでに混血しているのです。ブリテン諸島では、全体としてケルト系とゲルマン系の混血が見られますが、その比率を確定することは至難の技です。
　本当のところ、純血の種族など存在しないのであり、民族誌学的な分析に政治を依拠させるなどということはキマイラに政治を任せるようなものです。イギリス、フランス、イタリアなどもっとも高貴な国々は、もっとも混血の進んだ国です。この点、ドイツは例外なのでしょうか。ドイツは純粋にゲルマン人の国なのでしょうか。なんという幻想でしょう！」（同 52―3 頁）。

　念のため断っておくが、ルナンは「国民など幻想に過ぎない」と主張しているのではないし、ナショナリズム批判の先鋒たらんとしていたわけでもない。その逆であり、何とかして国民のおぼろげな姿に輪郭を与えようとしていたのである。純粋な民族がないから国民を民族性によって定義しようとする努力はすべて虚しい。ならば「もっとも混血の進んだ国」における国民とは、もはや

国民と言えないのか？

　〔資料 12〕「私たちが種族について述べたことは、言語についても言わなけれ
ば成りません。言語は人々に集合するよう招くものです。強制するものではあ
りません。アメリカ合衆国とイギリス、スペイン語系アメリカとスペインは同
じ言葉を話していますが、単一の国民を形成してはいません。反対に、素晴ら
しいでき方をしたスイス、異なる部分の合意によって作られたスイスには、3
つか 4 つの言語があります。人間のなかには言語より上位のものがあります。
それは意志です。統一を求めるスイスの意志は、これら固有語の多様性にもか
かわらず、圧政を通じて得られることもままある言語の類似性より重要です」
（同 56 頁）。

　世界を見わたしてみれば、国内に複数の公用語がある国がある一方、1 国に
収まらない言語圏をもつ言葉もある。後者の代表としてルナンはスペインを挙
げているが、アジア＝アフリカの植民地化ではイギリスとフランスは長らく
覇権を争い、今も英語とフランス語を公用語とする国々は多い。その上でルナ
ンは問う、多言語国家であるスイスを一つの国家にし、国民を一国民に束ねる
ものは何か、と。その問いの答えをルナンは端的に「意志」に求める。ならば
次に「意志」とは何かが問われなければなるまい。

(3) 国民の原理
　〔資料 13〕「国民とは魂であり、精神的原理です。実は一体である二つのもの
が、この魂を、この精神的原理を構成しています。一方は過去にあり、他方
は現在にあります。一方は豊かな記憶の遺産の共有であり、他方は現在の同意、
ともに生活しようという願望、共有物として受け取った遺産を運用し続ける意
志です」（同 61 頁）。

　先に「意志」と呼ばれたものが今度は「魂」と呼ばれ「精神的原理」と言わ
れている。その内実は 2 つあると言われる。

構成要素　①過去：豊かな記憶の遺産の共有
　　　　　②現在の合意：共生と遺産の運用に関する合意

①の記憶は、国民を可能にするのが「忘却」であるという論理に反するようであるが、その点を含め、
②の「合意」とは何かを問うてみよう。ルナンは次のように述べている。

〔資料14〕「国民とは、したがって、人々が過去においてなし、今後もなおなす用意のある犠牲の感情によって構成された大いなる連帯心なのです。それは過去を前提はします。だがそれは、一つの確かな事実によって現在のうちに要約されうるものです。それは明確に表明された共同生活を続行しようとする合意であり、欲望です。個人の存在が生命の絶えざる肯定であるのと同じく、国民の存在は（この隠喩をお許しください）日々の人民投票〔un plébiscite de tous les jours〕なのです。
〔中略〕国民は永遠のものではありません。それに始まりがあったように、終わりもあるでしょう。ヨーロッパ連邦が諸国民に代わる日も来るでしょう。しかし、それは私たちが生きている世紀の法則ではありません。いま現在は、諸国民の存在はよいものであり、必要ですらあります。それらの存在は、もし世界に一つの法、一人の主人しかいなかったら失われてしまうであろう自由の保証なのです」（同62─3頁）。

ルナンの言う「記憶」は「国民」を可能にした「忘却」に反するものではなく、いわば共通体験の記憶のようなものでしかないが、それが人民の「連帯」や「合意」の条件となると言う。「合意」や「欲望」は現今の国民が今後も共生していくことへの合意であり、ひとつの国民として連帯し共生していくことへの合意である。その内実はルソーが『社会契約論』で提唱した「一般意志」に近い。ルソーの一般意志は、憲法や法の支配を支える原理として今なお参照されることが多いが、ルナンの言葉でいえば「日々の人民投票」に相当する。
しかし、国家がどれほど「大いなる連帯心」に支えられようとも、国民はそれ自体が脆く儚いものだ。なぜなら、やがて「ヨーロッパ連邦」に呑まれるか

もしれないのだから。

　ルナンの議論をまとめれば、国民を可能にする積極的原理はない。わずかに残る消極的原理が「忘却」であり、過去の軋轢や対立、戦闘など歴史の傷跡を忘れることであるが、その上でもしも積極的原理があるとすれば、今ある国家の存続を願い、同じ国民として今後も一緒に生きようと願う意志がその内実となる。

(4) そして、再びニーチェへ

　稀代の毒舌家であるニーチェのルナン観を見ておこう。

　〔資料15〕「ルナン。──神学、ないしは「原罪」による理性の頽廃（キリスト教）。その証拠にはルナンは、ひとたび比較的一般的な種類の然りや否を言ってのけるやいなや、几帳面すぎるほどきまって的はずれのことをしでかす。〔中略〕ルナンは、イエズス会士や聴罪司祭とまったく同様、誘惑にかけてはその発明の才をもっている。彼の精神性には締まりのない坊主的な作り笑いが欠けてはおらず、──彼は、すべての牧師と同様、彼が愛するときにはじめて危険となる。生命にかかわるような仕方で崇拝するという点では、誰ひとりとして彼に匹敵する者はない……ルナンのこの精神、元気をそぐ精神は、憐れな、病める、意志の病気にかかっているフランスにとってもう一つの宿業である」（ニーチェ『偶像の黄昏』原佑訳、理想社版全集第13巻、1980年。78頁）。

　ニーチェは、善意の誘惑者であるがゆえのルナンの危険性を告発し、何であれ、それを「彼が愛するときにはじめて危険となる」と言う。これを言い換えるなら、ルナンが愛し、人に愛するように仕向けるものの中に大きな危険性が潜んでいるということになる。しかも、それが人々（フランス人）から「力（元気）を削ぐ」と指摘する。

　今回の講義のテーマに即して言えば、ルナンが最後に「意志」や「欲望」の名で呼んだもの、それはまちがいなく〈国家への愛〉であるが、そういう代物に惹かれ、同じ国民を言祝ぐことに潜む危険性をこそ自覚せよ、ということになるかもしれない。

「国家への愛」とは聞こえはいいが、ニーチェに言わせれば「意志の病気」に当てられた者たちの憧憬が国家に向けられているにすぎない。事実、国家には元々内実がなく、忘却によってしか可能にならない空虚があるばかりなのだ。「国民」を自認する病める魂の群れを誘引する陥没地点として空洞は昔から穿たれていたし、今なお黒い窪みは残っている。その虚ろな空虚は、のちにベネディクト・アンダーソンが「幻想の共同体」と呼ぶ近代国家の「空虚」に直結していることをあらためて注意しておこう。我々は事あるごとに「国民」として熱狂し、おのれの内なる空虚を掻き抱いて涙を流すのである。

　※余談。ニーチェの哲学には、根幹に人間を選別（＝淘汰）する思想が組み込まれている。しかし、彼はその原理を生物学に求めなかったし、民族性や言語にも求めなかった。彼が提唱した「永遠回帰」だけが人間を淘汰する機械（篩）であり、それ以外の教義は認めていない。冗談半分だったかもしれないが、ニーチェには「永遠回帰」の教義をもってダーウィンの自然選択説に取って代わろうとする野心が確かにあった。ただし、永遠回帰は定義上、人間のみを対象とし、選別し、篩い落とす機械でしかなかった……。

4　国民国家の外部

　確たる定義のないまま、ある線分が国民を包括し、線分に包囲された内部に「国民意識」が注入されようとしていたとき、国家の内部に特異な異分子が生まれ落ちようとしていた。その異分子は、いやでも目につく存在だった、——強大な実力に裏付けられた国際性により、国民という狭い枠組みに収まることができない特異な者たち——。

　ハンナ・アーレントは『全体主義の起源』の第1巻の冒頭近くで次のように述べていた。

　〔資料16〕「自分の領土も自分の政府も持たないユダヤ人が、国民国家体制の条件のもとにおいてもなおヨーロッパ諸国を繋ぐ要素でありつづけたということは、やはり決定的であった。この（インタナショナリズム）を国民国家は細心周到に維持することができた。ユダヤ人の有用性は、このインタナショナ

リズムの上に成立っていたからである。そしてこのインタナショナリズムは事業だけで終ってしまうものではなく、国家相互間の交渉――とりわけ戦時の――においても大きな意味を持っていた。一方におけるユダヤ人問題と国民国家との関係、また他方におけるユダヤ人問題と反ユダヤ主義との関係をはっきりと理解しようと思うならば、その成立期における国民国家体制のなかでのユダヤ人のこのインタナショナルな役割を思い描いてみなければならない」（ハナ・アーレント『全体主義の起原Ⅰ　反ユダヤ主義』大久保和郎訳、みすず書房、1972 年。33 頁）。

ユダヤ人のインターナショナリズムは、ユダヤ教徒がキリスト教徒の共同体から排除され、迫害されていたというだけでなく、ユダヤ資本が国家の枠に収まらない広がりを持っていたことにも起因していた。それゆえ、アーレントは「重要な事実」として次のように述べるのである。

〔資料 17〕「それはユダヤ人が国民に組み込まれ同化されることを終始一貫して拒んで来たこと、彼らが常にヨーロッパの国民家族のなかでの非 – 国民的な要素としてとどまってきたことである。この抵抗は、近代史が彼らに振当てたすべての機能の基礎を成している。あくまでヨーロッパに内属する民族であろうとしつづけたからこそ、彼らはヨーロッパ諸国民の軍需物資供給者、御用銀行家、情報伝達者、和平仲介者となり得たのだ」（同 39 頁）。

アーレントの言う「重要な事実」とは、キリスト教に基礎を置く近代国民国家がユダヤ人を排除し、国民の外部に弾き出そうとしたのではなかったという点にある。むしろユダヤ人は、国民国家の求心力に逆らって国民の外に離脱した。彼らは特定の国家に帰属するのを拒んだからこそ、国家と国家を跨いでヨーロッパ全域に活動を繰り広げることができた。つまり、その身を国民の外部に置いたのは、ユダヤ人たち自身の意志にほかならなかった。言い換えるなら、彼らの商業活動はヨーロッパ全土に広がっていたから、その莫大な資産と広範な活動をローカルな枠組みの中に狭め、わざわざ好んで事業を縮小するはずもなかった。アーレントが具体例として挙げたロスチャイルド家の動きは、

ユダヤ人がいかに厄介で目障りな存在であったかを雄弁に物語る一方、彼らの活動がどうにも無視できない力を持っていたことの証左にもなっていた。

〔資料18〕「西欧および中欧のユダヤ人たちの中心となったロスチャイルド商会の独占的地位は、或る程度まで宗教と伝統の古い絆——この二つのものの持つ民族維持の力は数千年来はじめて重大な危険にさらされていたのだが——の代りをつとめた。対外的にはこの一門は、国民国家と国民として編制された民族の世界のなかでユダヤ人の国際主義を最も明確な形で表現した。五人の兄弟が分れて五つの国の国籍をそれぞれ持ち、緊密に協力しながらすくなくとも三つの国家——フランス、オーストリア、イギリス——で金融業務をおこない、しかも彼らの団結はこれらの国々のあいだに存する確執や相反する利害によって一瞬たりとも乱されないという家族、——ユダヤ人の世界支配という荒唐無稽な観念を実証しようとするならば、この家族の像に見られるもの以上に恰好な証明がどこにあり得ただろうか?」（同49頁）。

ヨーロッパで一斉に国民国家が開花したのと、それが常にというわけではないが、しばしば反ユダヤ主義をともなっていた理由ないし背景をここに認めておこう。我々はあらためて反ユダヤ主義を取り上げるが、それは単なる異教徒の迫害ではなく、いわんや異民族に対する謂われない差別に尽きるものでもなかった。とはいえ、言うまでもないことだが、ユダヤ人に対する執拗な迫害の原因を、国民国家の求心性に抗ったユダヤ人自身の心性に求めるような真似も断じてしてはならない。しかし、国籍のない強大な力が、のちに捏造される妄想的な陰謀論と敵意を裏付けるような「スキ」を作っていたことだけは否定できない。

第7講
社会の優生学的編成

1　優生学とは何か？

(1)　フランシス・ゴールトン

　学問としての優生学は、イギリスが発祥である。いわゆる優生学（eugen-ics）という名称は、イギリスの人類学者にして統計学者、遺伝学者、また冒険家としても知られるフランシス・ゴールトン（1822 ― 1911）によって命名された。ギリシア語に由来する造語「エウゲネス eugenes」（= well-born「よき生まれ」の意）から作られたという。

　ゴールトンは当初、従兄のダーウィンが『種の起源』を発表し、大反響を巻き起こしていたことに触発され、遺伝問題に関して統計学的アプローチを試みたかったらしい。統計とはいえ、メンデル以前の発想だったから、遺伝形質の詳細はまだわかっていなかった。せいぜいがスペンサーゆずりの品種改良の観点から、人の能力も犬や馬と同じく親から子へ継承されるといった程度だったのであろう。実際、ゴールトンは人の才能についても農場の作物と同じく、人為的に改良できるものと確信していた。こうした考えや論点はのちの優生学の発想に直結してゆくが、それゆえダーウィンの自然淘汰説とはかなり距離のある考え方でもあった。おそらく、彼は進化論を忠実に踏襲したというより、単に反響の大きさに便乗したに過ぎなかったし、言っていることはスペンサーの発想と大差のないものだった。

　そもそもダーウィンが「進化」の根底に据えた「自然」には、どのような意図も目的もなかった。だから環境を抜きにして素質を云々することもできなかったし、素質の社会的な適否を議論する余地もなかった。「進化」は、そもそも人間の価値観とはまったく関係がないから、栽培者の都合による穀物や家畜の品種改良にも何ら関係するものではない。優生学が人間の改良を目論むかぎり、ダーウィン進化論に理論的な拠り所を求めることは元々できない相談

だったのである。家畜の品種改良が人間にとって好都合だったのと同様、人間の改良にも価値の向上が見込めるというのなら、人の素質を人為的に捩じ曲げ、歪曲したとしても、まあ、それはそれでよいとしよう。その企てに手を染めることで人々の幸福が増し、社会の福利が増進するなら、まだしも許されるかもしれない。ところが実際に行なわれたのは、その逆だったのである。

(2) エルンスト・ヘッケル

　ドイツに生まれたエルンスト・ヘッケル（1834 ― 1919）は、ダーウィンの熱狂的支持者として知られる一方で、初期の優生学を代表する論客でもあった。

　〔資料１〕「1868 年、ドイツ人の動物学者エルンスト・ヘッケルは彼の著書『自然創成史』の中で、生存競争を民族史に転用した。ヘッケルは自然淘汰に人為淘汰を追加し、弱い子供たちを殺したスパルタ人を引き合いに出した。ヘッケルによれば、犯罪者の素質を遺伝させないようにするのであるから、死刑も人為淘汰としての意義がある」（エルンスト・クレー『第三帝国と安楽死』松下正明監訳、批評社、1999 年。11 頁）。

　エルンスト・ヘッケルは、ダーウィンを強く支持しただけでなく、進化論を楯に様々な論客と論争を繰り返した人物である。ときには教会と戦い、創造論を痛烈に批判し、聖書への攻撃も辞さなかった。また、ときには社会ダーウィニズムの旗手となって、人為的な淘汰（人間による人間の選別）を積極的に主張した。一般にヘッケルの名は、ドイツに進化論を広め、ドイツ生物学界に多大な影響をおよぼした人物として知られるが、夢見がちなその「一元論」思想にはゲーテを通じて、スピノザの影響も影を落としていた。ちなみに「エコロジー（生態学）」はヘッケルの命名によるものである。また、彼は非常に画才に恵まれており、『生物の驚異的な形』は現在でも入手可能な名著に数えられる。

　資料にも述べられているように、ヘッケルは古代ギリシアのスパルタを例に出しながら、遺伝的疾患のある子どもを早期に始末することが家族を悲しみから救い、社会の福利増進につながると主張した。園芸において苗のうちに間引

きをして作物の発育を促進するように、人間についても悪しき種子を間引くことで健康な身体と優秀な能力がよりよく育つというわけだ。ヘッケルがその根拠を雄弁に物語る文章をひとつ引いておこう。

〔資料2〕「今日なお、死刑廃止は多くの人々によって「自由主義的処置」として賞賛され、はき違えた「人道主義」という名の下で、一連の極めて説得力のない理由がまかり通っている。しかし死刑は、多くの矯正不能な犯罪者や無能者に対する正当な報復であるばかりか、人類の善良な者たちにとっては大きな善行になることは真実である。これは、庭園で栽培植物をうまく成長させるために行う、繁茂する雑草を根絶するという行為と同じである。念入りに雑草を抜ききれば、高貴な有益植物だけが光と空気と土地の恩恵に浴することができるのと同様に、すべての矯正不能な犯罪者を仮借なしに絶滅させれば、善良な人々にとっては生存闘争が大幅に軽減されるだろうし、そればかりか、この人為的な選択によって多くの利益がもたらされることになるであろう。なぜならば、それによって、退化したならず者が、遺伝を通してその悪い性質を伝える可能性を奪われることになるからである」（佐藤恵子『ヘッケルと進化の夢』工作舎、2015年。282頁）。

優生学という語彙には当初、すぐれた素質を伸ばすという含意があったはずだ。しかし「犯罪者や無能者」に対する死刑を擁護しようとする姿勢には、よき才能を賛美する気配などもはや見られず、善き素質の保護はもっぱら悪しき素質の排除によりなし遂げられると（否定的かつ盲目的に）信じられるようになっている。とりわけ雄弁に響くのは、死刑制度を農園の草むしりに譬えている点だろう。死刑の実施によって畑に生えた雑草を摘み取れば、人間に有益な作物が元気に育つための余地が増える一方、「ならず者」の血筋を永遠に絶つことができる。

　この考えが「自然淘汰」と異なるのは、自然はまちがっても人間のために草むしりなどしてくれないからである。また、草刈りをする農夫にしても、雑草に対して死刑を執行する役目を引き受けたわけではないし、そのつもりもない。さらにつけ加えておけば、農園の栽培作物は、たとえ雑草として引き抜かれな

くとも、すくすく育ったタイミングであっさりと刈り取られ、やっぱり食べられてしまうのだ。よく考えてみれば明らかなのだが、死刑執行になぞらえられる要素は農園のどこにもありはしない。優生学の発想は、厳密な論理に基づくように見せかけながら、実際には素朴なアナロジーに訴えて済ましてしまうことが多いのである。アナロジーは論理ではないから、読者や聴衆の思惟に訴えるのではなく、気分や感情に訴えかけようとする。「自然淘汰」の概念もまた人間社会を把捉するためのアナロジーとして利用されたにすぎない。以下の文章に見られるように、ヘッケルは19世紀の苛酷な現実を許容し、社会的な敗者がみずから命を絶っていくのを進化論の視点から容認する。

　〔資料3〕「ヘッケルによれば、分業の発達とともに人口が増えれば、下層階級は困窮して苦痛を得る。勤勉で有能であっても、機械化に伴い、労働の場はますます減って失業状態となる。彼らが、狡猾にぬくぬくと暮らす人々を見れば、絶望も当然である。だからそういう人々は自殺をしても、責めてはならないといっているのである。一見、ヘッケルの自殺肯定論は慈愛に満ちた考え方のようだが、社会的弱者や社会的生存闘争での敗者は淘汰されても致し方ないという視点が背後にあることが明らかだ」（同286頁）。

　弱者や敗者は「淘汰されても致し方ない」という発想は、コロナ禍に暮らす我々にも厳しく響く。ヘッケルが困窮する人々に向ける冷淡な眼差しには、病気のために仕事を奪われ、国民皆保険がないから病院にも通えなくなった人々に対し、アメリカの富裕層の老人が放った一言、「彼らには努力が足りないようだ」を思わせる残忍な響きがある。自己責任論は、富裕層がその恵まれた暮らしぶりを自身の手柄にして勝ち誇る一方で、敗者たちのみじめな境遇を自業自得と見なす発想に行き着く。
　いささか簡便にすぎるものの、ヘッケルは以上にとどめ、舞台を20世紀初頭のドイツに移したい。だが、その前に第1次大戦の後始末についてほんの少しだけ触れておこう。

2　ヴェルサイユ条約の余波

　1914 年に始まった第 1 次世界大戦は、すぐに終わるとの予測に反して泥沼の膠着状態に入り、戦禍の出口が見えないなか、経済的にも困窮を極めた挙げ句、1918 年になってようやく終結する。一説によれば、疲弊しきった戦争末期の戦場をスペイン風邪の第二波が襲ったことも手伝っていたという。血で血を洗う戦場に、敵兵の銃弾よりも致死率の高い感染症が流行していたのである、——これ以上の犠牲を払う意味などどこにもなくなったというわけだろう。

　終わりの見えない塹壕戦を象徴するかのように、大戦のさなか、1917 年にマックス・ウェーバーは学生たちを前に講演を行なった。目の前の大家に「答え」を求める学生たちに対し、ウェーバーは科学者に対して神託の言葉を述べる預言者の役割を求めてはならないと釘を刺す。のちに『職業としての学問』として上梓される講演で、彼は知識人の役割を放棄したというより、その役割を限定したにすぎなかった。現代風に言えば、専門人として断固たる立場を貫く覚悟はあるが、安っぽいコメンテーターや御用評論家と一緒くたにするんじゃない、といったところだろう。

　ウェーバーはそれゆえ、未来への不安を抱えた若者たちに安手の慰めを与えることはしなかった。しかし、健康に問題を抱えていた彼もまた、終戦の 1 年後にはスペイン風邪による肺炎のため早世してしまう。大戦後のドイツの窮状をウェーバーがどう見ていたかはわからない。だが、少なくとも若者たちの不安は終戦によって晴れることはなかった。敗戦国ドイツの窮状は戦後、さらに深刻さを増していったからである。当然、人心もまた戦時に輪をかけて一層荒廃していったにちがいない。

　初の世界大戦（世界戦争）が終わると、間もなくパリ講和会議が開かれた。社会学者のウェーバーと並び、マルクス主義への防壁として挙げられることの多かった経済学者、ジョン・メイナード・ケインズ（1883 — 1946）はそのときイギリス側の助言者として会議に参加しながら、錚々たる顔ぶれによる密談の様子を眺めていた。

　〔資料 4〕「ケインズがパリ講和会議で目の当たりにしたのは、彼にとって衝

撃的なことだった。戦争に勝った連合国の指導者らが復讐心に燃え、苛酷な賠償金によってドイツを困窮させることに快感を覚えていたのに対し、ケインズはこの問題をまったく違う視点から捉えていた。彼は、ドイツのような近代的な貿易国を意図的に困窮させれば、その国民を立ちなおれないほどの貧困に追い込むことになり、これによって過激政治や暴動、さらには革命が生じかねない状況になると確信していた。ケインズはヴェルサイユ条約を、第１次世界大戦を公正に終わらせるものではなく、むしろ第二次世界大戦の種をまくものだと考えた」（ニコラス・ワプショット『ケインズかハイエクか』久保恵美子訳、新潮文庫、2016 年。13 頁）。

　周知のようにドイツは２つの大戦に敗北した唯一の国であり、特に第１次大戦後は、連合国側から領土を奪われ、多額の賠償金を請求されることになった。当然、国民生活は困窮を極め、戦争が終わっても経済的な苦境は続き、いわゆる「ハイパー・インフレ」に見舞われた。たとえば、１斤 400 円の食パンが１カ月後には１万円、半年後には 100 万円、１年後に１億円となる世界が想像できるだろうか。貯蓄に意味がなく、貨幣に対する信用が地に落ちた世界は、人の不満や怒り、不安などを吸収して悪意に変換し、それを他者に差し向ける思想を周到に準備していたとも言えるだろう。
　とにもかくにも、いわゆる優生学がはびこるような土壌ないし温床がこうして整っていったのである。

3　優生学のドイツにおける展開

(1)「生産性」問題

　2016 年、神奈川県の津久井やまゆり園で起きた事件は、犯人の植松某の発言に見られる、典型とも言えるし、決まり文句と言ってもよい優生学的な思想により、ひときわ注目を集めることとなった。犯行後の不敵な笑みも印象的だったが、反省の色もなく用いられた文言がひときわ耳目を集めたのは、もちろんそれが植松の独創だったからではなく、100 年も前にも同様に人々の耳目を集め、漠然とした憎悪にある種のベクトルを埋め込み、敵意を焚き付けた思想をひどく凡庸な形で反芻する「こだま」と聞こえたからだろう。

　ならば 20 世紀に徒花を咲かせた優生学とは、いったい何だったのだろうか。その主張の要点をのみ以下に簡単にまとめておこう。

　先ず、社会的な不適応者に対する対策とその強化である。適応性の基準には、植松のみならず、同じ年に与党のある女性議員が引き起こした騒動の発端となった言葉にも見られる要素、つまり「生産性」が真っ先に挙げられる。女性でありながら女性蔑視を旨とする思想を開陳する彼女がそのとき「生産性」を口にしたのは、性的マイノリティに対してであった。人口の再生産に寄与しない「性」の使い方をする者たちの、その「生産性」を問題化し、糾弾につなげるつもりだったのだろう。その生産性が問われるのが生殖なのか農業や工業の話なのかはどうでもいい、――焦点は「文化的・社会的業績における不適応者」なる者たちをひとまとめに総称して優生学者たちが「非生産的な人間」と呼んでいたことなのである。

　性的生産性が人口の再生産（国力の再生産）につながるとしたら、経済的な生産性もまた同様であるはずだろう。すなわち、もしも個人の生産性の程度が経済的な「適応／不適応」という基準に照らして計られるなら、当然ながら経済的な成功の如何やその程度、また社会的なステイタスの高さが適応性の基準になっていくだろう。それゆえ、優生学をめぐる第 2 の基準は、既存の「階級秩序の反復強化」となってゆく。既成の価値基準のおうむ返しと言ってもいい。病的な反復強迫と思しき反復強化のその「強化」とは実のところ、経済的な成功者や社会的な強者を賛美し、彼らの素質をさらに強化することによって事に当たるのではない。成功者や強者に媚びへつらうべく接近しようとしても、彼らにとって優生学者はお呼びじゃない。だから彼らは反対に、社会的・経済的な不適応者の方に向かい、彼ら敗残者・弱者たちを束ねることによって事に当たったのである。つまり、一群の「非・成功者」の「生産性の低さ・無さ」や「無・能力」をまとめて断罪し、彼らの存在を否定し排除することによって、成功者および強者の力の正当性を逆照射しようとしたのである。

　このように、初期の優生学において問われたのは、人為淘汰の観点から見た適応の如何でしかなかった。言い換えるなら、当初の優生学者の脳裏には人種や民族に関わる問題は含まれていなかった。

　ドイツが元々、反ユダヤ主義の稀薄な風土だったというのも関係している

が、むしろ当時のドイツの喫緊の課題は、何者かを貶めることにあったのではなく、国民ないし住民の合理的な管理にあったようだ。人間を有能・無能（または「使える」「使えない」）の基準で分けるとき、その判別が何に寄与するかといえば、平時においては産業プロレタリアートとして工場や現場に送り込み、労働力として機能させることであり、また戦時においては軍事プロレタリアートとして徴用し、戦場において兵士として機能させることだった。人間を選別し、能力に応じて職場に配分することは「適材適所」の理念に合致していたし、社会の管理強化にもつながっていった。また、職業訓練と軍事教練は、適度に従順かつ有能な身体を育成し、それをもって国家の繁栄につなげることができるとも信じられていた。

　ところが優生学の関心と情熱はその面でも有能さの育成に向けられるよりも、その逆を行く。つまり、優生学者たちが最適な手段として講じられるべき対策と考えていたのは、以下の不等式で表わされる極めて否定的なものだった。

《社会環境の整備＜生物学的な改良》

　社会を改善し発展させるため、社会改良主義は、環境整備を強化するのではなく、むしろ自然淘汰を人為的に加速し、いわば「人為淘汰」の促進を企んでいたのである。あらゆる子どもが良質な教育を受けられるように環境を整備するには、優秀な人材と莫大な設備投資が必要になるが、悪しき素質を除去するだけなら安上がりだし、そのまま放置すればその子の養育に掛かるであろうコストも削減できるから、総じて予算も節約できるというわけだ。このような考え方が賠償金に苦しめられ、困窮の度を深める国家財政にとって、いかに好都合に響いたかは想像だに難くない。

　教育環境の整備に要する資金にも事欠くような社会では、国民の福利増進に手を尽くすよりも、現状の悲惨な状況を「淘汰」の視点から放置しておく方がずっと「楽」だったのはまちがいない。それゆえ、社会ダーウィン主義は、「淘汰万能史観」を掲げて、社会や歴史を多様な人々の共生や共存といった観点から見るのではなく、むしろ苛酷な「生存競争」、「弱肉強食」、「優勝劣敗」の観点から再構成することに向かっていったのである。

　主たる担い手は、ヘッケルと同様、医学部出身のエリートたちだった。我々は今後、一貫して医師たちが殺戮の担い手となっていくことを予告しておこう。彼らは口を揃えて、こう言うのである、「国家の健康を守るのも我々医師の任務である」と。

　注意を促しておかなければならない点がひとつある。私たちは、上記の思想がナチズムの暴虐につながっていくことはわかっている。ただ、一直線にそう考えると、早とちりにとどまらず、致命的な誤りを犯すことになる。たとえば、政治的に極右に分類されるような、いわば狂信的な人種差別主義者たちが優生学の担い手だったと考えたり、あるいは優生学への熱狂的な支持は第 1 次大戦後の一時的な現象にすぎなかったと考えたり……。そのような見方がないわけではないが、そのような見方こそ第 2 次大戦後、優生学に関わる一切を似非科学的な異形の現象と見做して糾弾し、それで終わりにしてしまいかねないのである。言い換えるなら、優生学がよくある決まり文句に還元され、異形性を帯びれば帯びるほど、我々とは程遠い過去の問題となり、現代社会とは無関係の神話に過ぎなくなる。実際、優生学をステレオタイプ化する見解の方こそ、実際に関与した科学者たちが「わたしは無関係」とばかりに安全圏に逃げ込むために用いた方便にすぎなかった。

　優生運動の担い手は、極右ばかりではなく、左翼を含め、政治的にはさまざまな陣営の人たち、種々の意見をもった人たちが参集し、さまざまな立場、職業、階層の人々が関わっていた。

　決定的な影響を及ぼしたのは、ヘッケルが書いた何冊もの大著ではなく、彼の死の翌年、すなわち 1920 年に上梓される小著だった。いわゆる「価値なき生命」の理論がそれである。

(2)「価値無き生命の抹殺に関する規制の解除」(ビンディング＝ホッヘ)

　率直なだけに衝撃的な表題を掲げるこの本は、カール・ビンディングとアルフレッド・エリッヒ・ホッヘという、2 人の人物が発表した小著である。先ずはホッヘの人物像から簡単に触れておこう。

〔資料5〕「1865年8月1日、司祭の息子として生まれたアルフレッド・エリッヒ・ホッヘは、世紀末以来ブライスガウのフライブルク大学で精神医学の教授をしていた。彼は反フロイト主義者であった。〔中略〕このフライブルク大学教授は、戦争という大惨事を体験して、「生きるに値しない生命」の殺害を肯定するようになったのである」（クレー『第三帝国と安楽死』、15頁）。

第1次世界大戦の戦闘に関しては、また別の観点から触れることがあるので省くが、ホッヘが精神科医として注意をうながし、比較したのは、戦場で死んでゆく前途有望な若者たちと、兵役を免れ、病院で布団にくるまっている病者たちとの、（彼の目に映る）待遇のちがいだった。

比較の是非を云々するのは後にゆずるとして、カール・ビンディングの人となり、また彼がホッヘとともに考えた「生きるに値しない生命」の処遇についても簡単に触れておこう。

〔資料6〕「1841年6月4日生まれの、法学及び哲学博士、カール・ビンディングは、フランクフルトの法律一家の出身である。〔中略〕1920年に62ページの小論『生きるに値しない生命抹殺の解禁。その規準と形式』が出版された。枢密顧問官ビンディングは、印刷中に世を去った。したがって、この著作は遺稿の性格が強い。〔中略〕後になって、精神病患者やその他生きるに値しないと見込まれた人々を実際に殺した多くの人々は（「生きるに値しない」という表現は、ビンディングとホッヘが用いたのである）、この小論に依拠しているので、ここで詳しく引用してみよう。『正当な条件下でなされる安楽死の純粋な効果は特例的な解禁を必要としない』というタイトルのもとで、ビンディングは死の援助について論じている。

精神病患者や負傷者には、彼を苦しめる病気や傷による死が確実に、しかも間近に差し迫っている。そのため、病気により予想される死と、原因が何か別の方法にすり代えられて起こった死との間の時間の差は考慮されない。〔中略〕このように死におびやかされている状態で変えられたことは、この目前にある死の原因を、死に至るまでの痛みを取り除く別の死因——結局死ぬことに変わ

りはないのだ——に取り替えたことでしかない。これは「法的な意味での殺人行為」ではない。他のほどこしようのない患者の死因を代えただけにすぎない。これこそは真の意味での治療行為なのである」（同16—7頁）。

　ヘッケルが巧妙にアナロジーを利用していたのと同様、ビンディングも実に巧妙な「併置」を行なっていたことに注意を促しておきたい。精神科医ホッヘが戦場の兵士と病院の精神病患者とを対比したのに倣い、ビンディングは精神病患者と致命傷を負った負傷兵とを、同様の境遇にある者として併置している。まず彼の議論は、迫り来る死を前にして苦痛に悶えている負傷兵をめぐって展開してゆく。しかし、議論の狙い（標的）である「殺害」の対象になっているのは負傷兵一般ではない、——精神病患者である。負傷兵の例は、精神病患者の息の根を止めるための方便として持ち出されたにすぎない。一通りの説明が終われば怪我人は用済みとなり、議論の場からさっさと退場し、そして合法的な殺害の対象として絞り込まれるのは精神病院で今も惰眠を貪っている連中に限られるというわけだ。

　議論の締めは、「殺人」にほかならない処置をあえて「治療行為」と呼ぶ際の、巧妙な論理のすり替えである。雑で杜撰な議論であるにもかかわらず、このような言葉が人の耳目を集め、共感を生んだとすれば、その背景をしっかり知っておく必要もあるだろう。

　経済的な窮乏はときに人心を荒廃させる。明日の食い扶持にも困るような状況に陥れば、普段の寛容な態度を硬化させたとしてもおかしくないし、以前は広かった心も狭くなるのが人情というものだろう。第1次大戦後、敗戦国ドイツを襲った経済的困窮は、日々を生きるのにも汲々としている身には、公費で生命を永らえている者たちが妬ましく感じられたかもしれない。人はただ生きていくだけでも金が掛かるものだし、人を養うにはさらに多額の支出がともなう。そのことを前提にすれば、実際にかかった予算は微々たる額にしかならないとしても、個人の生活費と比較すれば巨額の支出にみえてしまうのは、言うまでもないだろう。そもそも国家財政と個人の家計を比較すること自体、ばかげているのだが、そのような杜撰な論理ですら、当時のドイツ社会に暮らす人々には訴えるところがあった。いや、当時のドイツだけでなく、現代日本で

も、社会的弱者に対する支出を打ち切るよう主張する人たちの乱暴な台詞には、100年前に多用された論理や理屈からそのまま借用してきたものが呆れるほど多い。

　その点を断った上で、ビンディングからの引用を続けよう。

　〔資料７〕「天が——多くの場合、無慈悲にも遅すぎるのであるが——生命の継続の最後の可能性を断つまで、生きるに値しない生を長々と養うために、なんと多くの労働力や忍耐、能力をむだに使っていることか。何千という若者のしかばねに覆われた戦場や、坑内爆発のガスで何百もの勤勉な労働者が生き埋めにされた鉱山を思い浮かべよ。そして今度は、入院患者が生き生きとして、手厚い保護を受けている精神薄弱者施設を思い浮かべてみよ。——そうすれば、一方では人間の偉大なる財産が大規模に犠牲にされ、また他方では、全く価値がないだけでなく、生きる価値すらない者を手厚く保護している、このきわだった不調和にひどく震撼させられるのである」（同18頁）。

　断っておくが、戦場で失われた前途有望な生命や、炭鉱夫を襲った落盤事故の数々は、病院に入院する患者の容態や彼らの治療費とは何の関係もない事柄である。一般相対性理論の計算からブラックホールにつながる事実を発見したカール・シュヴァルツシルトは、第１次大戦に従軍して命を落としたが、彼の死は言うまでもなく、病室の一角に佇む病人とは何の関係もない。シュヴァルツシルトは見も知らぬ病人の代わりに死んだわけではないし、彼が死んだお蔭で１人の病人が命を永らえたというわけでもない。

　拙著『ミルトン・エリクソン』で述べたことをくり返しておこう。エリクソンは今で言う研修医の頃、２人の患者を担当した。１人は10代の才能豊かな薄幸の美少女であり、彼女は周囲の誰からも愛されながら余命幾許もない過酷な運命を余儀なくされていた。もう１人は性懲りもない70代のコソ泥であり、碌でもない人生を送ってきた彼が間もなく80歳を越えて長生きすることは明白だった。もちろんこそ泥のジジイの長命は美少女の短命とトレードオフの関係にあるわけではない。一方の短命は他方の長命とは何の関係もない。それだけではない、——短命な人たちは何かの報いで夭折するわけではない。その証

拠というわけではないが、健康で長命な悪党はたび重なる悪行にもかかわらず「因果応報」を蹴散らして今日も元気に生きている。人の生死にはそれ自体としての意味など何もないし、どんな人生であってもほかの何者かの生涯と比較する意味も価値もないはずなのだ。エリクソンは、２人の生命を通して、いわば宇宙の真理に触れた。言い換えるなら、宗教や神話から脱して、物理学的な世界観の雷に打たれたと言ってもいい。しかし、彼は大半の人々が世界の無意味に耐えられず、人が捏造した価値にしがみついていることにも気づいていた。世界の側から人の生涯に与える価値も意味もないのは言うまでもないはずなのに、多くの人はきっと意味も価値もない空虚に耐えられないのだろう、必死になって生と死にありやなしやの意味を探ろうとするのである。しかしながら、人の生にも人の死にも、人が無理に付与しようとする意味や価値のほかには何もありはしない。

　それゆえ、奇妙な論理を持ち出して、元々無関係な生命を比較考量するのは慎まなければならない。というのも、無能な者たちをどれだけ殺害したところで前途有望なカール・シュヴァルツシルトの頭脳が復活するわけではないし、精神病者を大量に始末すればドイツが戦争に勝利したり、ドイツの窮乏が改善したりするわけでもないからである。

　以上を前提にして、ホッヘが行なった「生きる価値のない生命」のリストアップの様子を見ておこう。

〔資料８〕「ホッヘは１つのカタログを作っている。そこでは、患者は「不治の白痴者」とされているか、いくらか「好意的な定義」で、「精神的な死の状態」とされている。脳の老化現象、いわゆる脳軟化症（麻痺性痴呆）、脳の動脈硬化性変化と若者の人格荒廃過程（早発性痴呆）。これらは１つのグループを成している。というのも、これらの患者の「精神的な死」は、価値ある、あるいは少なくとも平均的な生活を送ってから現れるからである。二番目のグループは、先天的にか、あるいは幼少の頃より「精神的に死」んでいるような患者が含まれる。脳の粗大な奇形、脳の部分的欠如、母体内での発達障害、脳の発達停止などの症状が見られる人々である。〔中略〕「完全な白痴」は一般人にとって最も負担の大きいものである。つまり、彼らの平均寿命は50歳に達し、

彼らの保護のために国家財産から食料、衣服、暖房（非生産的な目的のために）
といった形でばく大な投資が成されているのである」（同20—1頁）。

　ホッヘの言う「ばく大な投資」がどれだけのものなのかは問うまい。「ばく
大」という語彙を使うだけで人に訴える効果があるなら、それで十分だから
だ。その上、もしも詳細な数字を吟味し検討したりすれば、たとえ好都合な数
字だったとしても逆効果になるか、少なくとも当初の効果を下げるだけだろう。
大事なのは、それゆえキャッチーなレトリックに尽きる。いったん「価値のな
い生命」と名付けたら、その生命を支えるのに掛かる費用は、どれほど安価で
あっても支出をともなう以上、「ばく大」たりうる。精神的に「死んでいる」
生命を「生かしておく」のに費用が掛かるのだから、こちらについても同様で
ある。すでに死んでいるものを生かすのに金が掛かるのなら、死んでいるもの
を死なせて費用を浮かすことに何の咎があろうか、というわけだ。
　ちなみに文中の「早発性痴呆」は、ドイツ近代精神医学の祖、エミール・ク
レペリンが命名した病気であり、のちにオイゲン・ブロイラーが「精神分裂
病」と改称した疾病単位である。現在、日本では「統合失調症」という名称
が用いられているが、原語は今もブロイラーが名付けた通りの「schizopfrenia
（英），schizophrénie（仏），schizophrenie（独）」が使われている。ブロイラー
が改称の意図として述べていたのは、クレペリンが注意深く観察した一連の事
例のように必ずしもみながみな十代のうちに発症するとはかぎらないし、漸進
的に進行し、最終的に痴呆状態に至るともかぎらないからだった。クレペリン
が観察したプロセスを辿るタイプは、「破瓜型分裂病」と呼ばれ、遺伝的な疾
患の疑いが濃いものの、全体に占める割合はそれほど高くない。ただ、精神病
院の隔離病棟に生涯にわたって監禁され、無為のまま生涯を終える典型ともい
えるイメージは広く行き渡っているかもしれない。
　ちなみに、ビンディングによる障害者安楽死の条件は以下の2点であった。

①正当な基準に基づく安楽死
②治療回復の見込みがない者に対する処置

　ホッヘによる条件は、ビンディングのやや曖昧な条件を具体的に補足する内容になっている。彼は「精神的死者」と呼ばれる者、すなわち「治癒不能な精神障害者」の集団を大きく以下の 2 類型にまとめていた。

ⅰ．後天性の痴呆（老年性の脳軟化症、脳動脈硬化症、早発性痴呆）
ⅱ．先天性の脳疾患（脳の奇形、発育異常に伴う精神薄弱、癲癇）

　優生学者は、彼ら重度の精神病患者を社会の厄介者あつかいすることで、彼らの生活維持に掛かる費用を一挙に精算しようと企てた。科学的な疾病単位を挙げながら、厄介者、無能者、生きているだけで社会に迷惑をかける者たちを片っ端からリストアップしてゆく。そして、彼ら社会の邪魔者たちをこの世から始末することの意義を恭しく喧伝するのである。それだけでも忌まわしく感じられるが、他方、そのような邪魔者や厄介者がこの世に生まれてこないよう力を尽くすことにも注意を怠らなかった。つまり、この世界に不要な者たちに対する安楽死を正当化し、その法案化に注力することは、それと対をなすように堕胎や中絶、避妊、そして「断種」を奨励し、合法化する運動にもつながっていたのである。

　〔資料 9〕「人類衛生学者たちの 20 年代の大きなテーマは断種であった。しかしここで錯綜した断種論議の展開をいちいち列挙しようとは思わない。それは純血改良（北方民族化）、犯罪者駆除、さらには「生きるに値しない子孫」を生みださせないことへ集約される論証が混じり合ったものである。多くの人々にとって、「安楽死」に対するものとしての断種は、最小限の要求でしかないのである。「安楽死」が生きるに値しないとされる者をすぐさま抹殺するのに対し、断種は将来「生きるに値しな」くなる生命を抹殺することである。「価値の低い者」を除去する目的は同じだが、その手段が異なるのである」（同 28 頁）。

「断種」は優生手術とも言い、外科的に生殖能力を剥奪する行為であり、いわゆるパイプカットに代表される手術である。ドイツでは、1932 年に法案とし

て提出されたが、翌33年、「遺伝病の子孫防止法」として成立し、施行された
（ただし、この法律が取り締まる対象にはアル中患者や労働意欲のない浮浪者
（「プロの乞食」）なども含まれていた）。

　日本では1940年代に「国民優生法」が施行され、500件近い事例が記録に
残されているが、断種手術それ自体は国民優生法以前にすでに合法化され、早
くも1915年には実施されていた。その背景には日本に特有の事情と言っても
よい経緯がある。

　明治の初期に始まる、いわゆる「らい予防に関する件」以来、らい病患者は
警察の取り締まりの対象となり、強制的な隔離が「終生隔離政策」として行な
われてきた。この政策は明治に始まり、大正、昭和を跨いで、平成まで続くが、
強制隔離の対象となった彼らの身体を蝕む病気が実際には遺伝とは何の関係も
なく、感染性のものであると知りながら、日本政府と医療関係者は彼らの病気
をあたかも遺伝病のように喧伝し処遇していた。感染症であり、しかも治癒し
ていながらも、優生手術を行なった背景には、それを条件に結婚を推奨するこ
とで、彼らの身柄を隔離施設にとどめ置くことにあった。つまり、子どもが出
来なくとも夫婦という家族を形成すれば、それにより隔離施設から脱走する意
欲を挫くことになるとして、優生学とは関係なしに優生手術を実施していたの
である。

　彼らに実施していた手術を遺伝病全般に拡大する契機が実は国民優生法であ
り、第2次大戦後の優生保護法は、さらに優生主義を徹底する内容になって
いった。

　やまゆり園の事件が意味深な余韻を放って止まないのは、ナチス・ドイツの
優生思想が歴史の暗部から甦っただけでなく、過去の日本を複雑に彩る不吉な
亡骸を墓石の下から掘り起こし、わざわざ古の亡霊を復活させたかのような不
穏な匂いを発していたからでもあった。

第8講
反ユダヤ主義とシオニズム

1　反ユダヤ主義の起源

　優生学は先天的な疾患や畸形、原因不明の精神疾患などを問題化し、有害な資質ないし無益な素質を除去することにより、優れた素質を保護しようと企てた。しかし、その主張のなかにユダヤ人を排斥しようとする態度は見受けられなかった。エルンスト・ヘッケルの文章に反ユダヤ主義を読み込もうとする人もいないわけではないが、彼の生物学にそれを見ようとする態度はさすがに穿ち過ぎの印象を拭えない。また、ニーチェの哲学に反ユダヤ主義を見出そうとする人たちもいるけれども、ニーチェはユダヤ教や、ユダヤ＝キリスト教道徳を激しく糾弾したが、彼自身は執拗にすり寄ってくる反ユダヤ主義者たちを冷酷なまでに突っぱねている——つまりニーチェの反ユダヤ主義はつまらぬ濡れ衣でしかなかった。

　優生学と反ユダヤ主義とは、ナチズムにおいて合流するものの、流れとしては元々別物だったし、むしろ無関係だった。優生学がユダヤ人を飲み込むためには、それが宗教の問題ではなく、つまりユダヤ教徒としてではなく、ユダヤ人という集団を生物学的な単位としての民族・人種に束ね、ひとつの種として措定できなければならなかった。

(1) 語彙としての「反ユダヤ主義」(Anti-semitism：反セム（語）族主義)

　そもそもユダヤ人とは何者か？　世界の言語はそれぞれの系統別にいくつかの語族に分かれ、もしくは束ねられる。古代よりユダヤ人が用いるヘブライ語は、セム語族に属する。だが、セム語族にはユダヤ人ばかりではなく、別の言語、別の民族も数多くカウントされる。『コーラン』のアラビア語が代表的だが、ほかにもフェニキア語、アッカド語、アラム語などがセム語系である。中東のイランで使われているペルシャ語は、実はセム語ではなく、インド・

ヨーロッパ語族に属している。それゆえ、セム語族に束ねられた人々の大半は、コーランを復唱するがゆえにアラビア語は解するけれども、ヘブライ語は解さないし、ペルシャ語も解さない。しかし、反ユダヤ主義として用いられることの多い「アンチ・セミティズム」なる語が、英米系の言語に定着していることには留意しておかなければならない。なぜなら「反・セム語族主義」という語彙が孕んでいる曖昧な含意は、反ユダヤ主義の範囲を簡単に飛び越え、欧米のアラブ人やムスリムに対する嫌悪と恐怖に拡大し、彼らへの軽蔑などとも簡単に結びついてしまうからである。「アンチ・セミティズム」を反ユダヤ主義の意味としてしか捉えていない人たちが、ほぼ意識下に沈殿している含意を通してムスリムを排斥する態度にたやすく連動しがちなのである。

(2) パウロの「ローマ人への手紙」

　ユダヤ人のパウロが「手紙」を執筆していた時期は西暦53年から56年にかけてのことだと推定されている。最古の福音書である「マルコ福音書」が成立するのは、およそ紀元70年代と推定されているから、その15年から20年前に相当する。すると「手紙」が発表されたのは、イエスの処刑（西暦30年）から23年から26年ほど経過した時期ということになり、マルコ福音書は少なくともさらに16年ほど経たあとで（処刑から40年以上も経ってから）書かれたことになる。

　パウロの書いた文言を見ると、イエスの死はユダヤ教に伝統的な犠牲の小羊（スケープ・ゴート：贖罪の山羊）のイメージが強く、人間の罪の贖いとして自ら十字架に架けられたという記述しか存在しない。これはいったい何を意味するのか？　パウロが「手紙」を書いた時点ではユダヤ人の陰謀だのユダの裏切りといったお馴染みのモチーフは影も形もないのである。

　ならば、いつ、いかなる理由でユダヤ人の陰謀説を含意する「ユダの裏切り」というモチーフが現われたのだろうか？　いかなる経緯で「ユダ」という負の刻印が出現し、キリスト教の必須アイテムになっていったのか？

(3) 第1次ユダヤ戦争（66〜70年）

　仏文学者・西谷修との対談において、宗教人類学者の山形孝夫は次のように

発言していた、──「この戦争〔第1次ユダヤ戦争〕は、ローマ帝国に対する
ユダヤ人の大反乱で、はじめ優勢を誇り、エルサレムを制圧したユダヤ人の反
乱軍が、間もなく大規模なローマ軍の反攻によって鎮圧され、壊滅され、その
戦後処理として、エルサレムからユダヤ人が追放されるという最悪の事態を引
き起こした事件でありました」。

　何が問題かというと、パウロの「手紙」とマルコ福音書とのあいだに、ロー
マに暮らすユダヤ人にとって気が気ではない一大事が起きていたという歴史的
事実である。山形は右の発言に続いて、次のように述べている。

〔資料1〕「これが引鉄となって、ローマ帝国によるユダヤ人狩りのネットが
張りめぐらされ、不審なユダヤ人は告発され、逮捕され、拷問にかけられ、処
刑されていきました。この一連の騒動の中で、当時はユダヤ教徒の1分派とみ
なされていたイエスの弟子集団にとって、これがどれほど大きな恐怖であった
か。彼らにとって、自分たちが、ユダヤ人の反乱軍とはまったく無関係である
ことを、どのようにして証明し、どのようにして身の証しを立てるか、これが
キリストを信ずるユダヤ人、いわゆるユダヤ人キリスト教徒にとって生き残り
をかけた最大の戦略となったとみられるからです。
　この生き残りをかけた戦術が問題です。それは確実に、福音書におけるイエ
スの受難物語の創作動機に大きな影を落としている。そのように思われるから
です。そのためには、キリストを十字架につけて殺したのはローマ人ではなく、
ユダヤ教徒の陰謀と裏切り者ユダであること、要するにユダヤ教徒そのもので
あるという「反ユダヤ主義」のシナリオを書き上げる他にない。「私たちキリ
スト教徒は、ユダヤ人ですが、ユダヤ教徒ではありません。むしろユダヤ教徒
とは敵対するキリスト教徒なのです。どうか、間違えないでください」。この
ようなシナリオです。それこそはローマ帝国の暴力の恐怖から身を守るための
まるで護符のような機能を果たしたのではないか。これが、福音書の受難物語
だったのではないか。私には、意地悪のようですが、どうしてもそのように読
みとれるのです。そうでなければ、なぜ、恥も外聞もなく、イエスの裏切り者
が、イエスの弟子の中にいたなどという、とんでもない話を、あえて物語とし
て後世に残す必要があったのか、その理由がわかりません」（山形孝夫×西谷修

『3・11 以降 この絶望の国で』ぷねうま社、2014 年。24 ― 5 頁）。

　問いはこうだ。どうしてパウロの「手紙」にユダという重要人物への言及が
まったく見られないのか？　その一方で、なぜマルコ福音書には、いきなり反
ユダヤ主義的な陰謀論が現われ、ユダによる裏切りの物語が紡がれることに
なったのか？　また、福音書ではマルコに始まって以降、時を重ねるごとにユ
ダの邪悪性についての描写が激しさを増していくのはどうしてなのか？　さら
に言えば、最後のヨハネ福音書でユダの邪悪さが最も熾烈になってゆくのは
いったいどうしてなのか。山形はそれらの理由を考察しながら、「それが、近
年エジプトで発見された『ユダ福音書』を手にして、はっきり確証させられた
ように思うのです」と述べている。

(4)「ユダ福音書」

　1945 年、エジプトのナグ・ハマディという小さな村の修道院跡からコプト
語で書かれたパピルス写本が発見された。その中に初期グノーシス派の聖典
「ユダの福音書」が含まれていた。まずは「ユダ福音書」に関するナショナル・
ジオグラフィックの記事から読んでみよう。

　〔資料 2〕「そこに書かれていたユダの記述は、新約聖書に書かれていること
とは大きく食い違う。その内容があまりに衝撃的なため、発見当時は捏造を疑
う声もあり、写本発見から 20 年以上も買い手がつかない状態が続いた。その
間にも文書の劣化は進み、2002 年に復元作業に着手したときには、文書は崩壊
寸前の状態となっていた。
　ユダの福音書によれば、イエスの真の教えを理解しているのはユダだけであ
り、イエスに最も信頼されていた信徒でもあった。イエスはユダを他の使徒よ
りも一段上の存在だと考え、皆を導いていくのは彼の仕事だと語っている。
　そして、「お前は、真の私を包むこの肉体を犠牲とし、すべての弟子たちを
超える存在になるだろう」と話し、イエスから物質である肉体を取り除くこと
によって、内なる真の自己、つまり神の本質を解放するように言うのであった。
これは、グノーシス派の典型的な考え方であり、肉体は牢獄で、その牢獄から

イエスを解き放ったのがユダであったことを表している。

　また、イエスを売り渡したことでさえ、イエスの言葉に従ったからに過ぎないという記述も存在する。イエスは、ユダが他のすべての使徒たちの非難の的となるだろうという言葉も残している。

　なぜユダに関する記述がこれほどまでに違うのか、そこには初期キリスト教会のユダヤ教の1分派を脱却したいという意図が見え隠れする。その過程において、ユダ＝ユダヤ人として描き、イエス処刑の責任をユダヤ民族に負わせることが教会にとって都合が良かったのだ。その傾向は時代を追うに連れ強まっており、福音書の中で最初に書かれたとされるマルコ福音書からヨハネの福音書にいたるにしたがって、ユダの邪悪性は増していく。

　福音書には、12人の使徒の名前が付けられているが、その作者は明確ではなく、現在正典として認められている4つの福音書でさえ、その作者は不明の状態だ。しかし、はっきりしていることは、初期のキリスト教では、多様な福音書が読まれ、その教義もさまざまであったということだ。ユダの福音書はキリスト教の発展の道筋を知る重要な資料であり、この発見によって、新約聖書に収められた正典福音書の内容に対する理解がさらに進む可能性があると言える」（「「ユダの福音書」の持つ意味」https://natgeo.nikkeibp.co.jp/nng/article/news/14/4494/）。

　ユダ福音書の含意するものは何か？　ローマのユダヤ人たちは、迫害から逃れるため、「私たちはあの悪しきユダヤ人ではありません」と主張し、彼らが誓いを立てたイエスを籠絡したのはユダだという物語をでっち上げた。ユダ福音書は、正典福音書で掛けられたユダの嫌疑を晴らそうとしたばかりか、ユダこそが真の信徒であると主張しているかのようである。

　成立年代はまだ不明だが、このような福音書が存在することはひとつの傾向を示唆している。ユダの物語は、一時的な隠れ蓑として反ユダヤ主義の衣裳をまとったが、一過性の必要が去れば、いつまでも同じ物語にしがみついている必要などないから、必要悪として押し付けた冤罪からユダ（ないしユダヤ人）を救済する必要があったのかもしれない。復権されて然るべき真の使徒として──。

(5) キリスト教社会におけるユダヤ人

　しかし、キリスト教社会では、古代ユダヤ人の一時的な隠れ蓑などといった事情など知ったことではない。ユダの裏切りは紛れもない事実の記録として受容され続け、ユダヤ人は排斥され、土地所有を許されず、それゆえ農業を営むことができなかった――20世紀のイスラエル人が土地と農業にひどく執着した所以である。また、彼らはキリスト教徒に禁じられた（いやしい）仕事を一手に引き受けることとなり、スペイン語によるユダヤ人の蔑称「マラーノ」（豚）が知られる所以でもあった。ヨーロッパ各地で迫害され、その地を追われると、国境の検問において男子は股間を調べられ、割礼の印が発覚するとそれこそユダヤ人の徴とばかりに引っ立てられた。割礼よりも簡単な手として「シボレート」という単語を言わせることもあったという。どうやらユダヤ人には苦手な発音だったらしく、うまく「シボレート」と発音できないとわかると「そら見たことか、ユダヤ人め」とばかりに引っ立てられ、無惨にも殺害された（ジャック・デリダ『シボレート』飯吉光夫・守中高明・小林康夫訳、岩波書店、1990年）。

　シェイクスピアの『ベニスの商人』における強欲な金貸しの表象は、ルネサンス期のユダヤ人商人の典型的なイメージと言ってよいだろう。キリスト教徒に禁じた仕事を彼らに押し付けておきながら、強欲な悪党に仕立て上げた上でこき下ろし、嘲う寸法である。

　すっかり嫌われ者となり、住処を追われたユダヤ人たちは、比較的差別意識の稀薄な土地柄だったのか、ルネサンス期に繁栄を迎えていた商業都市、オランダのアムステルダムに多く住みついた。ユダヤ人の共同体に生まれ、そこに育ちながら、やがて共同体から離反した1人の偉人を挙げておこう。幼い頃から教え込まれたユダヤ教に疑問を抱き、信教だけでなく、共同体をも捨て、以降は細々とレンズ磨きをしながらまるで異星人が構築したような異様な哲学を築いた哲学者、バルーフ・スピノザである。一神教のすべてを敵に回しながら、万物に神々しい肯定性を付与する、ときに鉱物のように硬く堅固でありながら、しかし同時に絹のように柔らかく滑らかな哲学――。

2　ドレフュス事件（1894〜）

　ときは現代に近く、19世紀末のことだった。フランス陸軍参謀本部に勤務していたアルフレッド・ドレフュス大尉にスパイの嫌疑が掛けられた。のちに冤罪事件と判明するが、彼の処遇をめぐって国論が二分し、大事件となる。

　事件の背景はこうだ。フランスとプロイセン王国（ドイツ）の間で行なわれた普仏戦争（1870−1）において、フランスは無惨にも敗北を喫した。ナポレオンのときとはちがい、フランスが勢いに乗って攻め込んだのではなく、ビスマルクの挑発にまんまと乗っかってしまい、開戦に至ったというのが真相である。なお、フランスの正式な降伏は1871年5月だった。第1次大戦の終結時に、ヴェルサイユ条約をめぐってフランス高官が復讐心を燃やしたのは、このときの屈辱も手伝っていたにちがいない。

　ドイツはこの戦争の勝利を機に国家の統一を図り、プロイセン王ウィルヘルム1世が晴れてドイツ皇帝に即位することとなった。他方、フランスはアルザス＝ロレーヌを失い、鉄鉱石や石炭などの資源を失い、多額の賠償金を迫られ、経済的な困難に瀕していくことになる。

　やがて1882年に金融恐慌が発生すると、人々は金融界を牛耳っていたユダヤ人富裕層への憎悪を募らせるようになっていった。

　このような歴史的経緯を背景に事件は起きた。1894年9月、陸軍情報部は、フランス軍内部にドイツに内通しているスパイがいるとするメモを入手した。確たる証拠はないまま、単に筆跡が似ていたということだけを根拠に参謀本部付きユダヤ人砲兵大尉、アルフレッド・ドレフュスが逮捕されてしまう。

　ドレフュスは最初から無罪を主張していたが、非公開の軍法会議が開かれ、そこで「有罪」判決が下された。その結果、彼はフランス領ギアナのディアブル島で終身禁固刑に処せられることとなった。

　ドレフュス家の家族や周囲の人々はすぐに再審を要求した。1896年に情報部長、ピカール中佐が真犯人らしき人物を突き止めたものの、軍は権威の失墜を恐れてのことか、再審請求を却下してしまう。しかも、真相のもみ消しを図り、真犯人を知るピカールを左遷してしまったのである。

　この事件に大変な衝撃を受けた人物がいた。テオドール・ヘルツルその人で

ある。彼は 1896 年、『ユダヤ国家』を著してシオニズム運動を起こし、翌 97
年にはスイス・バーゼルで第 1 回シオニスト会議を主催することになる。

　フランスを代表する大作家、エミール・ゾラが雑誌に「私は弾劾する」（1898
年 1 月 13 日）を発表すると、これを機にフランスの国論は二分され、激しい対
立の様相を呈していく。ドレフュスの再審を求めていた勢力は「人権擁護同
盟」を結成し、反対派の陣営は「フランス祖国同盟」を結成してゆく。再審派
に就いたシャルル・ペギー（1873 — 1914）を 1 例として当時の様子を見てみよ
う。

　〔資料 3〕「ペギーは、「われわれは非人間的にあしらわれる人間のあることを
容認することはできない。われわれは非市民的にあしらわれる市民のあること
を容認することができない。われわれはどの都市のしきいからであっても、追
い出される人間のあることを容認することができない」と宣言する。ところ
が、ヨーロッパのいたるところに、現に祖国を失い、あらゆる都市でけぎらい
され、憎悪と侮辱とのまとになり、不法な迫害を受けている民族があるではな
いか。ユダヤ人はまさしくそれではないか。ペギーがこの民の歎きに深く心を
打たれたのは、かれの神秘的感覚から言って当然であった。〔中略〕ペギーが不
屈の意志と誇りをもってドレフュス事件に介入し戦いぬいたのは、無実の罪を
負わされて不法な刑に服さねばならないユダヤ人ドレフュスとその背後にある
ユダヤ人全体の怒りと涙とに同情したからにほかならない。
　〔中略〕ペギーは、「われわれはドレフュスのためには死さえも辞さなかったで
あろう。しかし、ドレフュスはドレフュスのために死にはしない」と言い放っ
ているが、これは、政治屋のとりこになり、これにおどらされたドレフュスに
対する憐憫の言葉である。
　　ペギーによれば、ドレフュス事件、ドレフュス主義（le dreyfusisme）は、
少なくとも、ユダヤ的神秘主義、キリスト教的神秘主義、フランス的神秘主義
の出会いであり、合流であり、頂点であったし、この三つの神秘主義がひとつ
に、頂点において合一したのは、世界の歴史に空前のできごとであった」（丘野
慶作「シャルル・ペギーの社会思想における神秘主義」、シャルル・ペギー『悲惨と
歎願』中央出版社、1979 年。26 — 29 頁）。

　シャルル・ペギーの名はあまり馴染みがないかもしれないが、日本ではキリスト教系の思想家として知られている人物である。思想上の系譜としては、ユダヤ系の哲学者、アンリ・ベルクソン（1859－1941）の教え子であり、多大な影響を受けたものの、ペギー自身は敬虔なキリスト教徒であり、かつ社会主義者だった。社会主義とキリスト教は両立しないイメージがあるかもしれないが、どちらも一枚岩ではなく、当時は途方もなく多様な立場に分かれていた。

　前々回に扱ったエルンスト・ヘッケルにしても、熱烈な進化論者にして社会改良主義者であったが、一方では社会主義と対立し、他方では教会に反旗を翻していた。その意味では、ペギーの加わっていたドレフュス擁護派「人権擁護同盟」自体も思想的な統一性などなく、その証拠というわけでもないが、やがてフランス優生学の旗手となる人物、ヴィクトル・バシュが含まれていたことにも注意しておきたい。

　ドレフュス事件が収束し、決着を見るのは20世紀に入ってから間もなくのことだった。1906年、2度目の再審によって、ドレフュスは晴れて無罪判決を勝ち取り、名誉回復を遂げるが、事件の余波は必ずしも小さくなかった。ユダヤ人の処遇をめぐる政府や軍のゴタゴタ、理不尽なほどの騒ぎは、端でその様子を眺めていたユダヤ人たちを震撼させるだけの効果はあった。結果、シオニズム運動は次第に活発になり、ユダヤ人たちの結集と団体結成の勢いも時とともに増していくこととなる。さらにはユダヤ人たちのさまざまな動きに呼応するかのように反動的な陣営を刺激し、いわば近代化された反ユダヤ主義とでも呼ばれるべき醜悪な活動をも副次的に産み落としつつあった。

　〔資料4〕「十九世紀の反ユダヤ主義運動の唯一の直接的な純粋な所産はナツィズムではなく、反対にシオニズムだった。すくなくともその西欧的なイデオロギー形態においては、シオニズムは一種の反イデオロギー、つまり反ユダヤ主義に対する回答だったのである」（ハナ・アーレント『全体主義の起原Ⅰ 反ユダヤ主義』みすず書房、1972年。ix頁）

　資料の文章が収められている書物、日本語訳で全3巻に及ぶ大著であるが、

敢えて断言しよう、──ハンナ・アーレントの『全体主義の起源』は未だ万人にとって必読文献である。ともあれ、反ユダヤ主義の余波がシオニズムを産み落として終わりとなればよいが、さらにはシオニズムがその余波としてグロテスクな怪物の芽を奇妙なところに産み落とすこととなるのである。

3　シオンの議定書 (1902 年「シオン賢者の議定書」)

　先にヘルツルの名とともに触れたが、1897 年、スイスのバーゼルにおいて、第 1 回シオニスト会議が開催された。本節のタイトルはその席上で発表されたという体裁が採られている偽書、「シオン 24 人の長老」による決議文である。決議文という体裁をまとったその文書には、ユダヤ人の世界征服という野望が記されていた。しかし、当の議定書はシオニスト会議で議決されたものではなかったし、ユダヤ人が書いたものですらなかった。真の作者はロシアの秘密警察だった。当時、ロシアの民衆が抱えていた不満や鬱憤、敵意をロシア皇帝から逸らして、ユダヤ人に振り向けようとの意図で捏造されたのである。ロシアの民衆はこのときもまんまと警察の口車に乗ってしまうのだが、単なるユダヤ人に対する反感にとどまらず、大きな排斥運動となって、大規模な虐殺を引き起こすことになる。以降、ユダヤ人に対する理不尽な暴力沙汰は、ロシア語の「ポグロム」（ユダヤ人排斥運動）によって総称されることになる。最も規模の大きな虐殺は「キシネフの虐殺」として歴史に刻まれているが、根拠のない陰謀論によって民衆を焚きつけたロシア警察と政府の罪は重いと言わなければならない──今日と同様に、19 世紀からロシアはウソとデマにまみれ、謀略によりどれほどの数の人が命を落とそうとも意に介さないかのようだ。

　しかも、偽書の罪はロシア国内にとどまることなく、海外の著名人にも飛び火していく。愚かにも「シオン賢者の議定書」を鵜呑みにして、「ユダヤ人の陰謀」という伝説に加担する人は今でも少なからず存在する。現在では「史上最悪の偽書」もしくは「史上最低の偽造」という説が定着しているが、いわゆる「ユダヤ人の陰謀」伝説の原点として、特に日本では今もオカルティズム的陰謀史観の界隈で事あるごとに取り上げられ、恥知らずにも飽くことなく陰謀本として出版され続けている。20 世紀初頭に偽書を真に受けた代表的な人物としては、大手自動車メーカーの創立者であるアメリカ人、ヘンリー・フォー

ド、そしてナチスの党首、アドルフ・ヒトラーの名を挙げておくだけで十分だろう。特に後者については、そのままナチズムによる反ユダヤ主義につながってゆくだけに、偽書を単にくだらぬデマと済まして終わるわけにはいかない。

4　シオニズム運動

　では、シオニズム運動の実際はどういうものだったのだろう。先ずは、ドレフュス事件のところでも名が出ていたヘルツルについて簡単に触れておこう。

(1)　テオドール・ヘルツル（1860 — 1904）

　ヘルツルは元々ハンガリー出身のユダヤ人ジャーナリストだった。ヘルツルをしてシオニズム運動に駆り立てた動因は、先に述べたようにフランスを二分したドレフュス事件だった。

　　〔資料5〕「ヘルツルは、フランスで特派員としてドレフュス事件を目の当たりにした。ドイツのスパイとされたユダヤ人のドレフュス陸軍大尉の冤罪に対して、「ユダヤ人に死を！」と叫ぶフランスの民衆を目撃したヘルツルは、迫害されるユダヤ人のための避難場所として世俗的なユダヤ国家を建設するしかないと考えたのである。

　　ヘルツルは1896年にユダヤ国家構想をまとめた著作『ユダヤ国家』をドイツ語で出版し、翌年には第1回シオニスト会議をバーゼルで開催して、世界シオニスト機構を設立し、その議長に選出された。ヘルツルはオスマン帝国スルタン・アブデュルハミト2世、ドイツ皇帝ヴィルヘルム2世とも交渉して、ユダヤ国家をパレスチナに建設することへの支持を取り付けようとしたが失敗した。1902年にはイギリスのジョゼフ・チェンバレン植民地相を通じて、エジプトのシナイ半島にあるオアシス都市エル・アリーシュにユダヤ人を移住させるという計画を、エジプト政府と交渉したが実現には至らなかった。

　　さらにチェンバレン植民地相は「ウガンダ案」と俗称で呼ばれる新たな計画を提示した。

　　〔中略〕ヘルツルは「ウガンダ案」を戦術的理由から受け入れたが、それは多くのシオニストにとってシオニズムに対する裏切りのように感じられた。こう

して「ウガンダ案」は、パレスチナにユダヤ人国家を建設すべきだという「領
土主義的シオニスト」によって闇に葬られてしまった。ヘルツルは前年の04
年7月、この最終的な結論を知ることなくこの世を去った」（臼杵陽『イスラエ
ル』岩波新書、2009年。35—6頁）。

シオニズム運動は元々、ヨーロッパで迫害されたユダヤ人たちの還るべき故
郷を建設するためのものだった。故郷の名である「シオンの地」をめぐって以
降、ヘルツルは亡くなるまで奔走した。ポグロムを逃れるように中東のパレス
チナにいち早く移住したのはロシア系のユダヤ人だったが、こちらは別カテゴ
リーとなる。

(2) 実践的シオニスト

いわゆる「実践派」は、シオニズムという政治運動に共鳴したというより、
「シオンの議定書」に焚きつけられたロシア民衆の迫害を逃れた人々から成る。
つまり「ポグロム」からの避難民である。

〔資料6〕「シオニズムにはいくつかの潮流がある。ヘルツルに代表される政
治的シオニストに対して、直接パレスチナに移民・入植して、ユダヤ国家の基
礎を自らの手で築こうとしたロシア出身のユダヤ人たちは「実践的シオニスト」
と呼ばれた。実践的シオニストの若者たちは、第1回シオニスト会議が開催さ
れるよりもおよそ15年前に、世俗的なユダヤ国家建設を目指してイスラエル
の地に移民・入植していった。彼らは、自ら生まれ育った離散ユダヤ人社会を
否定し、「新しいヘブライ人」としてパレスチナで土地を耕すという労働への
情熱に燃えて、将来的にユダヤ国家を建設していくという夢を抱いていたので
あった。当時のパレスチナはオスマン帝国領内にあり、スルタン・アブデュル
ハミト2世はパレスチナへのユダヤ人移民・入植には消極的な姿勢であった。
実践的シオニストによるパレスチナ移民は、ロシアで1881年に始まった一連
のポグロム（ユダヤ人迫害・虐殺）を契機にして開始されたが、この移民はシ
オニズム史においては第1波ユダヤ人移民（アリヤー）と呼ばれている」（同
37—8頁）。

　資料の文中で、特に注目してほしいのが「「新しいヘブライ人」としてパレスチナで土地を耕すという労働への情熱に燃えた」というくだりである。どうしてヨーロッパのユダヤ人たちは土地の開墾と耕作に魂を燃やしたのか？　先に触れたとおり、ヨーロッパ・ユダヤ人たちには土地の所有が禁じられていた。事実上、農業から締め出された民族、それがユダヤ人だったのに対し、キリスト教徒には金融業への従事が禁じられていたから、商業のなかでも取り分け蔑まれていた金融業に就き、それによって財を成したのである。農耕のための土地がないのだから、ユダヤ人たちは蓄えたお金を子どもの教育に投資することになる。それゆえ、ユダヤ人のイメージは、財をなした富裕層だけでなく、優秀な科学者や芸術家を世界中に輩出したという印象を与えることとなった。しかし、そのイメージは単なる印象にとどまらず、ヨーロッパ社会が構造的に作り出したものでもあった。

5　近代化された反ユダヤ主義

　さて、1回の授業でユダヤ人問題をまとめるという野心的な企てを締めるに当たり、避けて通るわけにはいかないポイントをいくつか指摘しなければならない。

(1) 古代ローマの時代から連綿と続く（初期キリスト教会が仕掛けた）ユダヤ人憎悪といわゆる反ユダヤ主義は、近代の反ユダヤ主義と同じなのだろうか。

　〔資料7〕「反ユダヤ主義とユダヤ人憎悪は同じものではない。ユダヤ人憎悪というものは昔からずっと存在したが、反ユダヤ主義はその政治的またイデオロギー的意味において十九世紀の現象である。ヒットラー政権の終りとともにようやく終焉に達したかのように見える反ユダヤ主義の後にもユダヤ人憎悪が生き残ることは、生涯に1度もごくかすかなユダヤ人憎悪すら感じなかった反ユダヤ主義者が存在したということと同様に、ありそうにはないが考え得ることである」（アーレント、51頁）。

アーレントがこのように述べるのには理由がある。『全体主義の起源』の第1巻は、主に19世紀のユダヤ人の位置に着目している。位置とはいえ、それはステイタスというよりポジションである。先にも触れたことだが、ロスチャイルド家に代表される富豪一族はすでに国際的ネットワークを築き上げていた。当時、ヨーロッパ諸国が「国民国家」を編成するに当たって、ユダヤ人のグローバルな共同体はまさに「負の相関項」だった。現在の「自国第一主義」と「グローバル経済」との衝突の縮図において、焦点にはユダヤ人の財閥がいたことになる。彼らがどういう存在だったかをアーレントにしたがってまとめると、

・はじめから国際人であり、国際的なネットワークを持つユダヤ人有力者たち
・ゆえに国民になること（国民・国家への帰属）に初めから抵抗があった
・国民国家の台頭にともに息子たちを財とともに各国に送り出すロスチャイルド家

(2) 第1次世界大戦におけるイギリスの三枚舌外交

第2点として、避けて通れないのは、デヴィッド・リン監督『アラビアのロレンス』でも描かれていた、いわゆるイギリスの二枚舌である。
① 「サイクス・ピコ協定」：イギリスとフランス（＋ロシア）による中東（オスマン帝国）の分割とパレスチナの共同管理——ヨーロッパ列強による戦後の植民地支配を見据えた密約。
② 「フセイン・マクマホン協定」：アラブ国家に対する独立の約束——オスマン・トルコとの戦いにアラブ諸国を巻き込むための戦術（『アラビアのロレンス』のテーマ）。
③ 「バルフォア宣言」：パレスチナにユダヤ民族居住地（国家）の建設を約束——戦争の資金をユダヤ資本から引き出すための甘言。

これら二枚舌どころか三枚舌の結果、現在にまで続くパレスチナ問題が発生することになった。

(3) 総括．ユダヤ人とは何者なのか？

・ヨーロッパ諸国が国民国家として再編成されたとき、ユダヤ人は政府の財政
　面での協力者であり、かつ債権者として不可欠な存在だった。
・しかし、巨大な富を有するユダヤ人銀行家は、その国際的なネットワークに
　より大きな経済力を築いてきたため、ただちに特定の国に帰属するわけには
　いかなかった。
・この「非－国民」的な要素は、いわゆる国民の統合（ないし統合的な機能）
　によって解消されるものではない。
・さまざまな民族性の違いはあれども、同じ1つの国民たらんとすることが
　「国民」の統合的な機能であるとすれば、その機能に抵抗し、国家権力の思
　い通りにならない存在こそユダヤ人であった。
・国家がやがてユダヤ資本の後ろ楯を必要としなくなると、非－国民的な要素
　だけが残る。そして、その要素こそ「国民国家」の視点からは目に余る要素
　であり、もっと言えば目障りな要素となっていった。

(4) 第1次大戦後のユダヤ人迫害へ

　単に宗教がちがうといった程度の問題ではなく、種々の点で例外的な民族で
あり、必要とされながらも邪魔者扱いされ、その巨大な財力に頼りながらも債
務者の屈辱に甘んじたくない奇妙に屈折した感情が渦巻いており、果ては国家
の凝集性の部外者としてのコスモポリタンがユダヤ人の肖像であった。

　〔資料8〕「ユダヤ人が反ユダヤ主義的政府の戦争や平和の仕事を引受けるこ
　とができなかったことは当然である。しかし国際政治からのユダヤ人の退場の
　かげには、第1次大戦後の反ユダヤ主義という理由よりももっと普遍的な理由
　がある。まさにユダヤ人が国民国家体制のなかの非－国民的な要素であったが
　故に、いつかは了解が得られるという気持をもって、将来の平和——この平和
　はまたそれ自体1つの妥協策を生み出すべきものとされていたが——を見越し
　て国民戦争がおこなわれているあいだしか、彼らは利用されなかったのである。
　敵を壊滅して打立てる平和のためにはユダヤ人は必要ではなかったしまたそれ
　にはユダヤ人は適していなかったろう。ネイションとして編成されたヨーロッ
　パの破壊を目指す政治は、集団としてのユダヤ人を必然的に絶滅しなければな

らなかった。だからといって肉体的に皆殺しにする必要などはたしかになかっ
たろうが――。

〔中略〕こうして、これまで数世紀のユダヤ人の運命を支配してきた曖昧性―
―特権賦与という含みをもって与えられた同権という曖昧性――にもう一つの
矛盾が加わるように見える。つまり、国民国家的に編成されたヨーロッパの崩
壊は、ほかでもなく唯一の非－国民的な集団、住民のなかで唯一の国際的な分
子に最も手ひどい打撃を与えたのである」（同37頁）。

　資料中の「ユダヤ人を必然的に絶滅しなければならなかった」というくだり
は注意深く読み返してもらいたい。国民のなかの「非－国民」的要素としての
ユダヤ人をなくすこと――これは、たとえユダヤ教徒のままでも一国家に帰属
しうること、つまり特定の国民たらんとするユダヤ人であることを積極的に認
めようとすること、なおかつそのような態度を推奨することをも含意していた。
だから、荒々しい言葉を用いた直後にもかかわらず、ご丁寧にも「皆殺しにす
る必要などなかった」との文言が加えられているわけである。

第9講
科学者と戦争
——フリッツ・ハーバーの仕事

　科学者と戦争との関わりを見てゆくに当たって、これ以上にない人物がいる。人類を飢餓による絶滅の危機から救った偉大な発明者でありながら、戦争で初めて毒ガス戦を指揮したことで悪名高い人物、フリッツ・ハーバーである。今回は彼の振れ幅の大きな仕事を概観しながら、歴史に翻弄された人生を見ていくことにしよう。

1　化合物の論理

　ハーバーの偉業を見るための前提として、化学反応のロジックを知っておく必要がある。水素をレゴブロックに譬えると、突起（凸）が1つ、溝（凹）が1つの小さなブロックになる。突起は電子、溝は他の元素の電子を繋ぎとめる空席の「電子殻」である。大事なのは溝の数であり、突起（電子）を左手で表わすとそれと手をつなぐ溝（電子殻）は右手になる。水素分子は、2つの水素が持ち前の突起（電子）で互いの溝（空席）につながる恰好になる（電子対）。比喩的に言えば、持ち前の右手で相手の左手に手をつないだ状態と考えてもよい。

　水素の次は、溝が2つあって、どちらも埋まっている（満席の）元素、原子番号2のヘリウムである。電子（凸）も2つに増えたが、溝（凹）もそれら自前の電子で埋まり、満員御礼だから他の物質とは反応（化合）しない。ヘリウムは元素周期表の一番右端にある満席のグループのうち最小の元素である。グループの名称は「希ガス」であり、縦にヘリウム、ネオン、アルゴン、キセノン、ラドンと素っ気ない気体たちがずらっと並ぶ。

　周期表の一番左側にはレゴブロックの突起が1つだけの集団がある。水素の下に並んでいるのはリチウム、ナトリウム、カリウム、セシウムなどであり、グループ名は「アルカリ金属」である。希ガスのすぐ左、つまり右から2番目には溝（凹）が1つだけ空いた集団がある。「ハロゲン」というグループで、

周期表

1	2	3	4	5	6	7	8	9	10	11	12	13	14	15	16	17	18
1 H																	2 He
3 Li	4 Be											5 B	6 C	7 N	8 O	9 F	10 Ne
11 Na	12 Mg											13 Al	14 Si	15 P	16 S	17 Cl	18 Ar
19 K	20 Ca	21 Sc	22 Ti	23 V	24 Cr	25 Mn	26 Fe	27 Co	28 Ni	29 Cu	30 Zn	31 Ga	32 Ge	33 As	34 Se	35 Br	36 Kr
37 Rb	38 Sr	39 Y	40 Zr	41 Nb	42 Mo	43 Tc	44 Ru	45 Rh	46 Pd	47 Ag	48 Cd	49 In	50 Sn	51 Sb	52 Te	53 I	54 Xe
55 Cs	56 Ba		72 Hf	73 Ta	74 W	75 Re	76 Os	77 Ir	78 Pt	79 Au	80 Hg	81 Tl	82 Pb	83 Bi	84 Po	85 At	86 Rn
87 Fr	88 Ra		104 Rf	105 Db	106 Sg	107 Bh	108 Hs	109 Mt	110 Ds	111 Rg	112 Cn	113 Nh	114 Fl	115 Mc	116 Lv	117 Ts	118 Og

57 La	58 Ce	59 Pr	60 Nd	61 Pm	62 Sm	63 Eu	64 Gd	65 Tb	66 Dy	67 Ho	68 Er	69 Tm	70 Yb	71 Lu
89 Ac	90 Th	91 Pa	92 U	93 Np	94 Pu	95 Am	96 Cm	97 Bk	98 Cf	99 Es	100 Fm	101 Md	102 No	103 Lr

フッ素、塩素、臭素、ヨウ素などが含まれる。

今、周期表を丸めて、左右の端っこをつなげたとしよう。すると安定した（±０）希ガスを挟んで、両側に突起が１つ（＋１）のアルカリ金属と溝が１つ（－１）のハロゲンがくる。どちらのグループも何かを渇望しているかのように反応性はとても激しい。

化合物は、互いの溝に電子の突起を嵌め、空席が埋まると安定する。

たとえば、ナトリウムは爆薬であり、塩素は猛毒だが、結合して塩になると安定して無害になる（ナトリウムの突起と塩素の溝とは相性がよい）。ハイブリッド車や電気自動車の次には燃料電池車が来ると言われるが、原理は水素を積んで、大気中の酸素と結合させて「水」を作る単純な反応だ（$2H + O \Rightarrow H_2O$）。アルコールやガソリンなど炭化水素の場合、水蒸気と二酸化炭素を排出する（$C_2H_5OH + 3O_2 = 3H_2O + 2CO_2$）。３個の水分子を作る代わりに２個の二酸化炭素も排出されてしまう。けれども、燃料電池の場合は水蒸気しか出さないし、充電のための外部電源も必要ないので（原発や火力発電に依存することもないため）きわめてクリーンと言われる所以である。ロケットやスペースシャトルも基本的には同じ原理だが、宇宙空間には酸素がないから水素と酸素を別々に積み込み、噴射して混合したところを点火する方式である。

さて、窒素分子は三重結合であり、つまり電子対を３つ作り、互いの溝を埋

め尽くしているから、とても強固に結びついている。窒素は分子になることでヘリウム元素並みに安定し、それゆえ大気中に80％もありながら我々の健康状態にほとんど関与しない。

2　フリッツ・ハーバー（1868 — 1934）

　ハーバーはドイツ東部のブレスラウ（現在はポーランドのブロツワフ）のユダヤ人コミュニティに生まれ育った。母は彼を生んだ1週間後に亡くなった。男手一つでフリッツを育てた父は、染料や絵の具の製造で成功しており、息子は裕福なユダヤ人家庭で育った。

　フリッツは1891年、おそらく父の仕事を継ぐためだったのか、染料産業にかかわる研究で博士号を取得した。当初から取り立てて信仰に篤いわけではなかったからユダヤ教への執着もなく、ほどなくキャリア形成の一環としてキリスト教に改宗した。ハーバーの場合、戦略的に同化主義を採ったというより、ユダヤ人としてのアイデンティティが元々稀薄だったと言うべきだろう。彼の伝記からその経緯に言及した一節を引いておこう。「ハーバーの神はモーセの神ではなく、ペテロの神でもなく、科学の神だった。純粋な合理性だけが、古い偏見からの逃げ道であると同時に、よりよい物質生活への道だった。ドイツは科学研究には最高の土地だった。大学には超一流の教授がそろい、工業分野では最先端の設備があり、研究者は重要な発見や理論を生み出し、ノーベル賞受賞者の数も世界一多かった。／化学はハーバーの頭の中では、国家の誇りと結びついていた。その二つが融合して一つの人生となる」（トーマス・ヘイガー『大気を変える錬金術』渡会圭子訳、みすず書房、2010年。78 — 9頁）。

3　アンモニアの生成

　ハーバーの最も輝かしい業績は、大気中の窒素を捕え、アンモニアを生成したことだった。すでに言及したことだが、気体窒素分子は三重結合による安定性が仇となり、分離することも化学的に結合する試みも極度に困難だった。上記の伝記も名著だが、今回の資料の大半は未邦訳の文献から採った。

　〔資料1〕「〔フリッツ・〕ハーバーは、世界で最も大きな経済的・社会的イン

パクトを与えた物理化学者である。「窒素の固定」という問題に対する彼の解
——大気中の窒素〔※ N〕をアンモニア〔※ NH_3〕に転換すること——は、結
果として中国やインドの飢餓を解決に導き、延いては 1900 年から今日に至る
までに世界の人口が 4 倍に膨れ上がるのを可能にした——その善し悪しは措く
としても——。第 1 次世界大戦のさなか、1918 年にハーバーはノーベル化学賞
を受賞したが、彼の栄冠に連合国側が憤慨したのは、彼の開発した製法がドイ
ツに肥料だけでなく、兵器の生産を可能にし、そのため戦争が四年も延び、そ
の間に 2000 万人もの命が失われることになったからである。そして、ハーバー
がドイツ軍の毒ガス開発を指揮していたことが知られるようになると、憤慨は
憤怒に変わり——彼は「化学戦争の父」として知られるようになった」(Patrick
Coffey,"*Cathedrals of Science*", Oxford University Press, 2008. p.72. ※は引用者の補足)

　窒素分子の結合はたいへん堅固だが、一度でも結合が解けると、途轍もなく
反応性の高い素材として新たな姿を現わす。言い換えるなら、大気から窒素を
取り出して飢餓を解決したはいいが、農業用の化学肥料がそのまま爆薬の材料
にもなってしまったのである。しかし、そんなことはお構いなしだ。なぜなら、
ハーバーの仕事はすでに待ったなしの段階にあったからである。すなわち、人
口増加の波が、20 世紀初頭の農耕技術くらいでは支えきれない段階に差し掛
かっていたのである。

　〔資料 2〕「19 世紀の間に、イングランドとウェールズの人口は 3 倍以上にも
なり、他のヨーロッパの国々も同様に増加の様相を呈していた。しかし、耕作
に適した土地の総量はごくわずかしか増えず、ゆえにエーカー毎の産出量の増
加が不可欠になり、不足分はもっぱら輸入肥料の使用に頼っていた。小麦、ト
ウモロコシ、オーツ麦、ライ麦などの穀物類は、土壌に含まれる必須元素を
使い果たしてしまうが、なかでも主要な元素は窒素だった。土壌から失われた
窒素は補われなければならないが、伝統的には輪作と肥料散布で対処していた。
輪作に大豆やエンドウなどの豆まきが含まれていたのは、豆類が大気中の窒素
を利用できたからである。それで土中の窒素は補われるものの、もっと儲かる
穀物の産出高は減ってしまう。また、土壌から抜き取られた窒素の一部は、肥

料を蒔くことでしか循環しない。都市化が進むにつれ、農業は窒素の循環だけ
では十分に人々を養えなくなっていった。食物が農場から都市に移動すると、
窒素は下水道や屋外に消え、土壌に戻ってこなくなる。クルックス卿の言によ
ると、追加分の窒素がすでに外から閉鎖系に注入されているため、英国の人
民を養える程度の穀物なら育てられるという。窒素の供給源のひとつは産業革
命それ自体にあった。窒素を含むアンモニアは、イギリスの鉄鋼業で行なわれ
ていた石炭からコークスを生成する処理の副産物だったのである。加えて、ペ
ルーのグアノ〔鳥糞石〕で覆われた島々やチリの硝酸塩の地層から毎年、数千
トンの窒素が輸入されていた。とはいえ、石炭の処理から得られる窒素は、そ
れで十分と言えるほどの量ではなかったし、南米から輸入される窒素は今で言
うところの「再生不可能な資源」——ある時点で否応なく涸れ果てる——であ
り、ゆえにクルックス卿は然るべき時になれば飢饉が起こると予測した。彼の
言葉は、イギリスはもちろん全ヨーロッパに当てはまる。しかしクルックス卿
は希望的観測からか、次のように述べていた、「飢えが最終的に豊饒に変わる
のは、実験室を通じてである」。

　窒素が不足していたのではなくて、化学的に拘束された窒素や、他の原子に
固定された窒素が不足していたのである。窒素は大気中に最も豊富にある元素
であり、環境大気中の約 80% を占めるものの、大気中では不活性な形——窒素
ガス：N_2——で存在する」(*Ibid.*, pp.83-4)。

人口増加は止まらない。大気中に豊富にある窒素（約 80%）はそのままで
は使いものにならない。利用できる窒素は土壌に含まれ、さんざん使いまわさ
れてきた窒素である。それまでの窒素サイクルは——

①生き物の生死のサイクル（生物が体内に保有している窒素が死によって土壌
　に戻る）
②生理的なサイクル（食物から摂った窒素が排泄物を通して土壌に戻る）

これらの窒素サイクルは、いわゆる有機農法の考え方と基本的に一致してい
る。まず、動植物の死骸や排泄物にハエがたかる。さらにフンコロガシなどの

甲虫類、ミミズたち、それにトビムシなどの小さな生き物たちが死骸や糞を分解し、腐葉土を寸断し、小さな生物の排泄物をさらにバクテリアが粉砕する。すっかり分解され、蘇った土壌から植物が育ち、それを動物が食べ、その老廃物が……という循環である。

　マルサスが『人口論』で主張したように、農業生産が算術級数的にしか増えないのに、ヨーロッパの人口は幾何級数的に増加していた。そうなると自然な循環に頼ってばかりの農業では次第に農産物の生産高が人口の増加に追いつかなくなる。つまり、痩せ細るばかりの土壌に追加の栄養素を与えないと、人口を養うだけの収穫が期待できなくなるのだ。硝酸塩だけでなく、強烈な悪臭を放つことで名高いグアノ（鳥の糞の化石）まで大量に輸入されたのは、そのためだった。鼻が曲がりそうな代物なのに、公海上で輸送船の襲撃が頻発するほど激しい奪い合いになった。その背景にあるのは、ヨーロッパの国々がみな同様の苦境に陥り、喉から手が出るほど肥料を欲していたからである。

　グアノにも含まれる代表的な有機肥料の成分は何か？　窒素とリンである。硝酸塩には窒素は含まれていたものの、リンがなかった。グアノは鳥の糞が原料なのでどちらも豊富に含まれていた。なお、硝酸塩（NO_3）に水素が結合すると硝酸（NHO_3）ができる。ハーバーが成し遂げたのは窒素と水素の化合物、つまりアンモニア（NH_3）の合成だった。それを名付けて「空中窒素固定法」という。

　〔資料３〕「問題の一部は化学にあった。それは恐らく、アカデミックな舞台でそれまでに行なわれた中でも最も需要の大きな技術化学プロジェクトだった。反応炉のデザインでは、アンモニアは生成されるそばから抽出され、未反応の材料はリサイクルされるようになっており、そのプロセスが200気圧下で動くようになっているのは、主としてル・ロシニョールの仕事であり、カールスルーエの技術者であるフリードリヒ・キリヒェンバウアーが彼の助手をつとめていた。ル・ロシニョールとキルヒェンバウアーは高圧に耐えられる円錐形のバルブを設計した。熱せられたガスが反応室に残って、次のサイクルのために入ってきたガスを予熱するのに用いられるため、エネルギーのロスがないというわけだ。アンモニアは作られるそばから取り除かれ、未反応の窒素と水素は

反応炉にフィードバックしてゆく。1909年3月末、ハーバーとル・ロシニョールは新たな反応炉とオスミウム触媒を一緒に用いて、そこに窒素と水素を流し込んだ。アンモニアが作られると、沸点以下で冷やされ、採集フラスコに1滴1滴と流れ落ちていった。ハーバーは研究所を走り抜けながら、所内にいる全員に叫んだという、「落ちてきたぞ！〔フラスコに〕アンモニアがあるぞ！」

　ハーバーはBASF社に手紙を書いてニュースを伝え、世界中に供給されているオスミウムを買い上げるよう勧めたが、彼には幹部たちが懐疑的だということがわかっていた。BASF社は電弧法に関心を持っていて、ハーバーのアンモニア合成に必要な圧力が実現可能だとは全く思っていなかったのだ。エングラーの取りなしで、BASF社はデモンストレーションを見にカールスルーエに来ることで同意した。〔中略〕触媒に関する仕事を続けながら、ハーバーはウラニウムがオスミウムに劣らず使えそうだと分かり、かなり値が張るとはいえ、ウランはオスミウムより遥かに入手しやすいということも判明した。BASF社は特許を申請し、一切を機密として保持しようとしたが、ハーバーはBASF社の反対を押し切って1910年3月10日、カールスルーエでの科学者の会合で、彼の得た結果を公表し、「窒素の拘束に関する並外れた需要は、主として農業面での目的にあるが、より小さな範囲では爆発物産業にも需要がある」と述べた。第1次世界大戦への参戦を可能にする巨大兵器の建造にすでに着手していたことからすれば、彼の発言はまだ控え目なものだったと言えよう。窒素は、肥料の生産と同じく、爆弾の製造においても欠くことのできないものだった——弾薬の爆発性要素は硝酸カリウム、もしくは硝石なのだから。ティモシー・マクヴィーがオクラホマ市で肥料搭載爆弾を披露したように、硝酸（塩）をベースにした肥料と兵器とのあいだに本質的なちがいはない。ハーバーはドイツ政府が戦時中、イギリスの海上封鎖によって南米からの硝酸（塩）の供給が断たれるのを心配し、かつ彼の仕事が国防上きわめて重要だと思っていることも重々承知していた。ハーバーの公表はたちまち偉大な発見と認められ、彼の許にはいくつもの化学企業からオファーが殺到した。BASF社は公表を控えさせることまではできなかったが、彼は可能な限り詳細を伏せることには同意した。しかし言ってしまったことは取り返しがつかない——ハーバーはおよそ不可能と思われていたことを成し遂げたのだ」（*Ibid.*, pp.89-90）。

アンモニア（NH_3）とはどういう物質なのか。窒素の溝（空席）は３つだった。水素は手（電子）が１本だった。窒素１つで３つの水素と手をつなぎ、計３つの電子対を作って安定する。

また、文中で触媒として使われた「オスミウム」は、周期表で76番目に当たる元素である。原子質量170の超が付くほど稀少な元素であり、最も比重の重い元素（$22.5g/cm^3$）としても知られている。「ウラン」（ウラニウム）は92番元素であり、原子質量は238、今のところ自然界で２番目に大きな元素である（ウラン鉱床からごく微量の天然プルトニウムが発見されたため）。また「触媒」とは、化合物の材料にならないが、それがあるだけで化学反応を促進する物質である。たとえば、毒物の王者はまちがいなく「ボツリヌス菌」だが、その理由は触媒毒であり、つまりそれ自体の毒性ではなく、それがあるだけで次々に猛毒が作られていくからである。いわゆる「ボツリヌス毒」である。

さて、窒素の気体分子は非常に安定しているため、結合を解くのはかなり大変だった。BASF社の技術部門の責任者、カール・ボッシュの執念が実り、ハーバー・ボッシュ法が完成し、極度の高温高圧状態に対する耐久力をそなえた巨大設備が整えられた。アンモニアの大量生産が可能になり、増加の一途だったヨーロッパの人口を養えるだけの農産物を収穫することが可能になった。フリッツ・ハーバーの執念とカール・ボッシュの努力によって人類は迫り来る飢饉から救われたのである。

しかし、アンモニアの生成は諸刃の剣でもあった。ハーバーが会議で示唆していたように、ボッシュが築いた設備では爆薬の大量生産も可能だったからだ。つまり、その設備から肥料を生産するか兵器を生産するかは社会の動向や政治の判断によるわけである。漠とした不安が的中したと言うわけか、間もなくドイツ人の食料問題などそっちのけにされ、政府は戦争へと大きく舵を切ることになる。

4　毒ガス兵器の開発

第１次世界大戦が始まると、ハーバーとボッシュの運命も大きな岐路を迎えることとなった。人類の生存と繁栄に寄与するはずの施設とその生産力が大き

く捩じ曲げられ、大量殺戮に動員されることになったからである。

〔資料4〕「化学戦にかかわった科学者たちは、技術的な軍事問題　　敵を殺
傷しようとするか、もしくは祖国の兵士を守ろうとすること——を解決するの
は自分たちだと信じていた。その際、彼らはより優れた電球の問題や、アンモ
ニアの合成に用いたのと同じ理屈を適用したのである。彼らの方法論は、社会
が平時から戦時に移っても変わらなかったし、それは動機づけについても同様
だった——その点は彼らの強欲さや野心、そして個人的なライバル意識にもす
でに明白だったが、主に変化したことはといえば、科学的な理解への欲望が愛
国心に取って代わられたことくらいだろう。

〔中略〕塩素〔※分子〕の結合が一度でも解けてしまうと、そこから生じる塩
素原子自体は途轍もなく反応性を増し、他の物質のほぼすべてから電子を引き
剝がそうとする。塩素が体内に浸入し、無防備なヒトの組織に触れると、また
たく間に反応が始まり、曝露が長引いたり、もしくは濃度が高くなると皮膚や
眼が焼けてしまう。塩素を吸い込むと肺水腫を起こし、肺の中が体液でいっぱ
いになってしまう。塩素の毒性に効く解毒剤はない。曝露が限度を越さなけれ
ば身体は自然に治癒するが、深刻なレベルになると犠牲者は自身の体液に溺れ
死んでしまう。ある兵士がその様子を次のように語っていた、「そいつは肺に
洪水を引き起こすんだ、——乾いた大地の上にいるってのに、水に溺れて死ん
じまうのと同じなんだ。あれの効き目はだな、——頭が割れそうな頭痛とひど
い喉の渇きだ（でも水を飲んだら一巻の終わりだ）、肺の中をナイフの切っ先
で刺されたような痛み、次いで咳き込むと胃や肺の中から緑色の泡が噴き出し
てくる、最後には無感覚になり、死んじまって終わりさ。肌の色は白から緑が
かった黒を経て、黄色になり、それが全身の表面に広がっていくにつれ、眼球
は冷たい感じになってゆく。あんなふうに死ぬってのは、まさしく悪魔的な死
にざまってもんだよ」。

　ハーバーは塩素の使用に関する助言者の1人だった。塩素にはいくつかの
利点があったのだ。通常は、工業用の化学薬品としてシリンダー内で利用する
が、それは塩素の毒性がきわめて強いからであり、おまけに大気よりも重く、
それゆえ塹壕の中まで沈んでゆく。ハーバーは最初に放たれた塩素が雲のよう

になってフランス軍の前線に迫っていくのを眺めていた。死を免れたアルジェリア兵は恐怖に駆られて逃走した。もしも誰かが雲から逃れようとしてもさらに追いかけてくるから、実際、目が眩み、行き場を失った兵士たちは、ドイツ軍のマシンガンにとって、塩素の雲のスクリーンに浮かぶ標的さながらだった。ガスが十分に消散すると、ドイツ兵（防毒マスクは装着せず、濡らした布地で口を覆っているだけ）は、フランス軍が放棄した場所まで４マイル〔※約6.4km〕の距離をためらいながら前進した。ドイツ軍はほとんどフランス軍と同じくらい毒ガス攻撃に驚愕し、再集結地点に立ちすくんでいた。残された後半生において、ハーバーは、あのときドイツは戦争に勝つ機会を失ったとの主張を何度となく繰り返すことになる。もしも将軍が彼の言葉に耳を傾けさえしてくれたなら、また武力で前進する用意が整ってさえいたならば、きっと連合軍の前線を突破し、和平交渉を迫ることができたと、そう彼は信じていたのだ」（*Ibid.*, pp.96-7）。

　くり返すが、塩素は希ガスのアルゴンよりも電子が１つ少なく、それゆえ常に電子に飢えている。塩素分子は１組の電子対を共有することで何とか飢えをしのいでいる。
　希ガスのネオンよりも１つ電子が多いナトリウムや、アルゴンよりも１つ電子が多いカリウムは、塩素ととても相性がよく、塩や塩化カリウムを形成するとたちまち安定する。
　毒ガス兵器としての塩素ガスは、分子状態から解き放たれた単体の猛獣であり、周囲のありとあらゆるものに襲いかかり、電子を剥ぎ取ろうとする。どれくらい凶暴なのかは、ほかの毒ガスと比較してみるほかにない。

　〔資料５〕「数多くの毒ガスはあれど、ほとんどは戦場での使用に耐えない。化学兵器の専門家たちに「ハーバー定数」として知られるガスの致死的性質の尺度があり、ガスの重量とそれで死ぬまでの時間との積で示される――ハーバー定数の値が低ければ低いほど、毒性は高くなる。この考えでは、比較的大量のガスに短時間さらされることは、比較的少量のガスに長時間さらされることに等しい。ネコを使ったテストが実施され、その結果を人間の体重に換算し

て見積もられた値を見てみよう。ドイツ軍の評価では、塩素のハーバー定数は7500だった——1立法メートル中7.5グラムの塩素では1分で人を殺せるが、750ミリグラムでは10分を要する。イープルに放たれたガスは1立方メートル当たり、ほぼ5グラムの密度だった。とはいえ、ガスが使用できるか否かを決定するのにハーバー定数が唯一の条件だったわけではない。例えばシアン化水素（HCN）は塩素よりも致死性が高く——ハーバー定数は塩素の7500に対し、1000と評価されていた——、数年後にはアメリカでもガス室における処刑に用いられるようになる。しかし、シアン化水素には兵器として好ましくない点があった。それは大気よりも軽く、それゆえ地を這う雲を形成せず、塹壕に流れ込んでいくことも期待できない。ホスゲン、つまり$COCl_2$は最高のチョイスにみえる。ドイツ軍の評価ではホスゲンのハーバー定数は450——塩素の16倍以上の致死力だ——、なおかつ塩素とほぼ同じ密度だったので、地を這い、塹壕の内部や漏斗孔、またタコツボ〔※個人用の小さな塹壕〕の中にも浸入していくだろう。沸点はわずかに高く——摂氏7.5度——、希釈しないままで真冬に使用するのには向かなかったが、ある種の塩に混ぜると安定させることができた。ホスゲンは塩素よりも潜行性にまさる。刈ったばかりの干し草のような匂いは不快感を与えないから、犠牲者はすぐにはガスにやられたと気づかなかったかもしれないが、数時間もすると肺は塩素のときと同じダメージを呈することになり、犠牲者は自分の体液に溺れてしまう」（*Ibid.*, pp.102-3）。

　少しだけ解説しておこう。シアン化水素（Hydrogen Cyanide：青酸 HCN）は、炭素と窒素、水素というありふれた元素が1つずつくっついただけの単純な物質である。シアン化水素を吸い込むと、まず酸素分子を押し退けて肺胞に飛び込み、赤血球のヘム鉄と結合する。赤血球は酸素の代わりにシアン化水素を全身に運び、血管壁を通して細胞に受け渡す。細胞は酸素を受け取ったと信じ込むが、手に入ったのはシアン化水素であり、「あちゃー」となる。「あちゃー」を説明すると、細胞呼吸の阻害であり、さらには細胞死の引き金となるシトクロムと結合して電子伝達系を阻害し、ミトコンドリアのATP産生をも妨げ、さらなる細胞死を連鎖反応的に引き起こしてゆく。
　シアン化ナトリウム（sodium cyanide：青酸ソーダ NaCN）は、シアン化

水素とほぼ同様に作用するが、シアン化カリウム（青酸カリ KCN）は胃酸によってシアン化水素を発生するため、あいだにワンクッションが入っていると思えばよい。

　もうひとつ、文中の「ホスゲン（Phosgene COCl$_2$）」であるが、これは塩素分子と一酸化炭素が結びついた最悪の化合物である。

　まず一酸化炭素と二酸化炭素の毒性の違いに触れておこう。炭素は6番元素であり、突起が4つ（電子殻の 2s 軌道に2つの電子、2p 軌道に2つの電子）、溝が4つ（電子殻の 2p 軌道にある6つの座席のうち4つが空席になっている）の元素であり、溝が2つの酸素を4つの突起で捕えることができるから、それぞれの酸素と2つの電子対を共有できる。つまり、二酸化炭素なら互いの溝が全部埋まって安定するが、一酸化炭素では空席が埋まらないままなので安定せず、それゆえ反応性がやや強い。

　ただし、一酸化炭素ほどではないが、二酸化炭素も一定の濃度を超えると猛毒になる。この点は窒素分子も一緒だが、分子の毒性というより、人間にとって酸素不足が致命傷となる。例えば、窒素の場合、80パーセントなら普通の大気と一緒だが、100パーセント近くになると二酸化炭素と同様、息苦しさを訴えることなくそのまま倒れ、絶命する。宇宙船内で、点検に行った同僚がなかなか戻ってこないのを心配して、「どうしたのかな。変だな」とばかりに様子を見に行った連中が次々と道連れにされてゆく所以である。窒素というだけあって、窒息の連鎖はとても怖い‼

　大事な点を忘れないようにしよう。ハーバーが自分の正当化に用いた文言は、単なる祖国愛に尽きるものではなく、「毒ガス兵器の使用によって戦争の終結が早まれば、大勢の命が救われる」という、以降いくらでも応用可能な常套句につながっていく。言い換えるなら、ハーバーの「合理化」は、原子爆弾の投下に際してアメリカの政府や軍部、そして民衆も使ってきた「決まり文句」を第一次大戦の段階で先取りしていたし、もっといえばアメリカの常套句はハーバーの合理化の手垢に塗れたコピーにすぎなかったのである。

　いずれの正当化の文言にしても、結果的にその威力で敵を圧倒し、戦争を終わらせることができたなら、何をしてもよいということになりはしないだろうか。毒ガス兵器は、そういう理屈で使用されたし、今後も種々の兵器がその論

理に乗っかる形で使用されるだろう。

5　悲劇

　ハーバーとてさすがに有頂天だったわけではないだろうが、祖国に貢献すべく毒ガス使用に踏み切った気持ちを誰もが理解してくれたというわけではなかった。

　　〔資料6〕「イープルでの塩素攻撃の1週間後、ハーバーは一時、前線を離れて自宅に戻った。1915年5月1日から2日にかけての夜中、〔妻の〕クララは夫の軍用拳銃を手にすると庭に出ていき、自分に向けて引き金を引いた。息子のヘルマンは銃声を耳にして、間もなく母のなきがらを発見した」(*Ibid.*, p.106)。

　毒ガス使用に関する妻の反発は、夫が帰宅した夜に拳銃自殺というショッキングな形で決行された。この自殺については謎も多い。クララは、毒ガス戦への参加に反発しただけでなく、化学者のキャリアを奪われたことへの失望や、後添いになる女性との不倫にも憤慨しており、その怒りも絡んでいたと囁かれている。クララがブレスラウ大学で博士号を取得した初の女性だったことを考慮すれば、彼女に化学者のキャリアを断念させた男がその化学を人殺しの道具に使ったことが何より許し難かったのかもしれない。その憤懣が彼との婚姻を失意と絶望で彩ることになったとも考えられる。とはいえ、大半の資料が（おそらくハーバーの手によって）消失しているため詳細は永遠に不明である。夜半にあったという2人のやり取りにおける、考えられるハーバーの言い分は、たぶんこうだ、——祖国に尽くすことの、いったい何が悪いというのか？　科学者として、平時には人類の福利に貢献しても、戦時には祖国のために尽力するのが当然の責務ではないのか？　しかし、ハーバーは間もなく「毒ガス博士」の異名で呼ばれるようになり、救った命よりも奪った命によってその名が歴史に刻まれることとなった。

　では、当のハーバーは毒ガスの使用について、どのような考えを抱いていたのか。

〔資料7〕「ハーバーはガスを心理学的な兵器と見做していた——兵士たちは爆発物よりもガスを恐れていたから」(*Ibid.*, p.107)。

　敵兵を殺害することよりも、その効果が引き起こす恐怖に目的を置くこと、すなわちポイントは殺害した人数や兵器としての威力ではなく、敵兵に与える恐怖であり、人が抱く負の心理を兵器化することにあった。毒ガスが敵を震撼させ、不安と恐怖のあまり尻込みさせることができれば戦局を有利に運ぶことができるだろう。ただし、そのような考え方は畢竟、テロリズム（恐怖主義）に通ずるものでしかなく、とても褒められたものではない。しかし、祖国愛に燃え、毒ガス博士の汚名すら甘んじて受けようとするハーバーには、化学兵器の使用に対する抵抗はすでになく、むしろさらに強力な毒ガスの研究に邁進していった。

〔資料8〕「1917年までに、ハーバーは従来よりも飛躍的にすぐれたガス、ジクロロジエチルスルフィド〔※ di・chloro・di・ethil・sulfide：$C_4H_8Cl_2S$〕を開発しており、それは微かに香るカラシっぽい匂いから後に「マスタード」の名で知られるようになる。ハーバーは1916年に初めてそれを見ているのだが、そのときには毒性が低すぎると思って却下し、フランス軍もまた同じ理由から却下していた。しかしマスタードガスには、それとは異なる性質があった。主たる効き目が肺に出る塩素やホスゲンとちがって、マスタードガスは皮膚に水腫や火傷を作り、皮膚の内外で出血を引き起こしたのである。兵士はだいたい4、5週間で亡くなり、敵軍の医療班に過度の負担を強いることになり、また痛みがあまりにもひどいため、ほとんどの兵士は縄でベッドに括りつけなければならなかった。それは塩素などより遥かに恐ろしい兵器だった。というのもマスタードガスは皮膚に襲いかかるからで、兵士たちは攻撃を仕掛けられているあいだ、ポンチョをかぶって全身を一部の隙間もなく隠さなければならなかった。また、マスタードガスにはもうひとつ利点があった——塩素やホスゲンが速やかに消え去るのに対し、マスタードガスは実際には気体ではなく、エアロゾルとして噴霧された液体だった。だからその場に居座り、草花や木々を毒化し、長らく大地を汚染したのである」(*Ibid.*, pp.108-9)。

　マスタードガスとは、とても奇妙な名称だが、正式名称をよく読んでみると2つの塩素、2つのエチル基、そして硫黄から作られた物質であることがわかる。エチル基に関して簡単に復習しておくことにしよう。

メタノール

　もっとも単純な炭化水素は、炭素1つに水素が4つ結合したもので、名前を「メタン」という。組成と個数を記号で表わすと「CH_4」となる。メタノールは水素1個（H）が水酸基（HO-）に入れ替わり、水素の個数は変わらないけれども、酸素が1つだけ増えた恰好になっている。記号で表わすと「CH_4O」となるが、末尾の「O」はゼロではなく酸素（Oxygen）の頭文字である。化学組成を考慮して記述し直すと「CH_3OH」となる（OHが水酸基）。他方、メチル基を記号で表わせば「H_3C-」となる。

エタノール

　エタンは2番目に単純な組成の炭化水素である。2つの炭素に水素が6つ結合した化合物である。記号で表わせば「C_2H_6」となるが、もう少し図式的に表わすと2つのメチル基が結合して「CH_3+CH_3」という足し算をしたと考えればよいだろう。エタノールは「C_2H_6O」と表わすことができる。

　これは2つのメチル基のうち1つが水素を切り離し、全体がエチル基となって水酸基が結合したもの、すなわち CH_3-CH_2-OH である。エチル基は炭化水素の「-CH_2-CH_3」である。

　このエチル基2つに塩素が2つ、硫黄が1つ結合すれば「マスタード・ガス」の完成だ。その真の恐怖は、気体のように空中を漂うだけでなく、エアロゾルとして建物の壁面や床、地面、野菜や草花、木の葉などに着地する点にあった。ハーバーはこのように残虐な毒ガス兵器も躊躇なく使ったから、戦後、「毒ガス博士」と謗られようになるが、そんな誹謗中傷にも挫けることなく、それどころか祖国に尽力して何が悪いのかとばかりに居直ったという。

　しかし、第一次大戦が終わり、やっと軌道に乗りかけたワイマール体制すら、

世界恐慌の大波に呑まれると呆気なく崩壊してしまい、ドイツはケインズの悪い予感を的中させたかのようにナチス治世へと移行してゆく。

ハーバーの生涯が我々に投げ掛ける問題は意外なほど重い。彼はとても有能な化学者であり、その能力を用いて人の役に立ちたいと願い、祖国に貢献すべく尽力した。しかし、人の役に立つというのは、必ずしもよいことばかりではない。たぶんハーバーの能力は、たいへん人々の役に立った。彼の開発した技術は間違いなく人類の食料生産に貢献したし、今後も人類を飢餓から救済し続けるにちがいない。

しかも彼の貢献はアンモニアだけではない、——毒ガスの使用についても、ある意味、例外ではないのだ。もちろん戦果というだけではない。もしも彼が塩素ガスを兵器として利用しなかったなら、私たちが普通に使っているポリ袋も存在しなかったかもしれない。その意味では、戦場で毒ガスを使用したことでさえも技術革新の一角を占め、人類の進歩に貢献してきたことは確かなのだ。それを歴史の皮肉のひとつに数えることも不可能ではない。

さらに皮肉なことには、彼が汚名を甘んじてまで尽くした祖国が、その彼をあっさりと排除することになったのである。ユダヤという出自ゆえに——。

〔資料9〕「ヒトラーの政権獲得当時、イタリアに滞在していたカイザー・ウィルヘルム協会総裁のマックス・プランクはこの事態を憂慮し、帰国するとすぐにヒトラーに会い、ハーバーが最大限にアンモニア合成で貢献したことをあげて、1人1人のユダヤ人を区別すべきだと意見をのべた。だが知識人に対して激しい敵意を秘めるこの独裁者は、平然と答えたという。

「それは正しくない。ユダヤ人はユダヤ人である。彼らはいがのように寄り集まってくる。1人でもユダヤ人がいれば、ただちにほかのあらゆる種類のユダヤ人が集まってくる」

その「あらゆる種類のユダヤ人」と変わることなく扱われ、ハーバーの辞職願は受理された」(宮田親平『毒ガス開発の父 ハーバー』朝日選書、2007年。203—4頁)。

その後、ハーバーはケンブリッジ大学に招聘されるも、イギリスの気候が身

体に合わず、失意もともなって衰弱し、病身を近親者に支えられてスイスに移る。窓から故郷ドイツの景色が見える病院で療養生活を送ることになり、望郷の念を深くしながらも、追放の翌年、1934年に祖国の土を二度と踏むこともかなわず、あたかも古木が枯れるように亡くなったという。

　講義を閉じるに当たり、同じくユダヤに出自をもつ2人の科学者と比較してみたい。

　1人はハーバーの無二の友人でもあったアルベルト・アインシュタインである。アインシュタインはハーバーのように実学に向かうことなく、ひたすら理論的な思索に耽った。講義にも関心がなく、共同研究もあまりしなかったから、当然、人の役に立ちたいなど露ほども感じなかった。もちろん国家に対する愛着のたぐいも見られない。アインシュタインは根っからのボヘミアンだったのだ。

　とはいえ、アインシュタインの理論は徹頭徹尾、何の役にも立たなかったというわけではない。彼にその気はなかったが、ほかの人が有用性を見出してゆく。生前に相対性理論が実用化されたのは、マンハッタン計画のみだが、もちろん原子爆弾の核心に彼の考案した美しい公式「$E=mc^2$」が潜んでいることなど当のアインシュタイン自身ですら知る由もなかった。だから、その事実を教えられるや驚愕し、ナチスの原爆開発の可能性を知らされるとアメリカにも負けずに開発を進言する書簡に署名し、計画が実り、実用段階に達すると今度は使用に反対する書簡を当時のアメリカ大統領、フランクリン・ルーズベルトに送ったくらいである。因みに特殊相対論の有名すぎる公式、「$E=mc^2$」は核分裂から生じるエネルギーを表わす式でもあり、それゆえ核兵器のキモになった。また、実用からほど遠いと思われる一般相対論ですら、今ではGPSや時報の修正に用いられている。

　さて、もう1人の科学者は、ハーバーの部下としてカイザー・ウィルヘルム研究所に勤務していた女性物理学者、リーゼ・マイトナーである。彼女は亡命先のスウェーデンにおいて、誰もが理解できずにいた実験データに「$E=mc^2$」が表わす力を見出し、それをもって「核分裂」を発見したのである。マイトナーとハーバーが対照的なのは、マイトナーは、核兵器に直結する事象の核心

を洞察し、核物理学の謎を解き明かしたにもかかわらず、人を殺す兵器の開発には絶対に関わらないと譲らず、原爆開発には一切、手を貸そうとしなかった。

　とはいえ、彼女と一緒に核分裂を発見した甥のオットー・フリッシュはマンハッタン計画の中核メンバーになった。さらに共同研究者でもあったオットー・ハーンは、ハーバーの助手として毒ガス兵器の開発に携わり、化学兵器を使った作戦にも加わった。彼はドイツにおけるハーバーの葬儀を執り行なっただけでなく、ハイゼンベルクなどとともにドイツの原爆計画にも加わっていた。しかも、マイトナーの着想が明るみに出ると、それが自分の手柄であるかのように論文を発表し、彼女を差し置いてノーベル賞をかっさらう始末だった。しかし、マイトナーに至ってはハーンの挙動を非難する様子すらなかったのである。

　自分の手柄に執着しないだけでなく、目立つことを嫌ったため、第二次大戦後、ハリウッドで伝記映画の企画が持ちあがったときにもマイトナーは頑として協力しなかったという。キュリー夫人と比較して著名度が低いのはそのためだが、物理の世界ではもっとも高潔な科学者として今も尊敬されている。

　原子番号99のアインスタニウムと109番のマイトネリウムは、2人の名にちなんで命名されている。

第 10 講
厄介者たちの計画的かつ合理的な処理

1　「価値なき生命」の処遇

(1)「断種法」の制定

　ビンディングとホッヘによる「価値無き生命の抹殺に関する規制の解除」が
上梓され、優生学が安楽死、つまり殺人による厄介払いを提唱することになっ
たのが 1920 年のことだった。1920 年代の優生学運動は、精神病者や障害者の
殺害を主張する一方で、その手の輩がこの世に誕生するのを阻止すべく強制的
な断種を推進するよう積極的に訴えていた。彼らの要求が日の目を見るのには
1933 年まで待たなければならなかった、——すなわちナチスが選挙で第一党
となり、アドルフ・ヒトラーが首相の座に就いて間もなくのことである。「断
種法」が制定されると、本人や家族の同意なしに断種手術を決行することが可
能になった。

　しかし、手術の実施内容を見てみると、ビンディングとホッヘのやや乱暴に
思えた規定・基準ですら些かも守られていた気配がなく、早くも関係者の暴走
が始まっていたことがわかる。もちろん暴走とはいえ、正気を失ったわけでは
なく、はじめから計算づくの計画的暴走である。

　〔資料 1〕「申請のあった大部分のケースは「精神障害者」であったとされて
　いるが、ここで強調すべき点は、断種の申請に際して必ずしも医学的判断のみ
　が優先されたのではなかった、ということである。断種処置を受けた人びとの
　中には、政治的な理由によってその対象とされた人物も含まれていた。つまり、
　ヒトラーに抗う者は「そのことを公言しただけで精神異常者だとみなされる」
　危険性が現実にあった、という事実を忘れてはならない」（小俣和一郎『ナチス
　もう一つの大罪』人文書院、1995 年。40 頁）。

「精神異常者」という認定は、医師から精神病と認定された者にのみ限られるはずだった。ところで精神病とは何か？ 外因性（事故による外傷等）でもなく、器質性（脳や神経系の疾患）でもなく、はたまた心因性（辛い経験に因るトラウマ等）でもない重度の心疾患を、当時は「内因性」という枠内に放り投げていた。当初、内因性精神病には大きく３つの疾患、すなわち精神分裂病、躁鬱病、そして癲癇があった。今では癲癇は器質性疾患に分類されているし、躁鬱病は双極性障害となり、分裂病は統合失調症へと改称（日本のみ）されている。内因性という分類は当時も「原因不明」の別称だったので、精神病という命名自体が「あいつは明らかにどこかおかしい」という印象に対して専門的な名称を付与したにすぎなかった。その上、「異常 abnormal」という呼称にしても「正常、つまり規範に則った normal」の対義語でしかなく、何を以て異常と見なすかはそれぞれの時代・地域における規範との相関にしたがうよりなかった。つまり、何をもって人を異常と見なすかの絶対的な基準などなかった以上、診断は専門家を自称する医師たちの「専門的」な勘や感覚に委ねるよりなく、彼らの勘や感覚にしてもその時代・地域の気風や共同体の寛容度に応じて決まるものでしかなかった。誰が異常なのかは結局のところ、いつの世でもはっきりしない。だからこそ「狂気」、すなわち「内因性精神病」は、専門家や為政者がその気になりさえすれば、気に食わない者をいくらでも放り込めるクズ籠のような役割を果たすことにもなったというわけである。

　しかも、真の狙いは「断種」を法制化すること以上に、フリッツ・ハーバーをはじめとする一族を国外に追放し、失意の死に追い込むような法案を起草、制定、施行することにこそあったのである。

(2) ニュルンベルク法
　断種法とほぼ同時に制度化されたのは「ドイツ人の血と名誉を護るための法律」（血統保護法）だった。通称は「ニュルンベルク法」であり、こちらの名で知られる。この法律の施行により、いよいよ優生学の論法が医学の領分を越えて人種差別を併呑し、正当化することになった。すなわち、法制度的に保護されるべき「人種的エリート」を「健全なアーリア人」に求める一方、「劣等人種」の名の下に「ユダヤ人」が名指しされ、そのほか「健全ではないアーリア

人」や「反社会的分子」の集団として「乞食、浮浪者、ジプシー、売春婦、同性愛者、アル中患者、精神病患者」等々がまとめて束ねられることになったのである。彼らは 1936 年、ベルリン・オリンピックの開催に合わせて大規模に狩り込まれ、ダッハウに建造された強制収容所に送られることとなった。

(3) 水晶の夜（1938 年）

　フランス・パリのドイツ大使館付き書記官、フォム・ラートがある日、ユダヤ人青年によって射殺された。この事件を機に、ドイツ全土で怒りとともに反ユダヤ主義の気運が高まり、何者かによる煽動も手伝ってユダヤ人が経営する商店やシナゴーグ（ユダヤ教の教会）が次々に襲撃され、焼き討ちにされた。商店のウィンドウが暴徒によって破壊され、ガラスの破片が市中の道路中に散乱した。街灯に照らされたガラス片が路上に眩しく、また怪しく煌めいていたため、この事件は「水晶の夜」と呼ばれるようになった。

(4) ある父の願い

　優生学者たちは障害者の安楽死を唱えたが、反ユダヤ主義とは関係がなかった。本来は無関係だったはずのそれらがごっちゃにされ、わかりやすい「反社会的」だの「厄介者」だのといった否定的な烙印の下に一括りにされようとしていた、そんなときのことである。1 通の手紙が届き、ヒトラーの手に渡った。封を開き、手紙の中身を知ると、政権を握る者たちはそこに記された文言を絶好の機会の到来と捉えた。狡猾な彼らが、その好機を逃すはずもなかった。

　〔資料 2〕「「帝国水晶の夜」事件の余韻もさめやらぬ 1938 年春、ライプツィヒ大学医学部の小児科病棟では、生後まもない 1 人の奇形児が入院生活を送っていた。子供は盲目で生まれ、片足と片手の一部が欠損していた。主治医は同大小児科教授のヴェルナー・カーテルであった。子どもの父親は「クナウアー」という姓で、ヒトラーじきじきに宛て、この子どもの安楽死を嘆願する手紙をしたためていた。手紙は、1938 年末または 1939 年初頭に総統官房に到着した。〔中略〕ヒトラーはこの嘆願書を読むとすぐに侍医のカール・ブラントを呼び、ただちにライプツィヒ大学へ向かいこの件を処理するよう命じた。ブラン

トは主治医のカーテルらと相談した上で、この奇形児の安楽死を指示した」（同
53―4頁）。

はたして何の好機だったのだろうか？　痛ましい小児に対する安楽死を決定
することではない。少なくともその判断にとどまらない。ある乳児の処遇を口
実にして組織的かつ効率的な抹殺のシステムを構築するための「好機」と捉え
られていたのである。

2　治癒不能者たちの抹殺

先ず優生主義の思想に馴染んだ医師たちを主体に据え、次いで対象者を絞り
込む作業となる。つまり、

(1)　子どもの処置に際して対象群を定義する

1　白痴および蒙古症（ダウン症候群）

2　小頭症

3　水頭症

4　すべての奇形、特に四肢の欠損、重度の頭蓋裂および脊椎裂など

5　リットル病を含む種々の麻痺

対象群の定義は、殺害の対象者をリストアップすることであり、病名を挙げ
られた者たちは治療の名の下に抹殺されることになっていた。しかし、どう
やって抹殺するというのだろうか？　「安楽死」とはいえ、その方法はいった
い……？

(2)　安楽死の方法を模索する

最初の候補は薬殺であり、候補となった薬物は、モルヒネ、スコポラミン、
青酸（シアン化水素）、一酸化炭素（COガス）等々だった。おそらく、解説
が必要なのはスコポラミンだけだろう。スコポラミンとは、無色、無臭、無味
と三拍子が揃った薬品であり、鎮静効果と記憶喪失の効果が主たる特徴である。
簡単に人を従順にさせてしまうため、警察による捜査の際に自白剤として用い

られるほか、ギャングや強盗団が家宅侵入の上、家財を奪うときなどに被害者
をおとなしくさせるために使われた。人を思い通りに操作するのに使われるこ
とが多く、レイプ犯が被害者に使うことも少なくなかった。売春宿で若い女性
たちを支配するのにも使用される一方、娼婦が胸にスコポラミンを塗って男性
客を誘惑し、食い物にするケースも多かったという。

　安楽死計画で最初に用いられたのは CO ガス（一酸化炭素ガス）だった。大
量に発注したガスで部屋を充満させておいて、そこに病人たちを放り込めば、
間もなく全員が一酸化炭素中毒で命を落とす。次は死体の始末という段取りに
移るが、多くの殺人事件が物語るように、実際には殺害よりも死体の始末の方
が大きな課題となる。特撮ヒーローもののように、倒せば煙とともに消滅して
くれたら事は簡単に済むのだが、現実にはヒトという大型動物の屍体がその場
に残ってしまう。相応に重量もあり、体積もある物体が現場に残存し、それも
１体や２体では済まない。ただでさえ嵩ばり、しかも時とともに腐敗が進む物
体を大量に抱え込んでしまうのだから、何もしないでやり過ごすわけにはいか
ない。しかし、始末するのは決して容易ではない。大量生産される死体が突き
付ける難題は、それゆえナチスの敗北が決定的になるまで関係者の頭を延々と
悩まし続けることになった。

　さて、「断種法」の制定と施行は、それが法律である以上、隠す必要などな
かったし、誰もが知るところとなった。キリスト教信者および教会関係者は、
当然ながら人道的な立場から対応を迫られた。何しろ相手は人種主義の立場か
ら、弱者に対するあからさまな差別を掲げ、殺人を辞さないどころか、ただの
人殺しにすぎない行為を正当化すべく法律を起草・施行しようとしていたので
ある。その動きに対し、教会はいかなる反応をしたのか。

　ファウルハーバー司教は、1936 年にヒトラーに会談を申し入れ、直談判を
した。司教は、断種政策に対する一応の批判をした上でのことだが、なぜか妥
協案を持ち出して、「終身収容」を提案したのである。ヒトラーはその奇妙な
提案をあっさり撥ねつけたが、司教は反発し、食い下がるどころか、あっさり
と受け入れ、力なく「暫定的な取り決めはみつかるでしょう」と言うにとど
まったという。とどのつまり、司教と教会は抗議したという形式的な既成事実
を残したにすぎなかった。総統官房はといえば、もちろんその程度の益体もな

い抗議を聞き入れる気配は微塵もなく、批判の声はすべて黙殺して計画を着実に実施へと移していった。

(3) ポーランド侵攻（1939年9月1日）

ナチスによる侵攻は迅速だった。ポーランド側の降伏は侵攻から1カ月も経たない9月27日のことだった。侵攻後の作戦行動も迅速で、まさに電光石火の勢いで市民の殺戮が始まった。こちらの惨状と意外な展開は次回の講義に譲ることとしよう。

小俣の推計によれば、コクポロク精神病院において39年9月29日（降伏から2日後！）から11月1日までに2342名の患者が殺害され、シュヴェッツ精神病院でも9月と10月で1350人が虐殺されたという。判明しているだけで1万1729名が殺害され、ある推計では被害者の数は1万3000人以上になるという（小俣、68頁）。

しかし、虐殺はいわゆる精神病者に限定されず、あらゆる地域と階層に及んでいた。

〔資料3〕「ゲッペルスは日記に、ヒトラーの目的は「全滅」である、と明確に書き記している。陸軍参謀総長のフランツ・ハルダーは、「ポーランド人を殲滅し、排除することが総統とゲーリングの意向である」と信じていた。ヒトラーも認めていたように、それが「法的な規制」を受けない「人種間の残酷な闘争」になることは避けられなかった。だが、すべてのポーランド人を殺害するつもりはなかった。国家保安本部長官のラインハルト・ハイドリヒは、「幼い者たちは見逃すつもりだが、貴族や聖職者、ユダヤ人は殺されなければならない」と述べている。つまり、ナチスはポーランド社会を壊滅させ、生き残った者たちを奴隷も同然の「下層民」に貶めることを意図していた」（ニーアル・ファーガソン『憎悪の世紀（下）』仙名紀訳、早川書房、2007年。131—2頁）。

ファーガソンは続けて次のような衝撃的な事実を述べている、「クラクフにあるヤギェウォ大学は、中部ヨーロッパで有数の歴史ある学問の府だった。1367年に創設され、ニコラウス・コペルニクス（1473—1543）の母校でもあ

る。1939 年 11 月 6 日、占領当局は大学の教員たちを SS のミュラー上級大隊
指導者の講演に招待した。それは、罠だった。183 人の教員が銃で脅されてト
ラックに押し込まれ、ベルリン郊外のザクセンハウゼン強制収容所に連行さ
れた。のちに彼らは釈放されたが、この事件は、フランクがポーランドの知識
層に対して意図していた迫害の序幕だった。翌年の夏、いわゆる「特別平定
行動」（ＡＢ行動）のもとで、さらに 3500 人の知識人が一網打尽にされ、ワル
シャワ郊外の森で射殺された。1940 年の末までに、この作戦による犠牲者は
合わせて 5 万人に達した」（同、134 頁）。

　殺害方法は、最初こそぎこちなかったようだが、徐々に洗練され、次のよう
な方法に収束して行ったという。
①頭部をピストルで撃ち抜き、そのまま穴へ落とす方法
　トラックで即席の刑場に移送し、1 人ずつ降ろし、2 人で穴の前に連行する
と、1 人が射殺する役割を果たし、もう 1 人が死体を穴に落とす（親衛隊はだ
いたい 3 人 1 組で編成されていた）。
②ガス自動車に詰め込んで窒息死させる方法
　大型トラックを改造し、コンテナと車両を連結して、CO ガスを送り込んで
殺害した。排気ガスを用いるタイプの方法もその後に導入されたが、この段階
ではまだ使われていなかった。

(4) 完全犯罪

　ナチスによる蛮行のすべてに言えることだが、ヒトラーによる明確な命令書
の類いは何ひとつとして残っていない。たとえ断固たる命令があったとしても、
どんな対象に対し、いかなる方法、措置を採るかは常にはっきりしないのであ
る。こんな具合だ。

　〔資料 4〕「今日では、総統アドルフ・ヒトラーが安楽死作戦を直接指示して
　いたとする物的証拠は何ひとつ残されていない。このことを示唆する唯一の
　間接証拠として、これまでに再三とりあげられてきたのは、ヒトラーの署名が
　入った次のような短い文書だけである。そこにはこう書かれている。
　「アドルフ・ヒトラー

ベルリン、1939 年 9 月 1 日

　帝国指導者ボウラーならびに医学博士ブラントに対し、その病状から厳密に判断して治癒見込みのない患者に、人道的見地から慈悲死を与える権限を、特定の医師に拡大して付与する責任を委託する。

（署名）：アドルフ・ヒトラー」

　この文書はヒトラーの個人用便箋に書かれたもので、用紙の左上には金色の鷲の紋章が打刻されている。それゆえ、このような内容の私文書には、何らの法的根拠もないと考えるのが常識である。

　しかしながらこのことこそ、実はヒトラーにとって決定的に重要な点なのであった。組織的な安楽死を公的にしかも文書で命じたり、そのための法律を制定したとすれば、国内はもとより国外からも大きな反発を招くであろうとの予測が、ヒトラーには確実にあった」（小俣、73―5 頁）。

　言うことは行なうことを明確に指定していなかったし、行なうことは言われたことを忠実に行為でなぞるわけでもなかった。言表はそれが決して明言しないことを実行に移すよう暗示するだろうし、行為は言外に仄めかされていることを忖度して着々と実行しなければならなかった。そこには語と事物との対応関係がなかったのではなく、ぎくしゃくするあまり、指示＝参照の絆が見えなくされた関係があったのである。

　背景にあったのは、合法性との関係である。ナチスが行なおうとしていたことは、法的な裏づけのない行為であり、いわば行政による非合法的行為、つまり犯罪だった。簡単に要約すれば、法律は言語であり、行政は行為である。法は行政を拘束し、法律に反する行為を封じている。そのことから導かれるのは、行政の本質である。行政権力は法律に縛られ、どこまでも法に従順であらなければならないがゆえに、ときに法の支配への苛立ちを隠さず、ときに法への憎悪を露わにする（とりわけ法の中の法である「憲法」に対して）。ヒトラーが暗示的な物言いに終始したのは、行政の長が抱く、いわば憎しみのこもった「法への軽蔑」を隠すためである。さらに言うなら、彼は行政の長であるかぎり決して「語りえないこと」、つまり法外な命令（法に背く行為を命じること）を部下に伝えていたのである。

　こうして無法者たちの「法外」な政治が、いたるところに開花することになった。

　〔資料５〕「ナチスはテロを制度化した。既存の法廷システムに不満で、民衆裁判として知られる別体系を設立させた。市民を反逆罪で裁く権力があり、非公開で軍法会議スタイルだった。有罪の判決が出ると拷問、死、強制収容所が待っていた。民衆裁判は憎まれ、恐怖の的だった。ナチスは前例と伝統的裁判の法体系を明白かつ露骨に軽蔑していた。1936年10月11日、ドイツ法学アカデミーを前にゲシュタポの指導者ハインリッヒ・ヒムラーは「法の文言がこれはしてもよろしいと言おうが、駄目だと言おうが、私には何の違いもない」と豪語した。ハンス・フランクも同じ場所で1939年11月に「我々の法的原則は誇りである。一言で表すなら、国家に奉仕するものは正しく、国家を害するものは誤りである」と表明している。

　他の領域と同じように、ここでもナチスは自分たちなりにその権威があるのかを全く考慮せずに実行に移していた。国のためになると自分たちなりに判断して決定した。存在する法を頻繁に無視し、したい放題だった。

　ナチスは通常の法の執行は既存の法廷に任せ、自分たちは自分たちのやり方で進めた。結果は法的な大混乱だった。

　ドイツの法学者のアルブレヒト・ヴァーグナーは「滅茶苦茶の大混乱」と呼んでいる。「見分けがつく合法性はなかった。あったのは見せかけの合法性と無法の不正だった」。この状態は秩序を金科玉条とする保守的な法曹界に測り知れない不満感を生み出した。弁護士と裁判官はハンナ・アーレントが言う「永遠のフラストレーション」の状態にあったもう一つの集団である。

　ヒトラーの指令が戦後になって合法とみなされたか否かとは関係なく、医者への安楽死指示は熱心に実行され、法体系にありとあらゆる類の混乱が起こった。裁判所は背筋が凍りつくような状態に陥った」（ヒュー・G・ギャラファー『ナチスドイツと障害者「安楽死」計画』長瀬修訳、現代書館、1996年。206―7頁）。

　軍や警察が自国の民衆を殺害することを正当化する法律などあるはずもない。正式な政府機関が組織的かつ計画的に自国民を殺害することなど法的には問題

外であろう。ヒトラーとナチスの行為にもしも前例があるとすれば、ソヴィエト連邦に絶望的な荒廃をもたらした広汎かつ大規模な「粛清」だけだった。レーニンに始まり、スターリンによって倍化された容赦のない粛清の嵐に比較すれば、ナチスの蛮行ですら幼稚で小規模に見えるほどだが、首謀者の抱く動機を比較すれば、無気味さにおいては断然ヒトラーに軍配が上がる。

　軍による殺戮は乱暴で行き当たりばったりにみえる部分もあったが、精神病院における組織的な殺戮はきわめて計画的に進められていった。しかもその際、ご丁寧にも遺族に死亡通知書を送るという偽装工作も組織的に行なわれていた。とはいえ、やがてこの偽装工作が裏目に出て、事件が発覚することになるのだが……。例えば、ある親に届けられた死亡通知書に息子の死因として「虫垂炎」が記入されていたが、その息子は入院前に虫垂炎の手術を受けていた。両親は疑念を抱いて役所に照会し、教会に訴え出て事態が発覚することになった。以下にナチ党地区管理局による「事故」の報告を引いておく。

　〔資料6〕「精神病院（治療養護施設、精神薄弱施設等々）の患者の他地域への移動は、当然世間に隠したままでいることはできなかった。設置された委員会があわてて活動したが、常にいつも運がよかったわけではなく、幾つかのへまをやったようである。個々のケースが知れ渡ることは防ぎようがなかった。
　　以下のケースは当然実際に行なわれてはならないことだった。
1. 1家族に2つの骨つぼが届けられた。
2. 死亡通知の死因が盲腸炎として告げられた。だが盲腸はすでに10年前に切除されていた。
3. もうひとつ別の死因は脊髄炎だった。家族の縁者は1週間前に、その肉体については完全な健常者を訪ねて、会っていた。
4. ある家族はその女性が今日まだ病院で生活し、肉体的に最良の状態でいるのに、死亡通知を受け取った。当地のフランケン地方新聞にしばらく前、被保護者の親族たちが死亡広告を載せた。「悲劇的な運命によって彼……は私たちから奪いとられた」。
　　この極度にデリケートな措置に際して、事実のひろまりとそこから生じる、あるいは勝手に捏造される噂をいかにして防ぐかを提案することは困難であ

る」（エルンスト・クレー『第三帝国と安楽死』、334―5頁）。

　ナチス当局が「へま」を完璧に防ぐのは不可能だと告白したことになる。なぜなら、死亡通知書に書いていながら、書いている本人が、書かれていることはすべてウソだとわかっていたからである。ウソをついていると自覚した上でそのウソを公文書として発送するわけだから、最後までバレずに済むわけがない。結局、「へま」がバレることで明るみに出たのは、単なる虚言癖などではなく、それまで秘密裡に進行していたT4作戦の実態だった。

3　T4作戦

　（1）1940年はじめ、首都ベルリン西部、ブランケンブルク州立精神病院にガス室が建造される。さらに2基の可動式焼却炉が設置され、殺害と死体処理の準備が整う。最初の「試運転」で20名の患者が殺害され、処分されることになった。

　〔資料7〕「この最初のガス殺人で、1万8120人の患者が看護職員によって〈シャワー室〉に入れられました。患者はシャワー室の前で服をぬがされ丸裸にさせられていました。彼らは大人しくシャワー室へ入り、ドアが閉められても興奮する様子はありませんでした。ヴィドマン博士がガス栓をひねっているあいだ、私は覗き窓から中の様子を見ていました。ガスが注入されてから1分程で、患者は倒れたりベンチに横たわったりしたまま動かなくなりました。何の騒ぎも起りませんでした。その五分後にガスが室外へ排出され、死体は特別に指名をうけた親衛隊員の手によって、特殊な台車に乗せられて運び出され焼却炉へ入れられました。
　特殊な台車というのは、この作戦のために特に考案された備品のことです。荷台に死体を乗せて焼却炉の前まで運べば、あとは死体に触れることなくそのまま炉の中に放りこめる仕組になっていました。焼却炉も台車もブラックの部署で設計されたものです。設計者の名前は分りません。2回目以降のガス殺人はエーベル博士が単独で、自らの責任において実行しました。
　試験的なガス殺人が成功裡に終ったあと、ブラックが満足の意を表明し……

（今後のガス栓操作は）もっぱら医師の手によって行われるべきことを強調しました……」（小俣、84頁）。

ガス室殺人は全6カ所の精神病院で行なわれていたが、犠牲者は元々の入院患者だけでなく、ドイツ全土の病院から集められ、移送されてきた。間もなく移送患者の数が急増し、精神病院のガス室の処理能力を超過してしまう。たとえガス室が対応可能になっても、今度は焼却炉の運転が厳しくなり、さらには……「到着する患者が多すぎて、ガス室を連日稼働しても対応しきれなくなった」（小俣、97頁）。

(1) 教会の反応

1940年6月1日以降、カトリックとプロテスタントを問わず、教会関係者から抗議と説明を求める手紙が頻繁に送られるようになる。「ベルトラム枢機卿は「生命に値しないと一方的に宣言された患者の殺害が火をつけた憤りへの注意」を喚起し、「罪もない者の抹殺はキリスト教の道徳法を破るのみならず、ドイツ国民の道徳観にも背き、ドイツの評判を世界中で危機に陥れる」と訴えた」（ギャラファー、260―1頁）。

しかし、これらは書簡での非公式の抗議であり、一般国民がその内容を知る方法はなかった。差出人は影響力の大きい人たちばかりだったので、ナチスは敢えて対抗措置を講じて騒ぎが大きくなるのは避けようとしたのか、ただただ放置するばかりだったようだ。

T4作戦を実行する流れに対して、当初こそ主流ではなく、むしろ傍流的な措置だったのかもしれないが、ユダヤ人患者のみを特定して抹殺する作戦も実行されていたようである。大事なのは、その際に病名や労働能力などが一切顧慮されていないという点にあった。ユダヤ人患者の殺害は1940年4月に命令され、6月に実施されていた（小俣100―1頁）。

また、アウシュヴィッツに収容された囚人たちの中で最初のガス室送りにされた犠牲者たちは、いわゆる絶滅収容所に設置されたガス室ではなく、精神病院のガス室に送られ、そこで抹殺されていた。彼らはいわゆる「最終解決」の一環としてではなく、T4作戦の一環として殺害されていたのである。しかし、

いずれにしろ、すべてにおいて法的根拠はまったくなかった。彼らは法律を無視していたのだが、ただ単に法を踏みにじっていたばかりか、他方では法案化の努力を重ねて（いるかのように振る舞って）いた。

〔資料8〕「議事録によれば新法の草案議論が行われている。

　第1段落　不治の病により深刻に苦しめられている、または他者を苦しめている、もしくは確実に死に至る不治の病気によって苦しめられている者は誰もが、自己の希望の表明かつ特別に認定された医者の許可がある場合に、安楽死を得ることができる。

　第二段落　不治の精神病の結果、永久的ケアを必要とし、かつ人並みの人生が送れない者の生命は、無痛の医学的手段で終わらせることができる。

　ヒトラーが秘密に承認した殺人計画はすでに進行し、苦情と混乱が広まるにつれて、法律の文面を作り出そうとする努力があわただしく行われた。法律はヒトラーの承認を得て、計画に権威の裏付けをするはずだった。会議があって、改訂が何度もあって、また会議があった。T4計画を監督していたブラックと総統官房のランメルスともに草案を出している。法案名は「生きることができない者の安楽死に関する法律」から「生きることができない者と共同体への異者の安楽死に関する法律」となり、「生きることができない者と不治の病者の苦悩を終結する法律」となった。最終案は「安楽死に関する法律」だったが、その完全なテキストは知られている限りでは現存していない。

　ヒトラーはこういった動きを承知していた。趣旨説明に対するヒトラーの反応はつかみどころがなかった。帝国委員会の代表がニュルンベルクで証言している。「総統は草案に首を縦にふることはなかったが、……全く気に入らないというわけでもなかった」。「最初に全省庁による検討にかけられる」法律の交付は結局却下された。「政治的理由からヒトラーは気が乗らなかった」とランメルスは述べている。立法の通知が反対を招くからだったかもしれない。法案を官庁に回覧するとたいてい反対があるからである。

　1940年7月までヒトラーには、いかなる法律も認める意志がないことが明らかになった。1940年半ばまでに病院で起こっていたのは大量虐殺であり、法案の慎重な言い回しと主要な文面から全くかけ離れていたからというのが最も単

純な説明である。医者は殺人を禁じる昔からの法律だけでなく、検討中の新法
も破っていたのである。

　新たな言い回しはなし、新法もなし、そうすれば医者の所業も何とかのみこ
める。

　障害者の殺人計画は戦争を隠れ蓑としてのみ可能であるヒトラーははじめか
ら言っていた。平時には教会が世論を反対に動員することができると恐れ、「戦
後」にならないと法的な安楽死計画を試すのは無理と言っていた。〔中略〕ヒ
トラーは大量殺人ができるのは分かっていたし、大量殺人を法にするのは無理
というのも承知していたとアミールは示唆している。法は行動を成文化するの
であり、大量殺人は成文化の域を脱していた。大量殺人を実施するのではなく、
防ぐために法典と社会があるのである」（ギャラファー、233—5頁）。

　ヒトラーは法曹界の錚々たるメンバーを集め、法案化を急かしながらも、で
きあがった法案に対して首を縦に振ることはなかった。実のところ、彼には最
初から認める気がなかったのである。超法規的な力を振るいながら、その暴力
を正当化しうる法律の制定を、不可能と知りながら起草を急がせることこそが
進行中の事態だった。この、いかにもどっちつかずの態度から引き出される結
論がある。すなわち、どのような法案が作成されようとも、どのみち憲法に反
することなく整合性を見出すことが不可能であるような行為をナチスがすでに
実行に移しているということを、ヒトラー本人が完全に承知していたというこ
とである。この1点だけは覚えておいてもらいたい。

(2) T4作戦を終わらせた人物
　勇猛果敢なキリスト教司祭、クレメンス・アウグスト・グラーフ・フォン・
ガーレン司教は1876年生まれであり、1941年当時すでに63歳になろうとして
いた。何ものをも恐れぬその攻撃的な姿勢から、かねてよりフォン・ガーレン
は「ミュンスターの獅子」との異名を取っていた。彼は貴族の出であり、根っ
からのカトリックであり、司教区では信徒たちから敬愛され、ドイツ全土に
知れわたる著名人であった。声には深みがあり、話し振りは自然な権威に満
ちあふれ、しかもハンサムであった。ギャラファーの著書にはこうある、—

——「フォン・ガーレンは保守派であり、愛国者だった。教会の精神的権力だけでなく、世俗権力からも完璧な支持を得ていた。第 1 次大戦を「我等の生存のための闘争」とすら呼んで熱烈に支持していた。/〔中略〕ナチスはフォン・ガーレンを見誤った。確かにドイツには強烈に忠実だったが、ナチスの持ち駒には決してならなかった」（ギャラファー、271 頁）。

　T4 作戦についての説教の一部も引いておこう——「これは「生きるに値しない」と見做される者の抹殺、つまりその存在が民族や国家にとって生産的でないと見做された場合に何の罪もない人間の殺害を許可する思想に沿うものです。このいまわしい概念は罪もない者を殺すのを正当化しようとし、働けない病人や弱者や不治の者、衰弱した老人を殺すのを許しています。この思想に直面したドイツの司教はここに宣言します。何人も罪もない人間を殺す権利はない。理由はなんであろうがです。〔中略〕（殺されているのは）我々の仲間です。兄弟姉妹です。貧しい人、病気の人、非生産的な人、だから何なのでしょうか。生きる権利をなぜ失ってしまったのでしょうか。皆さんも私も生産的なときにだけしか生きる権利はないのでしょうか」（同、276 — 7 頁）。

　説教の原稿はあらかじめ慎重にコピーされ、隠しておいたものだ。秘密警察がやってきたときには数十部が代表的な教会関係者たち、軍関係者たちに送られ、そのコピーから数千、数万のコピーが印刷され、ドイツ全土の人々のもとに届けられた。

　フォン・ガーレンは殺されてしまっただろうか？　次の文章を読めば、誰もがきっとそうなったと予想されるだろう。

　〔資料 9〕「ヒトラーが 1937 年の時点でイギリス外相ハリファックス卿（1881 — 1959）に説明していたように、インドの民族主義に対するヒトラーの根本的な考え方は、次のようなものだった。「ガンディーを撃て。もしそれでも降伏しないならば、国民会議派の指導者たちを十数人ほど撃て。もしそれでも埒が明かないならば、200 人を撃て。新たな体制を打ち立てられるまで、命令を貫徹せよ」（ファーガソン、154 頁）。

　宗教的指導者という点で、フォン・ガーレンはガンディーと同列にある人物

だった。しかし、周囲の人たちの心配をよそに、フォン・ガーレンは撃たれも
しなければ連れ去られもしなかった。ナチスの上層部は、はらわたが煮えくり
返っていた。しかし、彼らも手出しができなかった。何よりフォン・ガーレン
を暗殺する案にはゲッペルスが強く異を唱えたという。理由は単純である、――
――そんなことをすれば、ミュンスターの全住民を敵に回しかねないからだ。ヒ
トラーはイギリスの外相に言い放ったことを忘れたかのように、わざわざフォ
ン・ガーレン司教に何も起こらないようにという指示を下したほどである。さ
らには 1941 年 7 月 30 日になると教会や修道院資産の接収停止を命じ、8 月 24
日には T4 作戦の停止を命じた〔クレー『第三帝国と安楽死』447―454 頁をも参
照〕。

　フォン・ガーレンが説教を行なってから 1 カ月足らずのことだった。

　私たちは次の文章を過去の忌まわしい所産として読むべきか、あるいは現在
形の問い掛けとして読むべきだろうか？

　〔資料 10〕「生きる権利と死ぬ権利というナチスが解決しようとした問題は、
疑いようもなく現代の課題でもある。現代の医療技術によってこの課題は緊急
性を増し、一層困難になっている。しかし、課題自体は変わっていない。誰が
生きて誰が死ぬのか、そして何より誰が決定権を持つのかという問題を、例え
ばナチスドイツのような中央政府が全般的な政策として策定しようと企てる際
に何が起こったのかを見ることは教訓的である。ドイツの医者がこの政策を実
施した経験は感情、行動、関係を浮き彫りにしている。
　狂犬はまともな社会で問題を起こすことはない。野放しにされないからであ
る。野放しになったときには、荒廃が訪れる。ドイツが実例である。〔中略〕殺
害計画で関心をひき重要なのは「狂犬」のような殺人者ではない。ドイツ医学
界、科学界が時間をかけ患者殺害を実行に移した用意周到で体系的な手法こそ
が関心をひき重要なのである」（ギャラファー、13 頁）。

　このような懸念が現実になったのは、2020 年春のことだった。新型コロナ
ウイルスがまだ COVID-19 の名を持たず、ワクチンも開発されていなかった
ころ、新たな感染症が蔓延するイタリアにおいて、逼迫する医療現場で職務を

遂行する人々は、いよいよ老人の命と若者の命を天秤にかけなければならなくなった。やむを得ない状況に追い込まれたとはいえ、その状況は効率を優先し、合理性を追求して医療のスリム化を遂げた結果であり、その上で生きる価値の比較考量に踏み切ったことにはちがいがない。ギャラファーが「現代の問題」と言っているのは、事はナチスという昔の伝説的スキャンダルに限定されず、人は合理化の結果、しばしば同様の選択を迫られることになり、意図的に招いた結果であるにもかかわらず「図らずも」と呟きながら「選別」に手を染める羽目になるのではないか。したがって、我々は優生学的な選別から解き放されたのではない、——むしろ、能力の選別や人の選別、そして命の選別に至る種々の選別の形式がはるかに多様化し、ときにはそれが選別であることすら不可視になっていることが珍しくない時代に生きているだけだということ、そのことを弁えておかなければならないのである。

　ところで、ヒトラーはフォン・ガーレンに敗れたのだろうか？　いや、それもちがう。実験段階、もっと言えば試用期間が終わりを告げたというだけのことだった。秘密裡の実験が露顕したのなら、次の作戦では証拠隠滅にさらなる磨きを掛ければよいというだけのことだろう。文言は何にも言及せず、一切は何も起きていないかのように進んでいく。そして、背後にも何の証拠も残さない……。つまり政府が軍と国家を挙げての完全犯罪を実行に移そうというのである。

　ただ、組織的完全犯罪の試みが意味するものを抉り出す前に、ポーランド侵攻のもうひとつの面を凝視しておく必要がありそうだ。剝き出しの暴力——。

第 11 講
ナチスの暴虐とカオスの生成

1 ナチズムと民主主義

　ヒトラー率いるナチス政権は、民主主義のルールに則った正規の手続きから誕生した。もちろん、そのことにより、ナチスの政治が民主的だったことを些かも含意するものではない。ナチズムは普通選挙の産物だったが、ヒトラーの支配を決定的にした投票を最後に、ドイツ人はナチスが倒れるまで二度と投票の形で意思表示する機会を失ったのである。

　当初、いかがわしい泡沫政党のひとつだったナチスは、1928 年の選挙で 12 議席を獲得した。翌々年、30 年の選挙でも奇をてらったファッションとヒトラーの風貌および弁舌から、大方の有権者から半ば冗談めいた政党と思われていたにもかかわらず、議席数を 107 にまで伸ばし、大躍進を遂げた。1932 年の選挙では 230 議席を獲得して第 1 党となったが、この期に及んでも大多数のドイツ人は「もしもダメだったら次の選挙で別の党に入れればいいや」くらいにしか考えていなかった。32 年の選挙結果により、ヒトラーの片腕（というよりナチス躍進の立役者）であるヘルマン・ゲーリングが国会議長に就任する。当時、ナチの看板は、第一次大戦のヒーローでもあったゲーリングだった。彼が議長職に就くと、いよいよヒトラーの首相就任のお膳立てが整った。

　1933 年 1 月、ヒンデンブルク大統領は（しぶしぶ）ヒトラーを首相に任命する。ヒンデンブルクもまた軍事的な英雄にちがいなかったが、ゲーリングはまだしも、ヒトラーという人物には「せいぜい郵便局長が関の山」といった程度の印象しかなかった。

　しかし、大統領の印象に反し、ヒトラーの行動力は凄まじく、首相に就任するやいなや「断種法」を制定し、次いで制定した「職業官吏再建法」により、ユダヤ人をドイツの公職から追放する。前者は「生きる価値のない生命」を対象にした法律であり、後者についてはそのためにフリッツ・ハーバーがカイ

ザー・ウィルヘルム研究所を追われたのは前々回の講義で見た通りである。

　同年 5 月には、ナチス特有の大仰なイベントを兼ねて、大規模な焚書が実施される。対象となったのは，ユダヤ人が書いた書籍ばかりだった。カール・マルクス、ジクムント・フロイト、それに詩人のハイネなども対象になった。ハイネの言葉、「本を焼くところでは終いに人間も焼く」という台詞の射程距離は意外なほど長い。

　翌 1934 年 1 月、フリッツ・ハーバーがスイスにて客死。

　同年 6 月 30 日より「長いナイフの夜」と呼ばれる大規模な粛清が行なわれた。これはナチス内でも元々の理念に忠実な一派、突撃隊 SA に対して行なわれたものである。党が大きくなるにつれ、当初の理念に忠実な、いわば青臭く真っ直ぐな連中が邪魔になったというのが主な理由である。とはいえ、ヒトラーに次ぐ指導的な地位にあったエルンスト・レームを粛清した意味はかなり大きい。いずれヒトラーの座を脅かすかもしれない側近中の側近を前もって始末した形になるからである。笑えない話だが、ソ連の独裁者スターリンは、この粛清の一報を聞いて、ヒトラーの手腕を褒めちぎったという（2022 年 2 月、ドナルド・トランプがプーチンのウクライナ侵攻の一報を聞いて「天才！」と絶賛したのを想起しておこう）。

　8 月はじめ、ヒンデンブルク大統領が死去すると、ヒトラーは早速手を打って、首相職と大統領職を統合して国家元首への就任について民意を問うべく、国民投票という手段に打って出た。ゲッペルスの世論操作も相まって投票の結果は、賛成票が実に 88. 9 パーセントを占めるというものだった。早速ヒトラーは「総統」の地位に就くのだが、90 パーセントに及ばんとする結果は、報道機関の完全掌握という事実を考慮してもなお、民主的な選挙の結果であるという点だけは強調しておくべきだろう。

　さて、1935 年になると、いわゆるニュルンベルク法の施行に続き、「帝国市民法」が制定され、ユダヤ人から公民権を剝奪することも可能になった。この法律は、「ユダヤ人」を特定の信仰を有する者、つまりユダヤ教信者と定めてはいなかった。ただ 3 人または 4 人の祖父母にユダヤ人をもつ者が「ユダヤ人」と定義された。自身をユダヤ人と認めているか否か、またユダヤ教コミュニティーに属しているか否かはもはや関係なかった。それゆえキリスト教に改

宗したユダヤ人を祖父母にもち、かつ自身もユダヤ教徒でない人たちでさえユダヤ人と見なされることになった。「ユダヤ教徒」という伝統的な定義から乖離した次元を設けた上で、あらためて対象群となる一族を名指している点に注意しておこう（とはいえ、この法律を厳密に適用するとナチス内部にも摘発される可能性のある者が大量発生しかねなかった。実態としては、それほどまでユダヤ人との混交は進行していたのである）。

1936年、ダッハウに強制収容所が完成し、〈反社会的分子〉と名指された人たちの強制収容が開始される。当初は強制労働の名目で、囚人たちにただ働きを強要し、兵器の生産を強化することを目的にしていた。何を「反社会的」とするかは恣意的な判断に委ねられていたから、いつ、誰が秘密警察に拉致されるかは誰にも予想できなかった。

ここで1人の偉大な物理学者の名を召還しておこう。ヴェルナー・ハイゼンベルク（1901─76）は、初期の量子力学の大立者として、おそらくアインシュタインに次いで有名な物理学者である。1925年に行列力学、27年には不確定性原理を発表して、量子力学を確立し、古典物理学を過去に葬り去った。1932年にノーベル賞を受賞した当時、ハイゼンベルクはわずか31歳であった。

多くの知人がドイツを去るのを尻目に戦後を見据えてドイツに留まるべしとのマックス・プランクの助言を受け、彼は祖国にとどまった。兄のように慕っていたニールス・ボーアとは戦後、二度と言葉を交わすことができなくなってしまったが、その件については別の機会に譲ることにしよう。

今回の講義で言及するのは、彼が味わった受難である。個人を襲った出来事だが、ある意味、ナチズムの本質に触れる悪夢的な体験でもあった。

〔資料１〕「1937年の夏、7月の初め、ヴェルナー・ハイゼンベルクはわが世の春を謳歌していた。彼は、アインシュタインに次ぐ世界最高の存命の物理学者で、量子力学と不確定性原理に関する研究で名をなしていた。彼は結婚したばかりで、予定より長引いた新婚旅行から、ハイゼンベルク家が昔から住んでいた、ハンブルクのアパートに戻るところだった。そこには彼の母がまだ暮らしており、彼が10代のころ作った、全長5フィート〔約1.5メートル〕の電動式の戦艦もまだ飾ってあった。彼は嬉しい電話をかけなければならなかった。そ

れというのも、15年近く昔、ドイツの大学制度の奇跡と呼ばれるほど優秀な学生として、博士号を取得した大学のまさにその学部の上級教授に任命されたからだ。彼の母の待つ家に帰って、そこから学長に電話した。

　ハイゼンベルクは、嬉しいことがあると、興奮からくる緊張で、肩をめいっぱい張って立つ癖があった。電話はつながったが、学長は困った問題が持ち上がったと告げた。ヨハネス・シュタークという年老いた物理学者が、SSが発行している週刊誌を説き伏せて、ハイゼンベルクは愛国心が不足している、彼はユダヤ人と一緒に仕事をしており、正しいドイツ支持精神を持っていないなどという内容の匿名記事を載せさせたのだという。

　このような個人攻撃が公然と行なわれたあと、まもなくその人物が夜中に逮捕され、やがて強制収容所送りになるというようなことがちょくちょく起こっていた。ハイゼンベルクは恐ろしくなったが、同時に憤慨した。そんな非難は、お門ちがいというものだ！　確かにユダヤ人の物理学者たちと共同研究していたが、ボーアやアインシュタイン、そして偉大な物理学者のヴォルフガング・パウリをはじめ、大勢の学者たちがユダヤ人か、あるいはユダヤの血を引いていたのだから、選択の余地などなかった。公開討論では、ヒトラーの行為を支持し、いつもドイツの立場を弁護していたのに、外国のトップレベルの大学から招聘されても、いつも祖国に忠義を尽くして断ってきたのに。

　ハイゼンベルクは、親しい友人たちに、力になってくれるように求めたが、誰も応じてくれなかった。まもなく彼は、ベルリンのプリンツ・アルベルト通りにあったSS本部の地下室に召還され、尋問を受けた。その部屋は、壁はセメントがむき出しで、「深く静かに呼吸せよ」という、あざけるような標語が掲げてあった（彼は暴行は受けなかったし、尋問官の1人は、ライプチヒ大学で博士号を取ったとき、ハイゼンベルクが採点者の1人だったことを覚えていた。しかしハイゼンベルクの妻は、彼はその後何年も、このときのことを夢に見てはうなされていたという）。SSの攻撃が止みそうもないという段になってはじめて、彼は1人の味方を得た。それは彼にもっとも近い女性、彼の母であった」（デイヴィッド・ボダニス『E=mc^2』吉田三知世他訳、早川書房、2005年。139─40頁）。

　ハイゼンベルクの母親は、たまたまナチスの高官ハインリヒ・ヒムラー（ナチス親衛隊SSの隊長、やがて秘密警察（ゲシュタポ）の長官にもなる）の母と若いころからの知己であった。息子から託された手紙が母たちを通じてヒムラーの手に渡ると間もなく息子は解放され、丁寧な返信を受け取ることになる。そこにはハイゼンベルクに対する非難は以降、ヒムラーが容赦しないとの内容が書かれていたが、それに加え、次のような追伸があったという。「ただ、今後、講演される際には、科学研究の成果と、科学者の個人的、政治的態度とは別のものだということが、聴衆にもはっきりわかるようにしてくださるのが一番よいと存じます」。つまり、みだりにユダヤ人の業績を取り上げ、高く評価するような言葉を口にするのは慎むべし、ということである。

　1938年11月になると、ナチスの煽動により、後に「水晶の夜」と名付けられる大規模なポグロムが発生する。その夜を契機に、約2万人にのぼる人々が強制収容所に連行された。

2　流血のカオス1──ポーランド侵攻

　1938年にオーストリアを併合したドイツ軍は、翌39年にはチェコスロヴァキアに侵攻・解体し、ポーランドとの不可侵条約を踏みにじる形で9月1日、ポーランドに攻め込む。その理由ないし狙いは何だったのか？

　〔資料2〕「ヒトラーは、二人の前任首相、グスタフ・シュトレーゼマン（在任＝1923）やハインリヒ・ブリューニング（在任＝1930－32）のようにヴェルサイユ体制を反故にする──ヒトラーが首相になる前に、大恐慌がすでに大きなダメージを与えていた──だけでは満足しなかった。それどころか、ドイツが1914年（第1次世界大戦の勃発）当時の地位を回復するぐらいではもの足りなかった。ヒトラーの狙いは第1次世界大戦当時のドイツの指導者たちと同じく、東欧圏をロシアの影響下から解き放つことにあったとする見方も正しくない、とドイツの歴史学者フリッツ・フィッシャー（1908－99）は断じている。

　　ヒトラーの目標は、別のところにあった。端的に言えば、ドイツ帝国がすべてのドイツ民族の居住地を可能なかぎり取り込んで膨張させ、さらにその過程でユダヤ人やソ連共産主義体制（この両者は、ヒトラーにとっては同じ悪だっ

た）など、彼が存在そのものを最も脅威だと判断したものを滅ぼすことだった。日本の領土拡大主義者たちと同じく、ドイツは人口が多く、戦略的な原材料が不足しているという理由で、ヒトラーはドイツにはより広い領土が必要だという信念を持って、生存権の拡大を追い求めた」（ニーアル・ファーガソン『憎悪の世紀（下）』、仙名紀訳、早川書房、2007年。28─9頁）。

　ドイツ人の生存権は、他国人ないし他民族から生存権を剥奪することにより獲得し展開すべきものだった。新たに獲得されなければならないのは、ドイツが繁栄するための天然資源、労働力、そして資金だった。ヒトラーのドイツにとって、ポーランドの秩序などどうでもよかった。というよりも秩序などというものは支配者にとって統治を妨げる邪魔な要素でしかなかったのである。
　1939年9月末になると、ポーランドはドイツとソ連に両側から挟まれる形で侵略され、降伏する。その頃にはすでにポーランド各地の精神病院で大規模な殺戮が始まっていた。とはいえ、それはT4作戦の一環ではなく、前哨戦とも言うべき実験だった。T4作戦が遂行されたのは、1940年6月から翌41年8月末までと言われているが、名目上終わったことにしただけで、現実には種々のカモフラージュをしながら終戦まで殺戮が続いていた。
　降伏から程なくして、ヒトラーは側近たちを前に真の狙いを明かすことになる。

　〔資料3〕「同じ1939年の10月、ヒトラーはナチスの高官たちに、ドイツの使命はポーランドに秩序をもたらすことではなく、「混沌を引き起こす」ことだと告げた。ただし、このカオスには、目的があった。『わが闘争』を執筆して以来、ヒトラーはナチスの帝国を、殺戮と再植民の両面から考えてきた。劣等人種は殺すなり追放するなりして、ドイツ人入植者のために場所を空けさせる。そうすればドイツ人たちは進出して、繁栄するだろう。その目的は、ヨーロッパにおける民族地図を塗り替えること、つまり人種論者たちがかつて思い描いた幻想を、恐ろしい現実に変えることにほかならなかった。ゲッペルスは日記に、ヒトラーの目的は「全滅」である、と明確に書き記している」（同131頁）。

　カオスはコスモスの対義語である。ひとつの社会を秩序なき状態に陥れること。それまでの基準が通用せず、感覚は向かうべき方角を見失い、思惟も前後不覚となり、すべてがめちゃくちゃな状態、つまり「混沌」に呑まれたのである。「全滅」——それは見境なしに人々を殺害することで達成されるのではない。実際、ポーランドにおけるナチスの蛮行の記録を読めば、ヒトラーが本気でポーランド人を「全滅」させようとしていたかのように感じられるだろう。しかし、次の文章の末尾まで読んでみると、一見すると見境のない衝動の発露にしか見えない行動が、実はそうではなく、一種の作戦行動だったことがわかってくる。

　〔資料４〕「ドイツ軍の占領下にあった短い期間——ポーランドが降伏した９月28日から10月25日まで、つまりポーランド総督府が設置されるまで——に１万6000人から２万人のポーランド人がただちに処刑された。そのほとんどは特別行動隊が手を下したもので、貴族階級や知的専門家、知識人、聖職者が主として狙われた」（同132頁）。

「万」という単位の処刑を延々と見せつけられれば、誰の目にも見境のない暴力と映るであろうし、天災のような何かが猛威を振るっているようにしか見えないだろう。司法による裁きすらないのだから、侵略者たちが誰彼かまわず襲撃し、殺戮に及んでいるようにしか見えなくとも無理はない。しかし、その実、暴力の矛先はその社会の中核を占める人々に向けられていた。狂気と見紛うばかりの剝き出しの暴力が、実のところ計算高く、利害に聡いというのはしばしば見られる逆説だが、その種の例に漏れず、侵略者たちの陰険な眼差しが向けられていたのは、ポーランド社会に活力を与える人々、共同体を不断に稼働させている力、そして、それらの源泉としての資産（私有財産）だった。足を踏み込んだその地にある「値打ちもの」を根こそぎ奪い去り、後に何も残さないこと、これ、すなわち「全滅」である。そして、目の前には「全滅」させてしかるべき恰好の標的ないし獲物がたむろしていた。

〔資料5〕「1930年代のはじめ、ポーランドの高額所得者の約半数はユダヤ人だった。ポーランドの各都市では、企業家や経営者、熟練労働者に占めるユダヤ人の割合が圧倒的に多かった。ドイツの占領下で真っ先におこなわれたことの一つが、ユダヤ人の全財産の没収を許可することだった。これが、徹底的に容赦のない略奪作戦の始まりだった。フランクは同じころ、12歳から60歳までのユダヤ人男性に強制労働の義務を課す布告を出した。資産にしても、労働力にしても、ユダヤ人が経済的に価値があるという点は否めない。したがって、資産を奪い、労働力を抹殺することは、どう考えても収益を最大限に利用する方策ではなかった」（同146―7頁）。

　ナチスの行なったことを深読みする必要はない。ユダヤ人憎悪や反ユダヤ主義を煽るだけでなく、法律により公職から追放し、公民権さえ剝奪したのは、ユダヤ人の法権利すべてを停止するためだった。その権利とは第1に私有財産を保有する権利であり、第2に資産の保全を主張する権利であり、第3には生存する権利である。権力の陰険な眼差しは、ユダヤ人が貯め込んだ資産に照準を定めていた。彼らにとって喉から手が出るほどほしかったのは、戦争の元手であり、敵を圧倒する兵器を生産するための原材料と軍資金だった。もしもユダヤ人が持っているなら根こそぎ奪えばよい。権利主体として保全を求めるようなら、さっさと権利を停止させて黙らせればよい。そう、何をしようとも有無を言わさぬよう法律を利用するのだ。それでも頑健な身体を当座の労働力として利用できそうなら、生きている限り搾取すればよい。しかし、それ以上に生かしておく必要はない――社会的コストになるからだ。
　ハンナ・アーレントはナチズムの巧妙な法整備について次のように述べていた。

〔資料6〕「法律専門家たちは犠牲者の国籍を奪うのに必要な立法措置を講じたが、このことは二つの点で重要だった。第一に、無国籍にしておけばどこかの国が彼らの運命がどうなったかを調べることはできなくなる。第二に、そのユダヤ人たちの居住国に彼らの財産を没収する権利が生ずる。大蔵省とドイツ中央銀行は全ヨーロッパからの厖大な掠奪財産――時計や金歯を含む――を受

け取る機関を設け、これらのものはすべて中央銀行で分類され、それからプロ
イセン州造幣局へ送られていた」(ハンナ・アーレント『イェルサレムのアイヒマ
ン』大久保和郎訳、みすず書房、1969年。91頁)。

　19世紀、国民国家の黎明期に非国民的要素として目の上のたんこぶ扱いさ
れたユダヤ人は、今や何もかも奪われた無国籍者として、寄る辺ない状態に
陥れられた。「生きる価値のない生命」という概念の外延だけが大きく拡がり、
一般化されたのは、論理的な理路としては彼らから金品を略奪した瞬間から
だったのである。金品を貯め込んだ人たちは、それを軍資金にできるという意
味で、言い換えるなら強奪に値するものを持っていたという意味で「価値」が
あった。しかし、もてる資産がなくなれば「価値」を失うのだから、以降は生
かしておいてもコストが嵩むだけとなる。何もない人間が邪魔なのは、それが
ユダヤ人であれポーランド人であれ変わらない。何もなく寄る辺ない状態をナ
チスが作り出したのだとしても、そんなことにはお構いなしだ。搾り取れるも
のがなければ、生かしておくのは無駄だし、歯向かってくる可能性があるなら、
むしろ機先を制して始末しておくに越したことはない。侵攻の初期段階で、軍
の暴力が社会の中枢を標的にし、資産家の金庫が狙われ、知識人の頭脳が真っ
先に撃ち抜かれたのは、抵抗の拠点を潰すことで支配をより容易にし、暴力の
浸透を早めるためだった。間もなく殺戮の猛威には歯止めが掛からなくなり、
ポーランドのいたる場所に暴力が荒れ狂い、市街地のあちこちに屍が累々と重
なることになる。
　ただし、少しでも考えれば、こんな方法には無理があるのはわかりきったこ
とだ。なぜなら、ヒトラーが命じた作戦行為は、いわば自転車操業の中小企業
と大して変わらないからである。資産家は単に金を貯め込んでいるだけではな
い。彼らの多くは企業経営に長けていたからこそ資産を増やすことができたの
だ。彼らの会社は継続的に利益をあげ、社員の生活を保障することで企業価値
を保ち、未来をも安泰にしてきた。ところが、それまで会社を存続させ、社員
の暮らしを維持するために運用されてきた資金をすべて強奪し、さらに社員を
収容所送りにし、もてる労働力すべてを軍需産業に充てるとき、何が起こるだ
ろう。奪った資金を使い果たし、労働力を余すところなく搾り取ったら、それ

で終わりだ。社会的な力は資本が1回転するうちに枯れ果て、軍資金もたちまち尽きてしまう。逼迫した中小企業の一時しのぎと一緒である。もしも追加の資金を手に入れ、新たな労働力を入手しようとすれば、さらに戦線を拡大し、新たな餌食を探して襲撃する以外に手がない。

　したがって、「全滅」というのは、ある社会の滅亡を目的とした行動ではなく、自転車操業の社会がさらに前進するために採らざるを得ない窮余の策だったとも言えるだろう。日本とドイツはそれが窮余の策であり、長く続かないことに薄々気づいていた点でも共通していた。両国はやがて自身の「全滅」を到達地点に据えた気が遠くなるような迂回路を進みながら、その旅路で周辺の国々を片っ端から破滅に巻き込み、無惨な状態に追い込んでいった。資源が乏しく、資金も大して潤沢ではない国が世界を相手に戦争するとき、なさねばならないのは自国の窮乏を侵略行動でしのぎながら、先の見えない先をただ闇雲に進むことでしかなかった。ジル・ドゥルーズはフェリックス・ガタリとともに、そのような体制の社会をこれ以上にない言葉ではっきりと定義していた。

　〔資料7〕「ファシズムの場合、国家は全体主義的というよりも、はるかに自滅的であるということ。ファシズムには現実と化したニヒリズムがある。〔中略〕奇妙なことに、自分たちがなにをもたらすのか、ナチスは最初からドイツ国民に告げていた。祝宴と死をもたらすというのだ。しかもこの死には、ナチス自身の死も、国民の死も含まれている。ナチスは、自分たちを滅びるだろうと考えていた。しかし、どのみち自分たちの企てはくりかえされ、全ヨーロッパ、全世界、全惑星におよぶだろうとも考えていた。人々は歓呼の声をあげた。理解できなかったからではなく、他人の死をともなうこの死を欲していたからである。これは、1回ごとにすべてを疑問に付し、自分の死とひきかえに他人の死を賭ける、そしてすべてを「破滅測定器」によって計測しようとする意志である」（ジル・ドゥルーズ＆フェリックス・ガタリ『千のプラトー』264頁）。

　中東の武装組織が自爆テロを「カミカゼ」と呼ぶのは、自分の命を捨て駒にした不気味な行為が世界に強いインパクトを与えたからだろう。当時の日本は進軍した先で人命を大量に奪うだけでなく、自軍の兵士の生命を踏みにじりな

がら滅んでいった。しかも、あたかもおのれの命を打ち捨てることが幸福な使命であるかのように「死」を賛美しながら死んでいったのだ（本当に栄誉を感じていたかどうかはわからないが──）。ドゥルーズたちは続けて次のように述べていた。

〔資料8〕「ナチス的言表からは、いつも死に栄光あれという「愚かで忌まわしい」叫びが響いている。しかもこの叫びは、再軍備の膨張が消費の拡大にとって代わり、生産手段から純然たる破壊手段へと投資の移行が起こるレベルにまで達しているのである」（同264─5頁）。

何も生み出さないだけでなく、死を生産し、破壊の限りを尽くしながら進軍する絶望的な国家＝軍。したがって、当時のドイツと日本がもし少しでもまともな社会であったならば、第二次大戦に勝利するには作戦を有利に展開しているうちに交渉へと持ち込み、相手国に降伏を迫る以外になかった。さもなければ、進めば進むほど深くなる闇を手繰り寄せるような地獄しか待っていなかった。実際、2国が歩んだ破滅に至る長大な迂回路は、いずれもファシズムという自滅的体制を構成し、（ハーバーの回で見たように）あらゆる生産手段を軍備増強に充て、進軍した大地のすべてを荒廃させていった。ファシズムが自滅という終着駅に向かって一切を動員した体制だったことは歴史が証明している。実際、ポーランドの地獄模様は間もなくやってくるドイツの地獄を先取りしたような光景だった。

〔資料9〕「ポーランドは以前にも、ドイツ帝国とロシア帝国に国土を分割されたことはあったが、このようにひどい扱いを受けたことはなかった。ヒトラーもスターリンも、恐怖によって住民を統治した。独ソとも、ポーランド人の政治生活とともに文化生活も抹殺しようという同じ目的を持っていた。そうすれば、ポーランドは国土として消えるばかりでなく、理念のうえでも消滅する」（ファーガソン、167頁）。

箍の外れた暴力は、視野をよぎる人の命を始末し、それで終わりになるはず

もなかった。暴力はあらゆる衝動を他者にぶちまける侵害行為である。そうで
あってみれば破壊衝動だけが開花し、性的衝動だけがじっと影をひそめている
はずもない。むしろ、暴力の行き着くところでは常に性の衝動もぶちまけられ、
街のあちこちで暴行に付き物の阿鼻叫喚が響きわたった。殺戮は中央からの指
示だったが、性的暴行はもちろん中央からの命令ではない、――あれほど民族
の純血を声高に叫んでいた者たちがわざわざ祖国に混血を増やす行為を推奨す
るはずがないだろう。しかし、その理念に反して、ドイツに純血をもたらすは
ずの作戦行動がいたるところで民族の混交を促進し、高らかに掲げた純血の御
旗を汚す結果となった。そもそも国際条約を無視して、無法の暴力を命じてお
きながら、その暴力が殺人のハードルしか越えずに、ほかの衝動については節
度を弁えると想定していたこと自体、あまりに判断が甘かった。

　そして、さらに言えば、暴力で手に入れた資金などすぐに底を突き、そのツ
ケが社会的窮乏として跳ね返ってくることも十分予想できたはずだ。ファシズ
ムが死者から掠めた金は、使ったらそれで終わり、あとは窮乏を極めつつ死へ
の一本道を邁進するほかない。

　対照的に、連合国は自転車操業とはほど遠いシステムを築き、きわめて合理
的な生産ラインを整備し、円滑に稼働していた。とりわけアメリカは第二次大
戦を通じて巨大な軍産複合体を創出し、大量生産システムを敷くことにより、
経済成長と社会生活の充実を同時並行的に達成していた。ファーガソンは2つ
の体制をマクロ経済の観点から比較し、次のように述べている。

　〔資料 10〕「たしかに、1939 年から 42 年にかけての電撃作戦で、枢軸国と連
　合国の経済格差は縮まった。ドイツは、占領した西ヨーロッパの地域から手際
　よく資源を搾り取っている。ピーク時の 1943 年には、ドイツのＧＮＰ（国民
　総生産）の 8 パーセント、戦前のフランス国民所得の 3 分の 1 に当たる資産を、
　フランスから無償で得た。〔中略〕アルベルト・シュペーアは軍需相の任に就く
　と、ドイツ帝国の経済を活性化させ、1941 年から 44 年の間に生産工程を基準
　化して、生産性を大幅に向上させ、兵器の生産量を約 3 倍に増やした。日本も
　また臨戦態勢下で経済をフル稼働させ、1941 年から 44 年の間に航空機生産量
　を 5.5 倍に増やしている。

　だがそれでも、連合国には遠く及ばなかった。3大連合国には、枢軸国をはるかに凌駕する物的資源があったからだ。ドイツ・イタリア連合がイギリス・フランス連合と対峙した1940年、後者の経済生産高の合計は、前者のおよそ3分の2だった。フランスとポーランドの敗北でイギリスはさらに不利になるが、ドイツのソ連侵攻で経済面のバランスは拮抗する。ついでアメリカの参戦によって、形勢が変わる。それどころか、ほぼ逆転する。1942年になると、連合国側の総GNPは、主要枢軸国とその属領の総GNPの2倍に達する、1943年にはおよそ3倍にもなり。戦争が続くにつれ、主としてアメリカ経済が急速に成長し、その結果、格差は広がり続ける。1942年から44年の間に、アメリカの支出はドイツ軍と日本軍の支出合計のほぼ2倍に増大した」（同287−8頁）。

　ドイツと日本も相応に生産性を向上させていたものの、その向上は軍需産業（を中心とした公共事業）に限定されていたから、国民の社会生活に反映することはなく、経済成長につながることはなかった。戦争を継続すればするほど財政が逼迫し、国民生活は窮乏を極めていった。さらに外へ外へと向かっていくしかない2国に比して、アメリカは参戦によって世界恐慌の後遺症から脱し、かつてない経済成長を達成していたから、国民の生活水準の向上を謳歌していた。両陣営の経済格差は時の経過とともに拡大し、徐々に戦争の行方も明らかになろうとしていた。

　しかし、我々の関心は、戦線の行方ではなく、箍が外れ、街路に解き放たれた暴力がどのような連鎖を形成し、人心を惑わせ、日常を狂わせるのか、という点に向かう。

3　流血のカオス2──世界が変わると人も変わる

　暴力が吹きすさぶとき、人間性にはいったい何が起き、何が変わるのだろうか？

　まず平穏な日常が忽然と消滅する。眼前で起きた惨劇を直接その目で見ることにより、人々は法治主義の消滅を嫌が応にも知らしめられた。人が法の裁きを抜きに人を惨殺したにもかかわらず、警察に捕まることもなく涼しい顔をして街路を闊歩していたのだ。そのさまを見れば、もはや法が失効していると悟

らざるを得まい。となれば、いきなり目の前で両親が殺され、かけがえのない友人が気紛れな衝動にまかせて銃殺されたとしても、その行為は、たとえ「殺人」と呼ばれたとしても「犯罪」とは言われないことになる。先ほどまでの日常世界が今も続いていたなら紛れもなく「犯罪」だった行為が、今や軽微な罪にすら問われない、そういう世界が出現したのである。そのとき目の前に現出した世界は、ただ「無法地帯」と呼ばれるしかない。

　無法地帯に出現した暴力は、でたらめに荒れ狂っていたわけではなく、常に、誰にでもわかる形で、標的の存在を明らかにしていた。殺戮しても何ら罪に問われない一族、──「ユダヤ人」。罪もない「ユダヤ」の人々が次々に惨殺され、にもかかわらず加害者が罪に問われないさまを目にしたポーランド人たちに、いったいどんな変化が現われただろうか？

　〔資料 11〕「1941 年 7 月 10 日の朝、8 人のドイツ人がイェドヴァブネにやって来て、町長のマリアン・カロラクをはじめ町の有力者たちと会談した。ドイツ側は、それぞれの職業につきユダヤ人を少なくとも 1 家族は生かしておいたらどうかと提案したが、地元ポーランド人の大工が次のように反対した。
「ポーランド人の職人が、十分にいる。ユダヤ人は全員、殺さなくてはならん。1 人たりとも生かしておくべきじゃない」
　町長をはじめ、列席していたほかのポーランド人たちも、その意見に同調した。生き残った数少ないユダヤ人の 1 人シャムール・ヴァセルシュタインの証言によると、会合に続いて徹底的なユダヤ人大虐殺がおこなわれた。「あごひげを生やした年配のユダヤ人は焼き殺され、生まれて間もない赤ん坊は母親の胸に抱かれたまま殺された。人びとは残忍に打ち据えられ、歌い踊るよう強いられた。あいつらは最後に、ヤマ場となる行動、つまり焼き討ちに取りかかった」
　ユダヤ人たちは、パン屋を営むブロニスラフ・スレシンスキの店の穀物倉庫に押し込められて焼き殺された。これは地元にいた少数のならず者の仕業ではなく、ポーランド人人口のほぼ半数の男たちが総出で、カロラクやスレシンスキのような社会的地位の高い人物の指導のもとで実行した行為だ。逃亡を試みたユダヤ人は、近隣の場所でやはり隣人たちに捕らえられた。現場に居合わせ

た少数のドイツ人たちは、写真を撮影するだけで手出しはしなかった。ユダヤ系ポーランド人の歴史家ヤン・トマシュ・グロス（1947〜）は、当日の状況を次のように記している。「その日、町にいて、視覚か嗅覚か聴覚があった人は、イェドヴァブネのユダヤ人たちのむごたらしい殺戮に参加したか、その様子を目撃したかのどちらかだった」」（同207─8頁）。

この文章を読んで、ポーランド人は頭がおかしくなったと考えられるなら、まだ幸福だろう。彼らはまちがいなく正気だった。それは対話の筋道からも明白に見てとれる。資料から読み取れる事実は、凶行に走った人々が正気だったこと以外にもいくつかある。

ひとつは殺戮の被害者でもあったポーランド人たちのあいだに「ユダヤ人を殺さなければならない」という意識が芽生えていたことである。第2に、ドイツ人による提案を上回る殺戮を実行すれば、きっとドイツ人に認めてもらえるか、もしかすれば報償をもらえるかもしれないと考えていた節がある。第3に、ユダヤ人狩りを行なったのは常軌を逸した人たちでもなければ、素行不良の輩でもなく、共同体の指導的地位にある人々によって指揮された市井の人々だったことである。

もちろんポーランドにもユダヤ人に対する差別意識は多少なりともあったかもしれない。資産家に対する羨望なら少しはあったろうし、幾ばくかの怨恨も混じっていたかもしれない。しかし、彼らポーランド人たちを暴行に駆り立てたのは、その種の従前から続く意識ではない。彼らは大規模な殺戮の光景を目撃することにより、人間の二極分解、すなわち殺す側と殺される側との二極を切り離す線分を認知していたのだ。そして、無法地帯に引かれた線分は、作戦が実行に移されているあいだ、市井の人々にこう問いかけていたのだろう、──「おまえたちはどちら側がいいんだ？」。そして、実際にドイツ人たちが地元住民に参集を呼び掛け、その後、ダメ押しにそっと問いかける、「あんたらはどっちに就きたいんだ？」

すでに貴族や知識人など影響力のある有力者たちは殺害されていた。へたをすれば、彼らも同じ目に遭いかねないことは、たまたま目をつけられなかった彼らにしても先刻承知だったろう。となれば昨日まで市民だった人々が加害者

側に過剰同調した結果、箍が外れたように見える行為に及んだとしても不思議はあるまい。何しろ法の支配が滅んだのだから、たとえ何人殺そうが、「罪人」として後ろ指を差されることもない。

　しかも、たちが悪いことに人は次第に殺害に慣れていくだけでなく、同じやり方をくり返すことにも飽きてくる。人間の厄介なところは、何かに飽きると創意工夫を凝らしていくところにある。それは暴力や殺戮についても変わらない。子どものいじめでもよく見られることだが、人はときに残忍さに磨きを掛け、次第に洗練させてゆく。次の事例は、ナチスの反対側からポーランドに侵攻したソ連の占領地帯で起きていたことの証言である。

〔資料 12〕「またあるポーランド人は、次のように回想する。
　「"ウクライナ民族主義者機関"に拘束され、家族が目の前で手足をもぎ取られていく様子を見るよう強制されたポーランド人の母親。お腹の子をえぐり取られた妊婦。身体を切り開かれ、出血する腹部にネコを縫いつけられた身重の女性。自らのポーランド人の妻を殺害するウクライナ人の夫。逆に自らのポーランド人の夫を殺害するウクライナ人の妻。息子がポーランド人の母親を殺さないよう、先手を打って息子を殺すウクライナ人の父親。民族主義者たちに半分ポーランド人だと糾弾され、身体をのこぎりで半分に切られたポーランド人とウクライナ人の混血の息子。家の垣根に吊し首にされた子ども。建物に叩きつけられたり、燃えさかる家に投げ込まれたりした無力な幼児。このような話はごまんとある」（同 214 頁）。

　これは古代や中世の話ではない、いわんや作り話でもない——20 世紀に起きた事実の証言である。また、兵士の暴虐ではないし、死刑執行人の所業でもない。昨日まで普通に暮らしていた人たちが発露させた暴力である。彼ら自身の見た目は昨日と変わらないし、話す言葉も変わらないはずだが、世界が確実に変わっていた。法を遵守する意味がなく、暴力を振るう者だけが明日を生きられる世界——。
　くり返すが、これは普通の人間の行ないである。それゆえ、言うまでもないことだが、ポーランド人ウクライナ人だけが特別であるはずもなかった。

〔資料13〕「ラトヴィアの首都リガでは、7月1日の夜に凶暴な大虐殺(ポグロム)が発生した。それはドイツ人ではなく、地元のファシスト組織「雷十字」の団員が音頭を取ったものだった。リガの「中流階級が暮らす区域」、つまり「さまざまな民族が……仲良く暮らしていた」場所で育ったボリス・カセルは、次のような光景を見て愕然とした。

ラトヴィア人たちはユダヤ人に対する憎悪の感情を、行動や怒りのことばで発散させた。ユダヤ人は共産主義者だと非難し、ソ連の支配下で蒙ったあらゆる苦痛はユダヤ人のせいだと責めた。ラトヴィア人たちが、近所のユダヤ人たちに対するこれほどの憎しみを胸に秘めていたなどとは、夢にも思わなかった。10人から15人でひと組になったラトヴィア人の自警団員が、武装してトラックでやって来た。彼らは赤・白・赤の、国旗と同じ色の腕章をしていた。男たちはユダヤ人を拉致し、その所持品を奪うつもりだった。捕まったユダヤ人たちは無理やりトラックに乗せられ、森林に連行されて殺された。外に出るのは怖かった。自警団のグループがクルマで通りを走り回っているのが、いやでも目についたからだ。移動殺人部隊は、町を牛耳っていたから、だれも彼らの存在や無法な殺害に抗議しなかった。これほどのすさまじい暴行が起こるとは、想像もしなかった。なぜならユダヤ人は長年、ラトヴィア人とともに暮らしてきたからだ。ユダヤ人もラトヴィア人も昔から相手に寛大だったし、みんなで和気あいあいと生活してきた。……最大の悲劇は、これらの犯罪が侵略軍という赤の他人の手でおこなわれたものではなく、犠牲者のファーストネームを知っている地元のラトヴィア人によって実行されたことだ。……ユダヤ人たちはまもなく、凶暴なラトヴィア人の群れから守ってほしい、とドイツ人に助けを求めるはめになった」(同209─10頁)。

むごたらしい事例ではあるものの、この証言が明白に物語っている「差異」に注意しておこう。差異とはこの場合、「仲良く」とか「和気あいあい」という言葉が似つかわしい平穏な日常の世界と、突如訪れた暴力の支配する世界との〈非対称性〉について言われる。暴力を振るう側とその餌食になる側とを分

かつ線分は、またしてもユダヤ人であるか否かにあった。その線分は不可視であるものの、誰にでも知覚可能なちがいとして人間を 2 つの陣営に分割していた、——マーク付きとそうでないもの。不意に標的のマークを付けられた者たちは、認知されるやいなや襲撃を受け、たちまち死の世界に突き落とされた。昨日までの世界と今日の世界とのちがい、昨日まで和気あいあいだった人々と今まさに血塗れになって揉み合う人々とのちがい、そして、それらのちがいを可能にしたのは凶悪な力の主体とその客体とのちがいでもあった。それらの差異のすべてを一身に背負わされていたのがヨーロッパにおいて常にマーク付けされてきた人々だった。今また彼らに新たなマークが貼られた、——いきなり捕食動物と化した者たちが放たれたカオスに、どこからかふっと浮かびあがって獲物に貼りついた「死」の目印でもあったかのように——。

第12講
死の大量生産システムとその意味

1　絶滅収容所

(1)　強制収容所の種類と目的

　ナチスが建設した強制収容所のうち、ダッハウの強制収容所は1933年、ド
イツ国内に作られた。この施設はいわゆる「反社会分子」を収容し、強制労働
に従事させるためのものだった。もうひとつ有名なベルゲン・ベルゼン強制収
容所は、ラトヴィアに建設されたもので、こちらも強制労働キャンプだった。

　1938年のポーランド侵攻のあと、ナチスが建設に着工した強制収容所は、
ダッハウやベルゲン・ベルゼンとは異なる目的を担わされていた。「絶滅収容
所」（英：Extermination camp、独：Vernichtungslager）とも称される新たな
施設は、占領下のポーランドに作られた6つの収容所を指す。もっとも有名な
アウシュヴィッツ＝ビルケナウ強制収容所をはじめ、ヘウムノ強制収容所、ベ
ウジェツ強制収容所、ルブリン強制収容所、ソビボル強制収容所、トレブリン
カ強制収容所がそれらである。もちろん「絶滅収容所」は正式名称ではないし、
その目的を含意する正式名称も存在しない。

　目的とはいわゆる「ホロコースト」であり、6つの収容所は前回の講義にも
出てきた「全滅」政策の総仕上げとして設営されたものである。殺害方法は銃
殺、ガス・トラック（排気ガス、一酸化炭素、等々）、ガス室などが用いられ、
死骸は銃殺が主だった手段だったころは集団墓地に埋められていた（多くは自
分が入る穴を囚人に掘らせ、窪みの前に跪かせて後ろから銃殺すると穴に落ち
るという仕組み）が、次第に腐臭の噂が立つようになると焼却処分に移行して
いった。専用の焼却炉が建造されると、ガス殺の数が焼却炉の運転によって処
理できる上限によって決められるようになったという。残った骨はそれを破砕
する専用の機械で粉末にされ、まとめて袋に入れて運ばれ、川に捨てられた。
被害者の数については推定の仕方によってばらつきがあり、正確にはよくわか

らない。当初からあえて証拠を残さず、完全犯罪として企てられていたため、記録が書面はおろかメモの形ですらほとんど残されていないからである。ウィキペディアに採用された（最新と思しき）推定値は以下のとおりである。

アウシュヴィッツ＝ビルケナウ強制収容所：約110万人

トレブリンカ強制収容所：約70万人

ベウジェツ強制収容所：約43万4500人

ソビボル強制収容所：約16万7000人

ヘウムノ強制収容所：約15万2000人

ルブリン強制収容所（マイネダク）：7万8000人

総計で300万人という推計もあるが、上記の合計でも260万人を超えている。内訳を見ると80パーセント以上、つまり200万人強がユダヤ人によって占められ、ほかに「ロマ人（ジプシー）」や共産主義者など無数の「反社会分子」が含まれていた。

(2) ガス室についての1例

ガス室での殺害の事例に関しては、むごたらしい例を列挙するのは控え、1例のみ挙げるにとどめよう。もっと深く知りたい方は、クロード・ランズマンのドキュメンタリー映画『ショアー』に大量の証言が記録されており、書籍も邦訳が出版されているので、そちらを参照されたい（作品社、1995年）。以下の例はクレーの労作『第三帝国と安楽死』からの引用である。

〔資料1〕「グスクフ・ミュンツベルガー、彼はゾンネンシュタインで工芸品を作っていたが、トレブリンカでは彼一流の「人道主義」を繰り広げた。裁判所の判決はこういっている。

彼はガス殺害と決められた老若男女を、チューブの中で殺されるまでの間待たせておいて、それから部屋をわずかの無駄もなく使いきるために、ガス室に彼らを、すばやく押し込む作業を命じられていた……

　一様に母親から無理矢理子供たちを引き離し、合理的かつ迅速に処理するため、ウクライナ人たちに命じ、大人たちの頭越しにガス室へその子供らを投げ入れた。それから、ガス室のドアを閉めさせた……彼が作業の合理化に固執したのは次に待っているユダヤ人にも関係のあることだという。なぜならば、ガス殺害が早く行なわれれば、それだけこれからガス殺害されるユダヤ人の苦悩も恐怖も短くてすむからだということである。とりわけ寒さの厳しい冬期に彼のこうした気持は高まったそうである。つまり、彼らは裸で凍えながらマイナス 20 度のチューブの中で自分たちの最後を待たされていたからである。裸の人々を身を切るような寒さの中で立たせておく時間をなんとか短くしようとして、ガス室の迅速かつ合理的な利用に事の外熱心に務めたのである」（エルンスト・クレー『第三帝国と安楽死』、509 ― 10 頁）。

　資料の文章において、注目すべきは冷酷さでも残忍さでもないし、奇妙に倒錯した思いやりの類いでもない。注目すべきは 1 点のみ、――「合理的かつ迅速に処理する」という文言にある。これら 3 語、すなわち「合理的」「迅速」「処理」がひとつに集約されたシステムこそ絶滅収容所だった。現代の企業における効率第一主義と全く同じ思想だと考えればよい。殺戮の凄絶さ、残忍さ、むごたらしさは事の本質ではない。それら我々に胸騒ぎを起こさせる特徴はシステマチックに構築された殺戮システムに絡みつく形容であって、本質的というより副次的な特徴であり、いわば偶有的な要素でしかなかった。

　因みにガス室で主に用いられた毒物はシアン化物であり、商品名を「チクロンB」と言う。皮肉な事実だが、実はこの製品もフリッツ・ハーバーが主導して作られた農薬（殺虫剤）だった。ハーバーの名をめぐる皮肉な付合がまたひとつ加わったと言うべきだろうか。農園から害虫を駆除するはずの薬品が、彼の同胞たちをこの世界から抹殺するために用いられたのだから、彼のモットーだった「祖国の役に立つ」という文言がこの巡り合わせに絡みつくと、さらに毒々しく、寒々しい響きを帯びることとなった。

(3) ナチズムの企て

　ナチズムとは何か？　言い換えるなら、彼らはユダヤ人を殲滅することによ

り、何をなし遂げようとしたのだろう？　ニーチェの言い回しを借りれば、ニ
ヒリズム（nihilism 虚無主義）の徹底ということになるだろう。

　ニヒリズムが攻撃に用いる手段は「否定」であり「否認」である。ただし、
今や問題なのは言葉による否定ではなく、力による否定であり、実力行使とし
ての否定である。ランズマンの『ショアー』全編を通して見れば誰でも否応な
く知らしめられるのは、絶滅収容所に詰め込まれた人々が「神のご加護」から
完全に、かつ絶対に見放されていたという冷厳な事実である。死の施設に監禁
され、滅びの運命をただ待つしかない人々が、どれほど祈りを捧げ、どれほど
神を讃美し、どれほど手を合わせようとも、「主」の声が聞こえてくる気配は
一向にない。その、無慈悲とも感じられる沈黙が含意するのは、ナチスによる
虐殺は「神の試練」ですらないということである。その試練の先には「無」し
かない。神の沈黙によりもたらされた圧倒的な絶望は、それゆえユダヤ人たち
においてさえ沈黙のすき間を「神の死」で埋めることにしかならなかった。

　そうやって、ナチズムは幾重にも否定を重ねていった。彼らはユダヤ人をユ
ダヤ教によって定義する旧式の定義を捨て去り、生物学的な 1 種族として再定
義し、「生きる価値のない生命」の内に束ねたのである。さらにユダヤ人の殺
戮を徹底し、ユダヤ教を信仰する者たちがこの世界から一掃されたなら、同時
に彼らの奉ずる神の息の根をも止めることができるだろう。ユダヤ教の神を殲
滅せしめることができたなら、次いでキリスト教の神でさえも滅ぼすことがで
きるかもしれない。ツァラトゥストラの放った「神は死んだ」の一言を口先だ
けでなく、実力行使で実現すること——。

①ユダヤ・キリスト教の否定：信者の精神に「神の無」を実現し、神を唾棄せ
　しめる
②肉体面における絶滅：信者を根絶やしにすることで彼らの神をも抹殺する

　この場合の「神」は言語にも似ている。ヘブライ語を用いる民を全滅させる
ことができれば、ヘブライ語という固有言語が消滅するだけでなく、その語で
呼びかけられる「神」もいなくなるだろう。日本語を用いる人たち（日本人）
が 1 人もいなくなれば、その言語も一緒に壊滅するのと同義である。ある神を

200

崇める民をこの世界から一掃すれば、神そのものが地上から蒸発し、寺社・教会などの痕跡（遺物）を除いて完全に姿を消してしまうのだ。

(4) ユダヤ人への／による掠奪と絶滅

　ナチズムによるユダヤ人への迫害や強制移送は、ただ単にユダヤ人を亡き者にするためだけのものではなかった。彼らの戦争は、帝国を拡大し、勝利を収め続けるか、さもなければ「全滅」するのみという二者択一の構図になっていた。ナチスは、戦争を継続するためにも裕福なユダヤ人の財産を効率的に奪い取り、自転車操業の運転資金にしなければならなかった。公職追放や公民権の剥奪、国籍剥奪などの企ては、私有財産の強奪を効率的に押し進めるための方策だった。因みに国籍の剥奪が意味することは、次のようにまとめられる。

①ユダヤ人たちは自国にとどまる権利を奪われただけでなく、他国に移動する権利をも喪失した。身柄を引き受けてくれる国がなければ、絶対的な故郷喪失者になることを意味するだろう。すなわち「誰でもない者nobody（身体なき者）」の誕生であり、そのような身柄なき者たちこそ絶滅収容所送りに相応しい「生きる価値のない生命」となる。
②さらには固有の資産が自動的に国有財産に変換されたとしても、誰にも異議申立ができなくなる。かつて権利主体であった本人は亡くなるか消息不明となり、その者の消息を知る権利を有していた母国も存在しなくなるのだから、当然である。母国そのものが殺害者であってみればなおさらのことだ。

　絶滅政策に効率的な財産処理のための制度が組み込まれていたのか、はたまた戦費をまかなう効率的な資産運用制度にユダヤ人の絶滅政策が組み込まれていたのか……。詳細が不明である以上、どちらが適切な解なのかはわからない――あるいはヒトラーの側近にすらわからなかったかもしれない。一方では戦争を継続させる経理の歯車が回転し、他方では戦火に紛れて遂行される虐殺の歯車が回転し、それら両輪の回転が相互的な推進力となって「絶滅」にひた走る無気味な機械を稼働させていた。

　しかも、その巨大システムにあって、ユダヤ人は一方的に被害者の側に投じ

られるだけではなかった。ユダヤ人絶滅の作戦遂行の中心付近に（もしくは隅々にいたるまで）ユダヤ人自身の働きがあった。とりわけ大きな役割を果たしたのは、ヨーロッパ各地におけるユダヤ人評議会の幹部たちだった。

〔資料２〕「事務や警察の面での——すでに述べたようにベルリンにおける最後のユダヤ人の狩込みは完全にユダヤ人警察のみによってなされた——ユダヤ人の助力がなかったとすれば、完全な混乱状態に陥るか、あるいはドイツの労働力に対する堪えがたい重圧が生ずるかしただろう（「〔反抗する、もしくは単に協力を拒否することが何かの役に立ったかどうかはわからない。〕犠牲者の協力がなかったなら、数千人ばかりの人手で、しかもその大部分は事務室で働いているというのに、何十万もの他の民族を抹殺することはほとんど不可能だったということは疑いない……。死に到るまでの全過程でポーランド・ユダヤ人が見かけたのは、ほんのわずかのドイツ人でしかなかったのだ。」これは前に出たＲ・ペンドルフの本のなかの言葉である。このことは、殺されるためにポーランドへ送られたユダヤ人については、もっと広範囲に当てはまる。）だから占領地域ではキスリング政権〔傀儡政権〕の設立とともにユダヤ人の中央機関が設置された。そして後に見るように、ナツィは傀儡政権の樹立に成功しなかった国ではユダヤ側の協力を得ることもできなかった。しかしキスリング政府のメンバーは普通それまでの反対党から選ばれたのに対し、ユダヤ人評議会のメンバーになったのは原則としてその土地で認められているユダヤ人指導者であり、ナツィは彼らに絶大な権力を与えた（しかもそれも、彼ら自身が移送される——中欧あるいは西欧のユダヤ人ならばテレージエンシュタットベルゲン＝ベルゼンへ、東欧のユダヤ人ならばアウシュヴィッツへ——までのことなのだが）。

　自分の民族の滅亡に手を貸したユダヤ人指導者たちのこの役割は、ユダヤ人にとっては疑いもなくこの暗澹たる物語全体のなかでも最も暗澹とした１章である」（アーレント『イェルサレムのアイヒマン』、92—3頁）。

ユダヤ人の協力は、半ば強制的なものだったとはいえ、決して中途半端なものではなく、実質的にユダヤ人による自民族の滅亡と言っても過言ではないほ

ど手厚く広汎な協力があった。事実として、ユダヤ人評議会やユダヤ人中央機関などがそれぞれの国や地方に暮らすユダヤ人のリストを作成し、移送される人たちの順番を決めていた。延いては収容所送りの順番が来た人びとを、ユダヤの同胞たちが強制的に引っ立てて列車に乗り込ませるという始末だった。

しかも、そのような協力体制は収容所の外に限られず、収容所の内部でもほとんど変わらなかった。強制労働だったとはいえ、ほぼすべての仕事はユダヤ人によって行なわれていた。ユダヤ人がユダヤ人女性の髪を切り、ガス室送りにし、死体から金歯を抜いていた。彼らはガス室から死体を引きずり出し、遺骸の焼却作業にも励んでいたのであり、骨を粉末に砕いていたのも、骨粉を袋に詰め、川まで運んで水に流していたのも、みんなユダヤ人だった。

アーレントの『イェルサレムのアイヒマン』がユダヤ人たちから猛烈な非難を招いたのは、ホロコーストの真実の一面に、ユダヤ人自身の協力が不可欠だったことを史料を用いて明らかにした——言い換えれば、胸に秘めておけばいいものをわざわざ暴き立てたからだった。しかし彼女は、ナチスを悪魔に仕立てて終わりにするのでは事実の一面をしか捉えられないことを弁えていた。他方、当のユダヤ人たちにしてみれば、ナチスを悪魔化することで目を背けていられた秘め事を、わざわざ同胞の手で蒸し返された上に、被害者としてだけでなく、おまけに加害者としての咎と辱めまで引き受ける恰好になってしまったのである。アーレントにすれば引き受けて然るべき事実を記したにすぎなかったが、そのために失うこととなった友人は決して少なくなかった。

(5) 隠語の政治学：用語規定について

絶滅収容所はその建設から目的に至るまで秘密にされていたから、資料と呼べるような文書はなく、建物の名称もはっきりせず、作戦の名前すら定かではない。アウシュヴィッツに至っては写真1枚も残っていない——それらしき写真はあるが、すべて別の収容所で撮られたものだ。隠密偽装の徹底ぶりは、まるで真実を言わずに済ますための欺瞞に満ちた隠語の体系をわざわざ用意していたかのようである。

〔資料3〕「〈秘密保持者〉が暗号でない言葉でしゃべれるのは仲間うちでだけ

だった。そして彼らが平生その血なまぐさい職務をおこなっているときにあからさまな言葉を使っていたとはとても考えられない——いわんや速記者やその他の事務員の前では。なぜなら用語規定が作成された理由はいろいろとあったろうが、とにかくこの用語規定は多方面にわたるいろいろの組織——それらの組織のあいだの協力はこの場合には不可欠だった——の秩序と安定を維持するのにどれほど役立っているかわからなかったからである。加うるにこの〈用語規定〉という用語自体が暗号だったのだ」（同 68 頁）。

　収容所に移送されたユダヤ人たちが固有名で呼ばれることはなかった。ただし、それは差別に由来するものでも嫌がらせのたぐいでもない。目の前で起きていることをありのままに表現する言葉は、使用を禁じられるか、別の表現に置き換えられた。現実に出来する何もかもが隠語にすり替えられ、まるで起きているのとは別の事象が生じているかのように語られた。この種の奇妙な慣行は作戦全般に浸透し、法令もなければそれとわかる命令書もなく、すべてが隠語によって伝達された。収容所の現実は、文書のない隠喩的な指示の連鎖の帰結でしかないのだから、誰がどこまで関与し、誰がどこからどこまで知っていたのかも不明なままとなっていた。

　法令や綱領についてのナチスの無関心について、アーレントは次のようにも述べていた、——「ナツィ党の役員は綱領〔党の綱領（＋法律の条文）〕のことなど一度も真面目に考えたことはなかった。彼らは政党とは区別されたものとしての一つの運動に所属していることを誇〔り〕としており、そして運動というものは綱領に束縛されるものではあり得なかった。〔中略〕ところがユダヤ人のほうは時代後れだったから、二十五項目を暗記し、それを信じていた。党綱領の合法的な実現と矛盾することのすべてを、彼らは紀律に服さぬ個人もしくはグループの一時的な〈革命的行過ぎ〉とみなそうとした」（同、33 頁）。ユダヤ人たちがこの点、つまりナチスという運動体が端から文書や法令などに縛られずにしたい放題のことをしていたと気づいた時は、いつも手遅れだったのである。

　決定的な証拠の少なさ・乏しさは、のちに色々な余波を残すことになった。参考資料としてウィキペディアからニュルンベルク裁判におけるゲーリングの

証言を引いておこう。

〔資料４〕

ファイフ卿：1943年までドイツでナンバー2だった貴方が強制収容所について何も知らなかったと法廷で誓えるのですか？

ゲーリング：私がもはや責任を持たなくなった後に強制収容所で何が起こったか、またどんな方法が使用されたかについて私は何も知りません。

ファイフ卿：この法廷に出されている証拠を思い出して下さい。アウシュヴィッツだけでも400万人が殺されています。貴方はあの証拠提出を覚えていますか？

ゲーリング：その話はここで申し立てとして聞きました。しかし、私はそれはまだ実証されていないと考えます。その数字は、思うに…

ファイフ卿：たとえば、これらの数字が50%正しいとして、つまり200万人だったなら、貴方のように権力を持っていた閣僚が、強制収容所で行われていたことについて何も知らなかったと言い切れることになるのですか？

ゲーリング：そのとおりだ、と私は言っているのです。それらの事件は私には秘密にされていたからです。付け加えるなら、総統自身もどの程度まで行われていたかは知らなかったのではないかと思います。これはヒムラーがすべてを極秘にしていた事実によっても説明できます。我々は詳しい情報を示されたことはなかった…。

ファイフ卿：私は何も細かい話を聞いているのではありません。400万人から500万人の人々の殺害について聞いているのですよ。貴方はドイツの権力者の中で、ヒムラーと恐らくカルテンブルンナーを除けば、誰もその事を知らなかったはずだと言っているのですか？

ゲーリング：私は、総統でさえそういう数字を知らなかったのではないか、という意見なのです。

ファイフ卿：貴方は私がヒトラーの件で読み上げたのを聞いているはずだ。ヒトラーはハンガリー摂政ホルティにユダヤ人は絶滅させてしまうか、強制収容所に入れなければならないといい、またリッベントロップも同様の事を言って

いる。ヒトラーは 1943 年 4 月にもユダヤ人は労働させるか、あるいは射殺しなければならないといった。貴方はそれでもなおヒトラーも貴方もユダヤ人絶滅政策を知らなかったとシラを切り続けるつもりですか？

ゲーリング：その公判記録には誤りがあり、訂正するために…

ファイフ卿：貴方はただ私の質問に答えればいいのです。ヒトラーも貴方も、ユダヤ人絶滅政策を知らなかったというのですか？

ゲーリング：ヒトラーに関する限り、私はヒトラーが知っていたとは思えないと言っている。私自身に関しては、どの程度まで行われていたか知らなかった。

ファイフ卿：どの程度までかは知らなかったにせよ、ユダヤ人絶滅を目的とした政策があったことは知っていたのでしょう？

ゲーリング：知りませんでした。それはユダヤ人の虐殺ではなく、移住させる政策であるはずです。私はただ（ユダヤ人に対する個々の）犯罪があった事だけ知っています。

　このゲーリングの答弁の内容はその後、さまざまな形で変奏される有象無象の史観の原点になる——陰湿な人たちの抱く妄想的な需要に応えて……。
「用語規定」それ自体が暗号だったことから、言語哲学的に考えなければならないことがある。それは言語のもっとも基礎的な単位、すなわち「指示」における語と対象との 1 対 1 対応の関係構造が根底から崩壊を来していることである。表現と内容との際限のない乖離とすれ違いと呼んでもかまわない。そこから浮かび上がる問題はこうだ。

　　表現：無言の言い換えとしての暗号と沈黙により含意されるもの
　　内容：忽然と姿を消した者たちの消息と殺戮・絶滅との見かけ上の乖離

　完全犯罪の試みとは、あって然るべき記録を一つも残さず、言われて然るべき言葉を隠喩的に言い換える、もしくは沈黙に替える操作により、「何もなかった」を実現しようとしたこととなる。だとすれば、記憶の役割は崩壊したものを再構築し、乖離したものを結びつけ、失われた「表現」と「内容」との

絆を取り戻すこととなるだろう。第二次大戦後に行なわれたホロコースト研究のほとんどはその1点に賭けられていた。

(6) SS やゲシュタポは悪魔的な人格のサディストだったのか?

　ホロコーストを題材にした作品は、映画であれドラマであれ、ナチスの兵士を残虐なサディスト紛いの存在として描くことが多い。それが真実なら、収容所の残虐さが兵士の個人的な資質に還元されかねない。となれば、その表象はむしろナチズムへの洞察を妨げてしまいかねないのではないだろうか。

　〔資料5〕「アインザッツグルッペンの指揮者と高級 SS 警察長官に対するヒムラーの演説から取ったこのような文句には、また次のようなものもあった。「これをやりぬき、しかも人間的な弱さのために生じたいくらかの例外を除いてはあくまで見苦しい態度を見せなかったこと、これこそそれわれを鍛え上げたのである。これは未だかつて書かれたことのない、今後も書かれることのないわれらの歴史の光栄の1ページである。」あるいは、「ユダヤ人問題を解決せよという命令、これは一つの組織に与えられる最も恐るべき命令である。」あるいはまた、われわれは自分らが諸君に期待していることは〈超人的〉なこと、つまり〈超人的に非人間的〉であることだということを承知している──。これについて言い得ることは、彼らの期待は裏切られなかったということに尽きる。けれども、ヒムラーがイデオロギーの言葉でこれを正当化しようとしなかったこと、またたとえそうしたところでそれはたちまち忘れられてしまったように見えることは注目に値する。人殺しとなりさがったこれらの人々の頭にこびりついていたのは、或る歴史的な、壮大な、他に類例のない、それ故容易には堪えられるはずのない仕事(「2千年に1度しか生じない大事業」)に参与しているという観念だけだった。このことは重要だった。殺害者たちはサディストでも生まれつきの人殺しでもなかったからだ。反対に、自分のしていることに肉体的な快感をおぼえているような人間は取除くように周到な方法が講ぜられていたほどなのだ」(アーレント、83─4頁)。

　残忍な兵士がいたことを否定するものではないが、みながみな悪魔の化身の

ような残虐な兵士と考えると致命的な誤りを犯してしまう。現実に目撃され、記憶されていたのは、誰もが粛々と日々の仕事に励む作業場の光景だった。ポグロムの例で見たような、粗暴な衝動を剥き出しにした人間が好き勝手に暴れ回るような世界では、合理的かつ迅速な死の生産と遺体処理など遂行できるはずもない。肝心なのは、ヒムラーの言うように史上でも全く前例のない「一度限りの大事業」という大儀をその事業に関わる全員で共有することだった。それは凶暴な愚か者の資質や残忍な者の嗜癖に委ねて達成できるような作戦ではない──凶暴な趣味に走るような者たちが任務から外されたのは、彼らの勝手な振る舞いを放置すれば却って業務に支障を来し、任務を果たせなくなりかねないからだ。それゆえ真に必要な人材とは、命令系統に嵌め込まれ、なすべきことを理解し、着実に業務を遂行しうる有能かつ従順な人材だった。杓子定規な公務員然として、戦後拘束された戦犯はこう言うのだ、「私は命令にしたがい、やれと命じられたことをやっただけだ」。この言葉は、アドルフ・アイヒマン（1906─1962）がエルサレムの法廷で述べたものである。

　アイヒマンは戦後、アルゼンチンで逃亡生活を送っているところを、イスラエルの諜報機関、モサドによって身柄を拘束され、イスラエルに連行された。アーレントの『イェルサレムのアイヒマン』は、その裁判を傍聴して書かれた書物である。

2　いったい何が行なわれたのか？

　ナチスの蛮行とはいったい何なのか？　言うまでもなく、大量殺戮である。ならば、どうしてナチスによる殺戮ばかりが特別視されるのか？　これらの問いは、『夜』の著者、エリ・ヴィーゼルのようにアウシュヴィッツを殊更に神聖視し絶対化することなく、答えられなければならない。自身もユダヤ系の歴史家、ファーガソンは次のように述べていた。

　〔資料6〕「大量虐殺を実行した政権は、言うまでもなくナチス以外にもある。犠牲者の人数は、スターリン政権下のソ連が政治的な理由でより多くの者を粛清している。ソ連の収容所（グラーグ）で展開された残虐さと、ナチス政権がおこなった強制収容所のさまざまな凶悪な実態──とくに下級刑吏のむごたらしいサディ

ズム——との間には、明らかに類似点が認められる。中国の毛沢東のもとで粛清された人数は、さらに多い。だがユダヤ人やその他の不幸な少数民族を「生きるに値しない生命」とみなして絶滅させようとしたナチスのやり口には、質的な違いがある。手を下したのが教育水準の高い者たち、少なくとも 1933 年までは世界で最も進んだ教育制度を享受した人びとだという事実があるからだ。しかも見のがせないのは、ほぼ民主的な手段で権力の座に就いた 1 人の男の指導下でなされたという点だ。そのため、ナチスの殺人機械は、経済的かつ科学的に、そして上品さを装って機能した。きわめて現代的だった」（ファーガソン、280 頁）。

　ファーガソンの言う「質的な違い」とは何か？　ホロコーストの犠牲者たちは、粛清によって消された邪魔者や政敵ではないし、いわんや作戦行動に失敗して銃殺されたわけでもなく、政策の失敗により大量の市民が餓死を余儀なくされたのでもなかった。いわんや戦死者でもなかった。ユダヤ人たちは「全滅」するのに相応しい一族として名指され、広義の「生きるに値しない生命」に束ねられた上で、国内政治の 1 施策として余さず始末されようとしていた。法律の裏づけがあるわけではないが、一個人の気紛れというわけでもなく、ファーガソンの言葉を使えば「経済的かつ科学的に、そして上品さを装って機能した」死の大量生産システムが構築され、精力的に稼働していたのである。アメリカの合理的な生産体系は、死をもたらす兵器を、ソ連をはじめ諸外国に売りさばくことで恐慌の後遺症を克服し、かつてない好況を作りだした。アメリカン・ウェイ・オブ・ライフは、軍産複合体の恩恵として国民が浴した贅にほかならなかったが、ナチスの合理的な生産システムは諸外国はおろか、国内の市民にも知られることなく、ひたすら内側に閉じながら極秘裏に恐るべき目的を達成しようとしていた。

　フランスの法学者、ピエール・ルジャンドルは『ロルティ伍長の犯罪』という書物の第 1 章のタイトルにおいて「われわれは殺人について何を知っているか？」と問い尋ね、副題として「ヒトラー後の社会で弛まず問い直されるべき問い」と断りを入れていた。その冒頭の 1 節を引いておこう。

〔資料7〕「人殺しと呼ばれずに殺すこと。

　思うに、人間であることのうちに殺人を位置づけようとするとき、われわれが向き合うのはまずこのことである。無罪とは何にもとづいて割り振られるのか。けれどもとりわけ、昔も今も、ひとが競って無罪を求めることのねらいは何なのか。そこでは殺人とは何なのかが見失われている」（ピエール・ルジャンドル『ロルティ伍長の犯罪』西谷修訳、人文書院、1998年。23－4頁）。

確認しておかなければならないことが3点ある。

　第1に、アウシュヴィッツに代表される一連の殺戮作戦は、どれも「戦争行為」ではない。それは純粋な殺人、殺戮であり、犯罪として裁かれるべき行為である。

　第2に、殺人に関わった者たちにはその行為に値する動機、すなわち殺人の意図がなく、それゆえ彼らの行為は通常の殺人とは質的に（また量的にも）異なる純粋な「業務」であった。もしもそれに類似するものがほかにあるとすれば、死刑執行人（死刑囚監房の刑務官）の仕事のみであろう。

　第3に、対象は「生きる価値のない生命」であり、その概念の一義的な定義はもはやない。ただ、何でも入れられる便利な袋のように使い回され、病人、老人、障害者、共産主義者、ジプシー、ユダヤ人、等々がその名の下に一括されて亡きものにされただけだ。ハンナ・アーレントの洞察によれば、ユダヤ人の殺害が完了すれば、次の標的としてポーランド人全体が餌食になっていた可能性が高い。彼らのすべてが一律に「生きる価値のない生命」のカテゴリーに含まれていたのか否かはわからないし、そうすることの妥当性さえわからないが、ともかくはっきりしているのは「生きる価値」の有無を決定する基準もなければ、処分する権限のある組織もなく、生命の処分を正当化する法的根拠すらなかったという事実である。

　その際に注意を要するのは、他の被害者たちを除外して、ユダヤ人の絶滅のみを絶対視・神聖視するエリ・ヴィーゼルのような観点である。もちろん神秘も神聖性もそこにはなかった。ヴィーゼルは聖なるものを言祝ぐ視点から忘却の犯罪性を告発するけれども、むしろ大事なのは、ナチズムが切り拓いた超・世俗世界が未だ終わっておらず、現代と地続きになっていることを内的な論理

において理解することであろう。

　そのためには、ルジャンドルのテキストから次の文章を押さえておく必要がある。

　〔資料8〕「ヒトラーの暴虐は、武力によって終止符が打たれたのであって、議論によって終わったわけではない。それは当然といえば当然のことだ。だがそのために、ナチズムはいったい文化のどの痛点に触れたのか、という問題は未解決のままになっている。政治的説明の試みや、死刑執行人に対する裁判による諸々の教育は、安堵の時としての事後に書き込まれる。20世紀のいくつものホロコーストを、何か殺戮の世界記録の統計数字に紛れ込ませてしまうような比較論者たちのアカデミックな議論を見ると、そんなことで制度的論理が何ごとかを学ぶことになるのかどうか疑われる。われわれはむしろユダヤ人に対するアクティング・アウト〔※衝動が行為として暴発すること〕に閂をかけたのではないか。まさしくそこに、ユダヤ人非ユダヤ人を問わず万人にとって不分明なままの痛点があるのだ。なぜか？
　ユダヤ人殲滅の科学的プログラムはただたんに巨大なポグロムだったのではなく、その原理において、ヨーロッパ的な準拠システム全体の壊滅をきたしたのだということを理解するためには、西洋の法律第一主義（juridisme）の論理的脈絡に立ち戻り、親子関係の文化的組立を打ち立てるのに使われた創始（l'inaugural）の諸技術に照らして法権利の歴史をたどり直し、キリスト教が、身体と真理の関係をめぐってユダヤ的テキストと対立していることの意味をあらためて検討してみる必要がある」（同28頁）。

　ルジャンドルの言う「ヨーロッパ的な準拠システム全体の壊滅」とは何だろう？
　準拠（référence, reference）とは、我々が何かを考え、判断する際の拠り所であり、行為の針路を左右する土台ないし基盤である。もっと言えば、我々が人として何が許されていて、何が許されていないのかを、それを参照することによって理解し判断するものこそ〈準拠〉にほかならない。一般には法がそれを代表するが、信仰や伝統、社会常識などの規範も含まれるだろう。アーレ

ントの次の文はその意味で示唆に富んでいる。

〔資料9〕「スロヴァキア政府部内には1人だけ近代的な反ユダヤ人主義者が
いた。それはアイヒマンの良き友だった内相サノ・マフだった。他の者はすべ
てキリスト教徒であるか、自分はキリスト教徒だと思っていたが、これに対し
てナツィは主義としては勿論反ユダヤ人的であると同じく反キリスト教的だっ
たのである。スロヴァキア人はキリスト教徒であるということは、ナツィが
〈時代遅れ〉だとする洗礼を受けたユダヤ人と洗礼を受けないユダヤ人との区
別を強調しなければならぬと彼らが感じていることだけでなく、すべての問題
を中世的な考え方で考えていることだった。彼らにとって〈解決〉とはユダヤ
人を放逐しその財産を没収することであって——彼らとて時によっては殺すこ
とは厭わなかったが——組織的な〈殺戮〉ではなかった」（アーレント、157頁）。

ナチスの反ユダヤ主義は、キリスト教的なドグマではない。つまり反ユダヤ
教ではない。彼らの方針は、キリスト教をもユダヤ教と一緒に排撃するような
反ユダヤ主義者だった。それゆえユダヤ人の次には敬虔なキリスト教徒をも、
その根深いドグマゆえに標的にしかねない凶暴な科学性を内に孕んでいた。
　中世的な愚昧の次元に佇んでいるスロヴァキアのキリスト教徒は、それゆえ
いずれは収容所に送られて然るべき存在と見なされていたのであろう。さらに
示唆的な挿話として、ヒトラーに忠実なアイヒマンが死刑執行の場面で思わず
洩らした辞世の句について、アーレントから引いておこう。

〔資料10〕「彼は完全に冷静だった。いや、それどころか彼は完全にいつもと
同じだった。彼の最後の言葉の奇怪なまでの馬鹿々々しさ以上に徹底的にこの
ことを証明するものはない。彼はまず力をこめて自分がGottgläubigerである
ことを言明した。これは普通にナツィが使っていた言い方で、自分はクリス
チャンではなく、死後の生を信じていないということを表明したのである。〔中
略〕彼はGottgläubigerというナツィ的な表現を意識的に使ったが、ただこの
表現がキリスト教と死後の生への信仰の拒否を意味していることは気がつかな
かったのである。「もうすこししたら、皆さん、われわれは皆再会するでしょ

う。それはすべての人間の運命です。ドイツ万歳、アルゼンチン万歳、オース
トリア万歳！〔この三つの国は私が最も緊密に結ばれていた国だった。〕これ
らの国を私は忘れないだろう。」死を眼前にしても彼は弔辞に用いられる極り
文句を思出したのだ。絞首台の下で彼の記憶は彼を最後のぺてんにかけたのだ」
（アーレント、205頁）。

アイヒマンのようなナチの忠実なしもべですら、完全に西洋的な準拠から離
脱することはできなかった。

　法の支配を斥け、法を根拠づける準拠（「神」）すら拒否すれば、残るはカラ
カラに乾いた世俗の生のみとなるはずだった。死後の世界が存在しなければ再
会する場所などどこにもありはしない。もしも死後に何もないのなら「忘れな
いだろう」と誓っている当の主体の面影すら残らないはずだったのだ。「ぺて
ん」とは、それゆえ処刑を前にしてしがみついた慰めだったのだろう――間も
なく身も心も滅び、無に呑まれるという事実から目を背けさせてくれたという
意味で――。

　渇ききった世俗の生が間もなく燃え尽きるという以外に何ら支えのない科学
に統べられた世界とは、いったいどんな世界になるのだろうか？　注意を要す
る点があるとすれば、その場合の「科学」は宗教に代わる新たな信仰の対象で
はない。ヒトラーが見せたアインシュタインに対する嫌悪や、ハーバーの処遇
に対する冷淡さ、はたまたマックス・プランクに対する傲慢きわまる態度から
も明らかなように、彼には科学の権威に敬意を表する素振りなど微塵もみられ
なかった。ハイゼンベルクに至っては、すでに見たように危うく収容所送りに
なりかねなかったほどである。それゆえ、ここで言われる「科学」は必ずしも
近代物理学の輝かしい繁栄ではなかったし、遺伝をめぐる最新の生物学的成果
でもなかった。

　そう、ヒトラーの「科学」は、世界を支配し統御する「法（法則／法律）」
を探究する知の営みではなかった。それは地上の支配者が世界に課すルールで
あり、外部のない乾いた生物世界に張り巡らされた鉄条網のようなルールだっ
た。

　その世界に神はなく、人は死んでも救われない。人とともに信仰が消滅すれ

ば、一緒に神も溶解して蒸発し、自動的に消滅する。死後の世界など存在しないのだから、死者を向こうの世界に送り出す儀式も不要になる。それゆえ遺族には葬儀の機会すら与えられない。当然のことながら喪の時間などという無用な休息も許されるはずがない。

　神がいないのなら、せめて怨霊か亡霊の 1 体でもいてくれたなら……。にもかかわらず、収容所には亡霊の 1 体すら現われることがなかった。怨霊もいなければ亡者もいないし、呪いも祟りもない。たとえ死者を弔わなくとも祟られることなどなかったし、ぞんざいに扱ったところで誰かが化けて出てくることもない。

　したがって、ナチスの暴虐を前にすれば、あらゆるホラー映画がロマンティックなコメディにみえてくるだろう。言い換えるなら、ホラー映画に一定の需要があるということは、我々が死者の存在を信じ、死者の祟りを恐れ、人の魂を今も崇拝している証拠なのだ。ナチズムの暴虐は、人の生を支える根底的な「信仰」を因果論的なレベル（「準拠」の水準）で打ち砕いた。このことの含意は「人間の法外な思い上がり」にある。

　〔資料 11〕「ヒトラーが〈科学〉を援用したことは、ユダヤ人に対する国家的憎悪をとおして〈準拠〉を拒絶することに、もっと正確に言うなら関係の絆を支えることの不可能性に対応している。因果性と〈法〉に関する定礎的言説の没隠喩化は、実際いかなる対価によって贖われるのか？　身体とことばとの繋縛はもはや使いものにならなくなり、信に足るものを解釈によってアレンジすることはもはや問題でなくなり、真理価値は生の身体性のうちに、科学的に観察しうるとみなされた「肉」のうちに解消されてしまう。この思考－行動のうちでは、系譜的機能に必要な人間的供犠の部分は、息子イサクが父アブラハムによって犠牲に捧げられるべく祭壇に繋縛された、かの儀礼的場面でのように、もはや〈法〉の名において課される繋縛としては表象されえなくなる。爾来、供犠は新しい〈科学的理性〉に適った技術的行為へと姿を変え、その理性はここでは〈没－理性〉という意味をもつようになる。もはや父も子もなく、〈準拠〉の組立は粉砕されてしまい、そうして人間がもはや根拠づけられなくなる以上、憎悪そのものさえすたれてしまう。したがって今日のわれわれにとって、

ナチズムは構造における歴史的転倒を引き起こしたものとして場を占めている。殺人の主体は神話的舞台の外に出てしまった。この法外な思い上がりが、没主体化の現代的プロトタイプとなっているのである」（ルジャンドル、35頁）。

　ルジャンドルは「法」を定礎的な言説、つまり我々を人間としてインストールする言語だと言う。法の隠喩性を表わす表現として、ルジャンドルは「〜の名に於いて au nom de 〜」を挙げた。アメリカの新大統領が就任式において聖書に手を置いて誓うとき、儀礼的に想定される「〜の名に於いて」の先に想定されているのが準拠としての「父」である。このことを前提した上で、ルジャンドルは法の「没隠喩化」こそナチスが西洋世界に招いた大惨事だと主張する。没隠喩化とは、法が何者かの「〜の名に於いて」超越的な存在との絆を有する特別な言語であることをやめたということである。法治主義や法の支配に実効性を付与する超越的な次元とのつながりが断たれれば、法の言語は我々を統べる特別な言葉たることを断念し、漸進的に権威失墜し、やがては役場から届く書類や、先生が配る資料、学生たちが書くレポート類と同じく、ありふれた言葉のひとつになり下がってしまうだろう。

　神が迷信となり、法が没隠喩化し、科学が平板で浅薄な繰り言にまでなり果てるとき、何が起こるのか？　「没主体化」のプロトタイプ、つまり、まともな人間としてインストールされていない者たちが街中に氾濫することになるのである。その結果、どんな世界が現出することになったのか？

　人が魂のない「肉」として処理されるとき、死者は存在せず、生ゴミだけが残る。もはや法の裁きを正当化する準拠がないのなら、言葉の真理性はそれまでの価値を喪失し、言葉への「信」は地に堕ち、絶対零度に沈んでゆく。

　アーレントは『全体主義の起原』において、「ガス室は最初から威嚇もしくは処罰の処置とて考えられたものではなかった。それはユダヤ人もしくはジプシーもしくはポーランド人〈一般〉のために建てられたものであり、究極的には人間というものがそもそも余計なものであることを証明するためのものだった」（『全体主義の起原Ⅲ「全体主義」』、250頁）と述べたあと、次のような会話を引いている。

「ちょっとおうかがいしたいのですが、ガス室は何のために存在するのです
か？」
「君は何のために生れたのかね？」

　言語への「信」が零度に堕ちた以上、我々「人間」もまた「余計なもの」の
カテゴリーに呑まれ、害虫同然の存在になる。もはや何者の生にも意味がなく、
何ら価値がないということになれば、我々もすべからく早晩に抹消され、疾風
によりこの世界から吹き飛ばされるべき灰塵でしかないのかもしれない。

　〔資料12〕「西欧世界はこれまでのところ、その最も暗黒の時代においてすら
も、われわれはすべて人間である（そして人間以外の何ものでもない）という
ことの当然の認知として、追憶されることへの権利を殺された敵にも認めて来
た。アキレウスはみずからヘクトールの埋葬におもむくし、専制政府も死
んだ敵を敬ったし、ローマ人はキリスト教徒が殉教者伝を書くことを許したし、
教会は異端者を人間の記憶のなかにとどめた。だからこそすべては保たれ、跡
形なく消え去るということはあり得なかったのだ。人間は常に自分の信条のた
めに死ぬことができた。強制収容所は死そのものをすら無名（アノニマス）なものとすること
で──ソ連では或る人間がすでに死んでいるかまだ生きているかをつきとめる
ことすらほとんど不可能なのだ──、死というものがいかなる場合にも持つこ
とのできた意味を奪った。それは謂わば、各人の手から彼自身の死を捥ぎ取る
ことで、彼がもはや何ものも所有せず何ぴとにも属さないということを証明し
ようとしたのだ。彼の死は彼という人間がいまだかつて存在しなかったという
ことの確認にすぎなかった」（アーレント『全体主義の起原Ⅲ』、254頁）。

　無の勝利？　とはいえ、ニーチェの名を想起し、ニヒリズムの勝利や「無」
の成就を見るだけでは何かが足りないような気がしてならない。西谷修は『不
死のワンダーランド』において、絶滅収容所における「生」を、暗黒の中で大
きく見開かれた不眠症者の目に喩えていた。眠れない者の充血した眼球は、し
かし完全な闇夜に呑まれているから、何かを見分けようとしても何一つ見分け
られない。物が見えないだけでなく、遠近の程度もわからないし、見ているの

か否かも判然としない。大地を踏み締めているように感じられるが、あるいは等速度運動か等加速度運動に身を任せて、無限に落下しているだけなのかもしれない。転落の可能性を察しつつ真下を見ると視界を充たすもの、それが黒々とした「無」である。何もない、だけがある……。

殺されることが生を否定されることにとどまらず、死をも剥奪され、存在の痕跡すら抹消されるようになるとき、否定の暴力に貫かれた世界をヴェールのように包み込むものこそ「無」にほかならない。人も物も名を喪失し、一切が無名になり、言葉が何も指さず、何も意味しなくなる……。

言語への「信」が地に堕ちるとは、どのような事態か？

珍しいことではない。国家のトップが平然とウソをつき、フェイクを大量生産する企業が大きな顔をして情報を垂れ流す。大半の人は、なぜ殺人が禁じられているのかと問われて、答えに窮するようになった。あらゆる禁止を制約と感じる者たちの自惚れは、おのれの欲望を法より優先して当然と感じられるらしい。そんな有り様だから、法的な禁止のハードルがガタ落ちになるのも無理はない。ヒトを人としてインストールする技術が失われ、誰もが赴くべき方向を知らず、ルジャンドルのいう「没主体化の現代的プロトタイプ」がうようよと街路に溢れ出し、繁華街をうろつき、はしゃぎ、暴れまわる。父なき息子たち、法を刻印されない無法の輩、言葉と暴力との分別がつかない者たち、おのれの「役に立つ」ことしか知ろうとしない精神、等々。

これが効率第一主義に血塗られた世界であり、平板かつ浅薄な「科学」万能の世界にみられる日常的な風景である。そして、その風景を眺めながら、我々は今もナチスが築いた世界に暮らしていることを日々実感するのである。情報の薄皮をそっと剥いでみれば、そこにはただ、何もない、だけがある世界が広がっている……。

第13講
殺人の敷居
——戦争は万人を殺人鬼にする？

1　第101警察予備大隊

　たとえば、目上の人から銃を渡され、目の前にいる人間を撃てと命じられたとしよう。標的はこちらをまっすぐ見つめている。果たして撃てるものだろうか？

　目の前にいる人が武器を携行していて、撃たなければ撃たれるかもしれないケースと、反対に武器らしきものを何ら持たず、攻撃してくる気配もない場合とで、人が攻撃行動に出やすいのはどちらのケースだろうか？

　おそらく、多くの人が前者のケース、すなわち撃たなければ撃たれかねないケースを選ぶのではないか。殺さなければ殺されるのだから、迷わず、もしくは仕方なく「撃つ」と思うわけだ。そして、後者のケースでは反対に撃つことなく生きたまま解放してあげようなどと考える。

　想像ではそうかもしれない。では、実際はどうなるのだろうか？　普通の人が戦場に足を踏み入れ、銃を手にしたとき、どんな挙動に及び、またその挙動にどんな変化が現われるだろうか？

　人はいきなり惨劇の現場に引っ張り出され、上官が命じたからといって迷わず人を殺せるほど単純な生き物ではない。しかし、ある特殊な状況に置かれ、さらに場数を踏み、修羅場をいくつもくぐり抜けたら、自分がどんな生き物に変貌するか誰にも想像できない。

　ここに恰好の事例がある。クリストファー・ブラウニングの『普通の人びと』という本である。ユダヤ人の殺害に手を染めた第101警察予備大隊の裁判記録から、個々の警察官が取った行動、判断、反応などに関する証言を集約し、丁寧に分析した書物である。事の起こりは1942年だが、まず前年の出来事から語り始めよう。

　1941年、ポーランドでの大規模な虐殺の数々に先立ち、手始めというわけ

218

ではなかったろうが、ナチスはロシアにおけるユダヤ人の殺戮に手を染めていた。場所は、住民の半数がユダヤ人に占められているビャウィストク市である。

〔資料１〕「大隊の行動はポグロム〔掠奪、殺人、破壊を意味するロシア語。ユダヤ人共同体、ゲットーに対する、主に自然発生的な攻撃を表わすのに使われる〕として開始された。警官たちはユダヤ人を市場やシナゴーグへ駆り集め、思いのままに、鞭打ったり、恥辱を与えたり、あご髭に火をつけたり、射殺したりした。幾人かのユダヤ人指導者がブフルークバイル将軍の指揮する第221保安師団の司令部に現われ、将軍の足元にひざまずいて軍の保護を求めたとき、第309警察大隊のある隊員は、ズボンのチャックを下ろし彼らに小便を浴びせたのだが、将軍は背を向けてしまった。

ポグロムとして始められたことが、急速に、より組織された大量殺戮にエスカレートしていった。市場に集められたユダヤ人は公園に連行され、壁に向かって並ばされ、射殺された。殺害は暗くなるまで続いた。少なくとも700人のユダヤ人が集められたシナゴーグでは、ガソリンが入口にかけられ、手榴弾が投げ込まれ、炎上した。警官は逃げ出そうとする者を誰かれかまわず射殺した。火はユダヤ人たちが隠れていた近所の家にも燃えひろがり、彼らもまた焼き殺されたのである。翌日、荷馬車30台分の死体が集団墓地に運ばれた。およそ2000人のユダヤ人が殺されたと思われる。ブフルークバイル将軍が出火について調査するために伝令をヴァイス少佐に送ると、少佐は泥酔状態で発見された」（クリストファー・R・ブラウニング『普通の人びと』谷喬夫訳、ちくま学芸文庫、2019年。38―9頁）。

ポグロムは通常、警官や軍人による作戦行動については用いられない。しかし、ブラウニングがロシアでの殺戮に関して敢えて「ポグロム」と言うのは、それが整然とした作戦行動には当たらず、でたらめな暴力の発現にしか見えなかったからだろう。指揮官による命令にしたがった行動というよりも、行き当たりばったりの暴行であり、興味本位のサディスティックな傷害であり、気紛れな殺人であり、つまりは行為の暴発である。ヴァイス少佐が泥酔していたのは無理もない、――確たる指揮を執ることもなく、自分の命じたことがその地

域にもたらした惨状から目を背けたかったからだ。

さて、事は 1942 年に移る。『普通の人びと』の主人公と言ってもよい集団、第 101 警察予備大隊が今、事件の現場に到着した。

〔資料 2〕「ちょうど夜が明け始めた頃、部隊はユゼフフの村の前に停車した。ユゼフフは、さほど大きくない藁屋根の白い家々からなる典型的なポーランドの村で、村民のなかには 1800 人ほどのユダヤ人がいた。

村は静まりかえっていた。第 101 警察予備大隊の隊員はトラックから降り、彼らの指揮官であるヴィルヘルム・トラップ少佐のまわりに半円を描いて整列した。少佐は 53 歳になる職業警官で、隊員から親愛の情をこめて「トラップ親父」と呼ばれていた人物である。トラップ少佐が隊員を前にして、この大隊に与えられた任務を伝えなければならないときがついにやってきた。

トラップ少佐の顔は青ざめ、落ち着きを失っていた。彼が息苦しそうな声で目に涙を浮かべて話し始めたとき、自分自身をコントロールするために激しく戦っていることはだれの目にも明らかだった。彼は苦悶に顔を歪め、大隊は恐ろしく嫌な任務を果たさなければならないのだと話しはじめた。〔中略〕そして少佐によれば、現在大隊はこの村のユダヤ人をかり集める命令を受けている。働くことのできる年代の男性ユダヤ人は分離され、強制労働の収容所に送られねばならず、残りのユダヤ人——女性、子供、老人——は、この場所で本隊によって射殺されねばならないのである。部下たちを待ち受けている任務について説明してから、ついでトラップ少佐は通常では考えられない提案をした。すなわち隊員のうち年配の者で、与えられた任務に耐えられそうにないものは、任務から外れてもよい、というのである」（同 25—6 頁）。

ブラウニングは長年にわたるホロコースト研究のさ中、ドイツ南西部のシュトゥットガルトで「初めて、第 101 警察予備大隊に関する起訴状に出会った」（同 15 頁）。資料 2 の内容から明らかなように、大隊の司令官であるトラップ少佐は、命令を下さねばならない立場に身を置くことに苦悩し、これから隊員に下さなければならない命令の内容に戦慄していた。さらには、これから起こる惨劇を想定して、隊員たちに任務から外れてもよいとまで言った。

　トラップをはじめ、そこにいるのは表題通りの「普通の人びと」だった。ところがブラウニングが『普通の人びと』を上梓してから数年後、まったく同じ資料を用いて正反対の肖像を描いた書物が出現した。当時、ハーバード大学の准教授だったダニエル・ジョナ・ゴールドハーゲン『普通のドイツ人とホロコースト――ヒトラーの自発的死刑執行人たち』（ミネルヴァ書房、2007年）である。ゴールドハーゲンが描いたのは、ヒトラーの思想に親和的な考えをもち、ユダヤ人に対する憎悪と殺意をみなぎらせてポーランドの地を踏んだ者たちによる残虐行為だった。いわゆるナチの「悪魔化」である。私見だが、ほかの人（ブラウニング）が発見した資料に依拠しながら、ことごとく食い違う部分だけを拾い上げ、先駆者の見解を否定するために「悪魔化」を採用した点で、ゴールドハーゲンの方針と見解はすでに疑わしい。批判を目的に恣意的に発言を切り取るなど、原資料との取り組み方にしてからが怪しいのだ。加えて、はじめから残忍な人間が残虐行為に及んだという仮説は単純で一貫性はあるかもしれないが、市井の平穏な生活者と戦場における大量殺戮者とのあいだの乖離を埋める議論をはじめから欠いている点で、我々の関心を惹かない。殺人事件の犯人の動機を探るに当たり、元々「悪い奴だったから」と決めつけるような推論は耳に傾けるに値しないのだ。

　それゆえ、我々の関心は、ブラウニングが接線を引こうとする被告たちの振る舞い（とその変化）に向けられる。当初、作戦命令に戦慄し、わなわなと震えるトラップたちがその後、どういう道程を辿ることになるか、――これである。司令官の命令にしたがい、ユゼフフ村に散った兵士たちがそれぞれの手を汚し、不快な行動に勤しんでいたとき、隊のトップだったトラップは何をしていたのだろうか？

　〔資料3〕「実際、トラップの苦悩する様子はだれの目にも明らかだった。ある警官は市場で、トラップが手を胸に当てながこう言うのを聞いていた。「おお、神よ、なぜ私にこうした命令が下されたのでしょう。」他の警官はトラップを校舎のなかで目撃している。「いまでも私は、トラップ少佐が、部屋のなかを手を後に組んで行ったり来たり歩き回り、私に話しかけた姿を正確に思い浮かべることができます。彼はこんなことを言っていたと思います。「ああ君、

……こんな仕事は俺にはむいていない。でも命令は命令なんだ。」」また他の警官は、「最後に部屋のなかで独りぼっちで、トラップが椅子に坐って激しく泣いていた姿を」はっきりと回想している。「本当に涙が流れていた。」別の警官もトラップを司令官室で見かけている。「トラップ少佐は興奮して部屋中を走り廻り、それから突然私の前で死んだように動かなくなって、私を見つめ、こんな状態の自分に同感するかどうか尋ねました。私は彼の目を真っすぐに覗き込んで、「いいえ、少佐殿」と答えました。彼はまた走り廻り始め、子供のように泣きじゃくりました」（同 107 頁）。

　トラップ少佐はすっかり狼狽していた。彼もまた上層部から命令を受けただけであり、メッセージを受け渡す媒体に過ぎなかったが、それでも司令官の立場にある以上、彼にしたがう隊員たちにより引き起こされている惨劇の原因が自分にあることを自覚しないではいられなかった。今まさに尽きようとしている無数の生命に対する責任はトラップ自身にあるのだ、と。事実、命令を撤回すれば、兵士たちはすぐにも殺戮行為をやめるにちがいないのだから、今も今後も兵士が殺戮を続けるのは、彼の命令が有効であり、彼があえてその命令を撤回しないためなのだ。もちろん上からの命令である以上、撤回などできないこともわかっている。だから、ただただ右往左往するしかなく、さもなければ悲嘆し、涙に暮れ、咽び泣くしかない。
　さて、続いてユゼフフでの初日を終えようとしていた際の部隊の様子を見てみよう。

　〔資料４〕「辺りがすっかり暗くなった午後 9 時頃——第 101 警察予備大隊がユゼフフの村はずれに最初に到着してから約 17 時間が経っていた——、そして最後のユダヤ人が射殺されてから、隊員は市場に戻り、ビウゴライに向かって出発する準備に取り掛かった。死体を埋葬するいかなる計画も立てられず、死んだユダヤ人は森のなかにただ放置された。少なくとも幾人かの警官は、犠牲者から時計、宝石、貨幣を奪い私腹を肥やしたが、公的には衣服も貴重品も回収されなかった。警察隊員がトラックに乗り込み、ユゼフフを離れる直前に、頭を負傷して血を流した 10 歳くらいの少女が現われた。彼女はトラップのと

ころに連れてゆかれた。トラップは少女を両腕で抱き上げ、「おまえは生き残っ
てくれよ」と言って別れを告げた。

　隊員たちはビウゴライの兵舎に着いたとき、彼らは暗澹たる気分で、なにか
に腹を立て、いらいらし、心はかき乱されていた。隊員たちはほとんど何も食
べなかったが、酒を浴びるように飲んだ。アルコールが気前よく提供され、警
官の多くは泥酔した。トラップ少佐は隊員たちに酒を注いで廻り、彼らを慰め、
元気づけ、再度、責任は上のほうにあるんだからと言って廻った。しかし、酒
もトラップの慰めも、兵舎に充満していた恥辱と嫌悪の感情を洗い流すことは
できなかった」（同23―4頁）。

　警察予備大隊というからには現職の警官も含まれていたが、本職が警察とは
何の関係もない人たちもいた。それまで会社を経営していた人たち、あるいは
会社勤めや職人をしていた人たちがいきなり外国に派兵させられた上、銃をも
たない一般人に対する殺害命令を受けて、まともな神経を保ったまま職務を遂
行できるはずもない。それは警官にしても同じことであり、彼らも普段は人殺
しを追跡し捕まえる立場にあったのであり、まかりまちがっても市民を片っ端
から拘束して殺害する任務など負うはずがなかったのだ。もちろん反ユダヤ感
情だとかユダヤ人憎悪が背景にあったか否かも関係ない。
　資料でひときわ目を引くのは生き残った少女のエピソードだ。トラップは怪
我をしていた少女に対し、殺害を命じなかった。たまたま生存を確認されたの
が作戦を終えたあとだったのを彼女の好運の証と思ったのかもしれない。乱暴
に扱うどころか、トラップは彼女を抱き上げ、「生き残ってくれよ」と声を掛
けた。その振る舞いから、トラップに根強い反ユダヤ主義を認めることなどで
きはしない。殺戮を命ずる指令の前も後もその種の感情は見られなかったし、
その種の思想の有無が問題なのでもない。もっと言えば、個人的な動機や信念
など問題にならないことが起きたのであり、肝心なのはその点である。トラッ
プはただ上から作戦を伝えられ、大隊に所属する隊員たちは命じられた作戦を
やむなく引き受け、愚直に実行したにすぎなかった。
　だから当日の夜の兵士たちは荒れた。おそらく兵たちの気持ちが荒み、「暗
澹たる気分」に陥り、半ば捨て鉢になることを「上」も想定していたのだろう

──食事もろくに喉を通らない者たちに対し、大量の酒が振る舞われ、兵士たちはアルコールに浸った。ブラウニングの言う「恥辱と嫌悪の感情」が彼らの中に渦巻き、それが司令官の慰労によって少しも晴れなかったのは、望んだわけでもないのに人殺しに身を落としたことを自覚していたからだろう。しかも大量殺人である。現職の警官も、会社の経営者も、立派な職人も、今やみな自分の手を汚した人殺しの一味に加わってしまった。

　私はユゼフフの 1 日のあと、酒浸りになった兵士たちの描写を読んだとき、なぜか大塚公子の『死刑執行人の苦悩』（角川文庫、1993 年）を思い出した。通常、死刑は午前中に執行される。執行に係わる死刑囚監房の職員は 3 名、死刑台まで連行する者、死刑囚の首に縄をかける者、そして囚人の立つ床板を外すスイッチを押す者から成る。彼らは執行後、特別手当をもらい、帰宅を許される。たいていは飲みに行くらしいが、よい酒にはならないとわかっているから、彼らが連れ立って帰路につくことはない。一緒に行ったとしても、話題に上るのはその日、彼らが殺した囚人の思い出くらいだろうから、やめたほうがいいのは明白だ。よい酒ではないから、同僚に絡む可能性も高い。実際、執行後、刑務官が犯した犯罪は案外多い、──泥酔した上でのケンカや家宅侵入、等々。

　私は基本的に死刑制度に反対の立場だが、その最大の理由は、殺人という行為を、特に死刑囚を殺したいと思っていないし、むしろ更生させたいと思っている刑務官の手に委ねている点にある。怨みもなければ憎しみもなく、それゆえ殺意もない人を、たまたま死刑囚監房に配属されたために殺さなければならない人間に一切委ね、殺人の苦悩を一方的に押し付けて知らん顔をしている現状に我慢がならないと言ってもいい。

2　変貌

　さて、われわれは殺人に手を染めたばかりの第 101 警察予備大隊の反応に触れた。次はその後の彼らの変貌についてである。

　1942 年 9 月 22 日、101 大隊はポーランドのセロコムラの村に到着した。そこは 2 年前にポーランドに在住するドイツ人自警団による虐殺をすでに経験していたところだという。もちろん自然発生的な自警団ではない、──ユダヤ人問題の「最終解決」を指揮したトップであるヒムラーの旧友の指導の下に創設

224

されたものである。「セロコムラのユダヤ人の集結──約200人から300人──
─は、午前11時までには完了した」（ブラウニング、165─6頁）。ユダヤ人が一
つところに集められると、間もなく射殺命令が下される。ほとんどルーティー
ンと化した銃殺が朝から夕刻まで機械的にくり返される。住民の虐殺が始まっ
て3日後のことだった、第1中隊のある軍曹は「ポーランド抵抗組織の一員を
罠にかけるために、仕掛けられた待ち合わせの場所に出発した」。軍曹は組織
の一員を捕え、兵舎に戻る途中、待ち伏せに遭って殺害されてしまう。ポー
ランド人通訳が、追手を逃れて軍曹の死をトラップ少尉に伝えると、トラップは
上に連絡し、「ルブリン管区司令部から報復に200人を射殺するよう命じられ
たことを伝えてきた」（同168頁）。さて、生き残ったユゼフフの少女に情けを
かけたトラップはどう振る舞うだろうか？

〔資料5〕「地域住民との不和が生じることを心配して、トラップとハーゲン
中尉はポーランド人村長と相談のうえ選別を始めた。〔中略〕トラップは、近く
の教室に拘束され絶望のあまり泣き叫んでいる女性たちを宥めるために、少な
くとも1人の警官を派遣した。この過程で78人のポーランド人が選別された。
彼らは村の外に連れ出され射殺された。あるドイツ人警官の回想によれば、隊
員たちは「貧しい階層のうちでも最も貧しい者たち」だけを射殺したのである。
〔中略〕隊員たちは食事中に、この日の殺人がまだ終わっていないことを告げら
れた。報復として割り当てられた200人という人数にはるかに届かなかったの
で、トラップは地域住民との関係をこれ以上悪化させずに、しかも数を合わせ
る巧い方法を思いついたようであった。つまりタルシンでこれ以上のポーラン
ド人を射殺する代わりに、部下たちはコック・ゲットーのユダヤ人を撃つこと
になったのである」（同169頁）。

トラップの相変わらずの気遣いは変わっていない。変わったのは上からの指
示に対する態度であり、また殺戮に対する感情的な受け止め方である。おそら
く200人という数に特に意味はない。単なる数字の割り当てでしかなかったは
ずだ。ユゼフフの際には、これから殺される生命は即座に個々人の人生を意味
していたから、200という数字もまたそれぞれの仕方で営まれている200種類

の多様な人生を含意していた。ところが、今や200が単なる数値でないとすれば、たとえ人の命を指したとしても、その含意は処分される家畜の頭数や、出荷される肉の総数の域を出ない。それゆえ、ブラウニングはこう言うのである、「ユゼフフでの虐殺では泣き続け、ポーランド人の無差別殺戮にはいまだ尻込みしたこの男は、明らかに、割り当てられた以上のユダヤ人を射殺することにはもはや何のタブーも感じなかったのである」（ブラウニング、170―1頁）。

　多少の高所恐怖は誰にも覚えがある感覚だが、高所での仕事を持続的に営んでいれば、おそらく大半の人が自然な恐怖くらい簡単に克服できるだろう。おそらく殺害命令に対する抵抗や嫌悪感も、回を重ねるごとに低減してゆくだろう。完全に抵抗や嫌悪がなくなるとは思えないが、確実に薄まっていくなら、それにともなって当初トラップが引き受けていた「責任感」や罪の意識も稀薄になっていくにちがいない。罪責感は、彼の命令によって奪われた命の意味が大きければ大きいほど重く深くなるはずだから、命の意味が縮減すれば当然、比例して罪責感も縮減し、軽くなっていったにちがいない。

　アイヒマン裁判において、アーレントが傍聴した光景も似たようなものだった。ユダヤ人の輸送計画を負っていたアイヒマンは、計画のトップにいたにもかかわらず、責任の意識がきわめて稀薄であり、殺戮に携わったという自覚もなかった。その呆気ない反応に誰もが唖然とした。アイヒマンが収容所のユダヤ人の悲惨を目にしなかったのは本当かもしれないし、とりわけ殺人現場を目撃せず、人殺しに手を染めていないのは確かだろう。

　第101警察予備大隊でも「どうしても殺すことなんてできない」という人物には命令の遂行を免除していた。

　〔資料６〕「当時38歳であったブッフマンは、ハンブルクの同族経営の木材会社の社長であった。彼は1937年5月にナチ党員になっていた。1939年に通常警察に招集されると、ポーランドで運転手を務めた。1940年夏に除隊を願い出たが、意に反して将校訓練所に送られ、1941年11月に予備少尉に任官した。彼は1942年に、第1中隊所属第1小隊の指揮を委ねられたのである。
　大虐殺が明日にも実施されることを耳にして、ブッフマンはハーゲン中尉に、ハンブルクのビジネスマンでありかつ予備少尉として、自分は「そうした行動

に、すなわち無防備な女子供を射殺するような行動に決して参加したくない」
と訴えた。そして別の仕事を命じてくれるように頼んだのである。ハーゲン中
尉はブッフマンを、選別された男性「労働ユダヤ人」をルブリンへ連れてゆく
護送責任者に配置した」（同104頁）。

　ブッフマンは殺人を免除されたものの、一切の仕事を拒否したわけではなく、
別の仕事を割り当てられ、その任に就いた。ほかの部隊でも任務を拒んだ人に
無理強いすることはなく、渋々ではあれ免除を認めたのは、嫌がる隊員に任務
を強要した場合に得られる成果とそれに要するコストを比較考量してのこと
だったかもしれない。

　〔資料7〕「さらに重要なことは、警官の1人ひとりが、殺戮に参加するかど
うかの選択権を再びかなりの程度持っていたということである。それぞれの警
官がその選択権をいかに行使したかをみれば、大隊内の「強者」と「弱者」の
範囲が明らかになる。ユゼフフから数カ月の間に、多くの隊員は殺戮に対して
感覚が麻痺し、無頓着になり、さらに幾つかのケースでは熱心な殺戮者にさえ
なった。残りの隊員は殺戮過程への関与を制限した。つまり大きな犠牲や不都
合なしにそうできる場合は関与を差し控えたのであった。ごく少数の者だけが
状況に順応せず、周囲から攻撃されながらも何とか道徳的自立性の領域を守っ
た。自立した道徳に励まされ、彼らは殺人者にならないですむような行動パ
ターンをとり、忌避の計略を練ったのである」（同209頁）。

　大多数の隊員は殺人に関与し、残忍な殺戮者になり、あまり多くない隊員は
積極的な関与をなるべくしないようにしていた。ブッフマンと同じく、関与を
拒否したものは「ごく少数の者だけ」だった。この分布は、戦場において、つ
まり「殺さなければ殺される」状況に身を置いた兵士たちとは著しく異なって
いる。どこが、どのように異なるのか？

3　殺人の論理学

　デーヴ・グロスマンは現役の将校にして心理学者でもある。彼の著した『戦

争における「人殺し」の心理学』（安原和見訳、ちくま学芸文庫、2004年）は、プロの軍人が殺人の謎に迫った文献として重要であるのみならず、戦場における殺人の敷居が予想よりもはるかに高いことを明らかにした点でも重要である。前線の兵士にとって、戦場とは「殺さなければ殺される」状況そのものだ。殺されたくなければ、銃を手に取り、狙いを定めたら迷わず引き金を引くのが当然のように思われる。ところが、アメリカ陸軍准将S・L・マーシャルが第二次大戦中、平均的な兵士たちに質問したところ、「敵との遭遇戦に際して、火線に並ぶ兵士100人のうち、平均してわずか15人から20人しか「自分の武器を使っていなかった」のである。しかもその割合は、「戦闘が1日中続こうが、2日3日と続こうが」つねに一定だった」（グロスマン、43頁）。

　人は「殺さなければ殺される」状況に置かれた場合、「殺される危険がほとんどないにもかかわらず人殺しをしなければならない」状況に置かれるよりも、殺人のハードルが低くなるのだろうか。第101警察予備大隊では、大半の隊員が殺戮に及んだのに対し、米軍の大半の兵士は銃撃を命じられていながら一度として発砲しなかった。この著しいギャップは、アメリカ人とドイツ人との国民性のちがいに起因するのだろうか。マーシャルの下には専門の歴史学者のチームがあって、「ヨーロッパおよび太平洋地域で、ドイツまたは日本軍との接近戦に参加した400個以上の歩兵中隊を対象に、戦闘の直後に何千何万という兵士への個別および集団の面接調査が行われた」（同43頁）。

　　〔資料8〕「その結果はつねに同じだった。第2次大戦中の戦闘では、アメリカのライフル銃兵はわずか15から20パーセントしか敵に向かって発砲していない。発砲しようとしない兵士たちは、逃げも隠れもしていない（多くの場合、戦友を救出する、武器弾薬を運ぶ、伝令を務めるといった、発砲するより危険の少ない仕事を進んで行っている）」（同43—4頁）。
　「第二次大戦の戦場では、どの軍も同じぐらいの割合で非発砲者がいたにちがいない、とダイアは述べている。「日本軍やドイツ軍のほうが、進んで殺そうとする者の割合が高かったとすれば、実際に発砲された銃弾の数量はアメリカ軍の3倍から5倍になったはずである。だが、そうではなかった」
　マーシャルの観察は、米軍だけでなく第二次大戦のあらゆる兵士に当てはま

る。このことは膨大な証拠によって裏づけられている。それどころか、きわめて説得力ある資料が示しているように、同類である人間を殺すのをためらう傾向は、戦争の歴史を通じてつねにはっきりと現れているのである」（同62頁）。

　資料の確信的な物言いに議論を差し挟む余地はなさそうだ。人は「殺さなければ殺される」状況に身を置いても、簡単に人の命を奪うことなどできない。大部分の人はなんとかして命じられた行為を回避すべく悪あがきをする。上官が声高に「撃て！」と命じても、敵兵に狙いを定めて撃つ人の割合は15パーセントから20パーセントにすぎないから、あとは発砲したとしても照準をやや上向きにずらして標的をわざと外しているか、あるいは発砲せずに撃ったふりをしてごまかそうとする。その結果、演習時の確率なら短時間で数百人を倒すはずだったのに、実戦では半日かかって双方の死者がたった数人にとどまる。戦闘が終わったあとの戦場には大量の銃が散乱していたらしいが、大半は弾が込められていても発砲した形跡のない銃ばかりだったという。

　さらに衝撃的だったのは、第二次大戦の戦闘機パイロットのうち、「撃墜された敵機の30〜40パーセントは、全戦闘機パイロットの1パーセント未満が撃墜したものだとわかったのである。ゲイブリエルによれば、ほとんどの戦闘機パイロットは「1機も落としていないどころか、そもそも撃とうとさえしていなかった」（グロスマン、83―4頁）。ここから判明するのは第二次大戦をはじめ、数々の空中戦をめぐる衝撃の事実である、――いわゆる「撃墜王」伝説は、ほとんど撃とうとしない戦闘機ばかりが飛行するなか、平然と発砲できるわずか1パーセント（多く見積もっても2パーセント）の変わり者がいたというだけのことだったのだ。ほかの戦闘機乗りはほとんど1度も撃ったことのない人たちばかりなのだから、視野の外から忍び寄り、敵を撃ち落とそうとするサイコ野郎が1人でも混じっていれば自動的に「撃墜王」になれたというわけである。そうは言っても、わざわざ戦闘機に乗り込みながら、どうしてサイコ野郎を除く普通の戦闘機乗りたちは撃とうとしなかった、もしくは撃てなかったのだろうか。グロスマンは続けて問題の核心に関わる重要な事実を述べている。

　〔資料9〕「いざという瞬間になると、敵機のコクピットに人間の顔が見える。

パイロット、飛行機乗り、〈空の兄弟〉のひとり、恐ろしいほど自分とよく似た男の顔。そんな顔を目にしては、ほとんどの兵士が相手を殺せなくなるのも無理はない。戦闘機のパイロットも爆撃機のパイロットも、自分と同種の人間と空中戦を戦うという恐ろしいジレンマに直面する。〔中略〕同じ人間と目と目が会い、相手を殺すと独自に決断を下し、自分の行動のために相手が死ぬのを見る——戦争で遭遇するあらゆる体験のうちで、これこそ最も根源的かつ基本的な、そして最も心的外傷を残しやすい体験である。このことがわかっていれば、戦闘で人を殺すのがどんなに恐ろしいことか理解できるはずだ」（同84頁）。

　空中戦で大半の（実に98〜99パーセントを占める）パイロットが撃とうとしなかったのはコクピットにいる相手の顔が見えてしまったからなのだ。陸上においても8割以上の兵士が発砲しようとしないのは、敵兵の顔が見えてしまうからなのである。私が相手の顔を見るように、視野をよぎる顔もまた私の顔を見ている。視線の先の相手を見れば、彼もまた私の顔を見ている様子が見て取れる。当然ながら、パイロットがもし発砲し、敵機を撃ち落とすことになれば、コクピットにいた男は敵機もろとも爆破して散乱するか、もしくは操縦不能になって錐揉み落下していくだろう。同様に、銃兵が敵を狙い澄まして発砲したとして、もし弾が敵兵の額に命中すれば、おそらく命の灯火が瞬時に消え失せ、魂を失った身体が力なく倒れてゆくのが見えるだろう。しかし、ほとんどのパイロットは撃たず、大半の兵士は発砲しない。人はこちらを見ている顔の主をどうしても攻撃できない、もしくは攻撃行動を取るには本人ですら予想しなかったほど高いハードルを越えなければならない。
　ところがグロスマンによると、敵がこちらに背を向けた瞬間、それまで高かったハードルが急に下がり、敵を撃つことが可能になるという。その理由の一つは「追跡本能」であり、犬と同じく人間もまた背を向けて逃げ出すのを見ると反射的にそれを獲物と認知して追跡し、仕留めようとするのである。そして第2の理由は、背を向けたときから相手の顔が見えなくなることに関わる。「物理的距離の尺度における近接の度合いは、顔が見えないときは無効になる。物理的距離の尺度とは、突き詰めて言えば、犠牲者の顔がどのていどはっきり見えるかということでしかないのかもしれない」（グロスマン、224頁）。この指

摘から教訓を得ようとすれば、こうなる。たとえ殺される脅威がなくとも、暴力を惹起する可能性があるとき、最悪の選択は敵から目を逸らし、背を向けて逃走することなのだ。助かりたければ、顔が見えなくなる状況を断じてこちらから作らないことである。反対に、どうしても目の前の人間を殺さなければならない状況になったら、相手の顔を見ずに済ます方法を採るのが最善の策ということになる、——それゆえ「ナチやコミュニストや暗黒街の処刑は、伝統的に後頭部に銃弾を撃ち込むという方法で行われてきた」（グロスマン、225頁）のである。

　私たちはひとつの解を得た。それは顔の有無である。グロスマンは、敵との距離が遠くなればなるほど、また敵との間に介在する機械的な遮蔽物が多くなればなるほど、自分の行為を殺人と感じず、容易に作戦を実行に移し、しかも心的な外傷を残さないという。逆に言えば、敵との距離が近くなればなるほど、また暗視スコープなどモニターを通すことなく肉眼で直視できる顔が近づけば近づくほど、殺人を実行することは困難になる。

　しかし、顔さえ見えなければ、8割から9割の兵士が無罪の一般人を捕まえて平然と殺害できると考えるなら、その判断もやや勇み足と言わなければならない。なぜなら、当然、人を殺すことは誰だって嫌だし、第101警察予備大隊の作戦初日の夜の荒れ具合からも、喜んでやったわけではないことが明らかだからである。しかし、いやなら免除を申し出ることができたし、軍も免除してくれたにもかかわらず、8割から9割の隊員が率先して作戦に参加したのはどういうことだろう。ヒントがある、——免除された隊員はみな「弱虫」や「腰ぬけ」の汚名を引き受けただけでなく、ある疚しさを覚えるのを抑えられなかった。殺人にともなう「責任」を負いきれずに遂行を拒んだ者たちは、参加を免除されることで別様の「大きな責任」を感じるようになった。別種の責任とは、隊員として果たすべき「責任」を果たさず、ほかの隊員に押し付けたことからくる疚しい気持ちである。作戦に従事した隊員たちは「責任」を逃れた隊員たちに対して、怒りや憤りなどの感情を露わにしたという。グロスマンはこう述べている。「すでに数々の研究で結論づけられているように、戦闘中の人間はたいていイデオロギーや憎しみによって戦うのではない。そうではなくて、(1) 戦友への気遣い、(2) 指揮官への敬意、(3) その両者に自分がどう思

われるかという不安、(4) 集団の成功に貢献したいという欲求、という集団の圧力と心理によって戦うのである」（グロスマン、167 頁）。

　ブラウニングはグロスマンのいう「集団の圧力と心理」を「集団への順応」（ブラウニング、297 頁）と呼ぶ。

〔資料 10〕「大隊はユダヤ人を殺害するように命令を受けた。しかし個々人はそうではなかった。しかし 80 パーセントから 90 パーセントの隊員が、ほとんどは——少なくとも最初は——自分たちのしていることに恐怖を感じ、嫌悪感を催したが、にもかかわらず殺戮を遂行したのであった。列を離れ、一歩前に出ること、はっきりと非順応の行動をとることは、多くの隊員の理解をまったく超えていたのであった。彼らにとっては、射殺する方が容易であったのである。

　なぜであろうか。第一に、列を乱すことによって、撃たない隊員は「汚れ仕事」を彼らの戦友に委ねることになったということである。個々人はユダヤ人を撃つ命令を受けなかったとしても、大隊としては撃たねばならなかったのだから、射殺を拒絶することは、組織としてなさねばならない不快な義務の持ち分を拒絶することだったのである。それは結果的に、仲間に対して自己中心的な行動を取ることを意味した。撃たなかった者たちは、孤立、拒絶、追放の危険を冒すことになった——非順応者は、堅固に組織された部隊のなかで、きわめて不快な生活を送る覚悟をしなければならなかったのである。しかも部隊は敵意に満ちた住民に取り囲まれた外国に駐留しているのだから、個々人には、支持や社会的関係を求めて帰るところはなかった」（ブラウニング、297 頁）。

　圧力であれ、順応であれ、大事なのは所属集団の一員であること、これである。軍隊が外国に遠征するとき、たいていは自分の所属する集団がとりわけ影響力の強い準拠集団ともなり、やることなすことすべてに関して所属部隊が準拠枠を構成し、戦友たちの判断が規範を構成する。そうした状況で何より怖いのは、その集団から軽蔑の目を向けられ、孤立し、見捨てられることであろう。

　グロスマンは先に戦闘への動機づけに関して、真っ先に「戦友への気遣い」を挙げたが、彼はまた戦友たちの絆は夫婦愛など比較にならないほど強いと言

う。戦場において、兵士たちは自分の命を戦友に預ける一方、戦友の命を預かるという濃密な関係を生きるのであり、それは一方が亡くなって戦場からいなくなるか、もしくは戦争が終わるまで変わらない。彼ら兵士たちは個人として戦うのではなく、使命を受けた集団として、また戦友たちの集まりとして戦うのである。それに対して、撃たない兵士や、作戦の遂行を拒否した隊員は、個人として抵抗し拒否したのであり、それゆえ集団から孤立するのは無理からぬ帰結でもあった。

さらに通常の戦場と第101警察予備大隊が置かれた状況とのちがいをもうひとつ挙げておけば、第3点として、互いの顔が見える戦場では、誰もが的を外して撃ったり、撃ったふりをしてごまかすことができたのに対して、101大隊の人たちが殺害を命じられた現場では、的を外して撃っても何の意味もないし、撃ったふりなどしても愚かな一人芝居でしかなかった。虐殺の加害者たちは、どうあがいても「ふり」をしてごまかすことなどできない厳しい状況に置かれていた。

さて、「普通の人」の行なう殺人については以上で終わりだ。

最後に残る2点に言及しておこう。

4　殺人の禁止

残る2点のうち、1点は人を殺すことに抵抗を感じない人間が僅かながらいるという事実である。グロスマンが「〈攻撃的精神病質〉傾向と呼ばれる素因をもった2パーセントの兵士」と呼ぶタイプがそれである。「精神病質」は精神病ではないが、「普通の人びと」とは異なる人たちであり、最近はサイコパスと呼ばれることが多い。約2パーセントの割合でどんな組織・集団にもいるサイコ野郎は、しかしながらサディストではない。サディストが戦場にいれば敵に残虐行為を働くだけでなく、味方にも嫌がらせをしかねない。サディストは虐殺現場では不気味な創意工夫を凝らし、学校では執拗ないじめに手を染め、組織ではどれほど研修を受けようが平然とパワハラやセクハラをはたらく。注意を要するのは、彼らは自分よりも体力や立場の弱い者を標的にすることである。また、命令にしたがって弱い者に乱暴を働くタイプの人間なら簡単に作れるということを、ミルグラムの実験やスタンフォード実験は証明してくれた。

それに対し、人口比 1 パーセント以上、2 パーセント以下のサイコパスは、いじめに悦びを感じるよりもタイマンの喧嘩を好むタイプであり、近くに横暴なサディストがいれば、その鼻っ柱を平然とへし折るような、やや危険だけれども勇敢なタイプの人間である。映画俳優・監督のクリント・イーストウッドは、ある少年からいじめの相談を受けたとき、そいつらのトップをボコボコにしてやればいいんだと答えていたから、きっとこのタイプに近いのだろう。命知らずのソシオパスは、人を痛めつけることに抵抗がなく、敵を殺しても自責の念を抱かないから、戦場でも冷静さを失わない。それゆえ、ソシオパスの彼らが戦場では心強く、とても頼れる存在になる。ただし、彼らの数（割合）は一定であり、場数に応じた増減はない。

　したがって、軍事行動や虐殺行動において、次第に殺人に慣れ、残虐さを帯びてゆくことがあるのは、隠れたサイコ野郎の素質が芽を出したからではないことになる。

　〔資料 11〕「以前の戦闘によって戦時の野蛮性が芽生え、その体験がユゼフフでの警官たちの行動に直接影響を与えたということはありえない。しかしながら、ひとたび殺戮が開始されると、隊員たちは次第に野蛮化していった。戦闘を重ねるなかで、最初の恐怖がいずれは日常化してゆくように、殺戮はたやすいものになっていった。その意味で、野蛮化は隊員の行動の原因ではなく、その結果なのであった」（同 261 — 2 頁）。

　ブラウニングは、残虐だったから殺戮に及ぶことができたのではなく、殺戮に及ぶ回数を重ねる過程で野蛮化していったと断定する。この点も大戦後、ミルグラムの実験に代表される社会心理学によって証明されたところである。隊員たちは徐々に生命の毀損を楽しむようになったのではなく、むしろ命令された「汚れ仕事」に対して捨て鉢になったり、あるいは来る日も来る日も仕事が終わらないからこそ次第に投げやりになったり、乱暴になっていったのではないだろうか。

　さて、最後の 1 点である。今回の講義では、最終解決の核心にあった絶滅収容所には触れてこなかった。その理由を、以下のブラウニングの文章に委ねよ

う。

　〔資料 12〕「実際、ホロコーストの犯行者の多くはいわゆる机上の殺戮者であ
り、彼らの関与の仕方は官僚制的特質を備えていた。そのため、ユダヤ人の大
量虐殺における彼らの役割は、きわめて容易に遂行されうるものとなったので
ある。彼らの仕事はしばしば、殺戮工程全体で見ればごくわずかな処理から
成り立っており、彼らはそれをまったく日常的な仕事として遂行し、彼らの処
置によって左右される犠牲者を決して目前にすることはなかった。断片化され、
日常的手段となり、非人格化されてもいたので、官僚ないし専門家の仕事は―
―たとえそれがユダヤ人財産の没収、移送列車の時刻表作成、法律の起草、電
報送信、ユダヤ人リストの編集を含んでいたとしても――、大量殺戮のリアリ
ティと直面することなしに遂行されうるものだったのである。もちろん、こう
した快適さは第 101 警察予備大隊の隊員が味わうことのできなかったものであ
る。警官たちは、至近距離で射殺した犠牲者の血を浴び、文字どおり真っ赤に
染まっていたのだ。ユゼフフの森での警官たちほど、大量殺戮のリアリティに
直面した者はいなかった。したがって、断片化、日常手順化、官僚制による殺
戮の非人格化の側面、こうしたことによって、ユゼフフでの大隊の最初の行動
を説明することはできないのである」（同 263 頁）。

　ホロコーストは事実、システマティックな大量殺戮の機械として稼働し、死
の大量生産を実現していたが、殺戮に関与した兵士にとって、殺人へのハード
ルは第 101 警察予備大隊の隊員たちよりもはるかに低かった。ユゼフフの「汚
れ仕事」と比べれば、（ブラウニングの言い草を借りれば）アウシュヴィッツ
など「机上」の書類仕事と変わらないのだ。ルジャンドルは「人殺しと呼ばれ
ずに殺すこと」と言ったが、人と直接対峙しない殺人と言ってもいいし、殺さ
れる者たちの「顔」なき殺人と言ってもいい。
　もちろん我々はアウシュヴィッツを軽んじようとしているわけではない。殺
人の実行を迫られた兵士の心理について言っているのだ。ルジャンドルはイン
セスト・タブーに並んで殺人の禁止が人類に普遍的に守られており、それら 2
つの禁止の刻印こそが人を人としてインストールすると述べていた。

　グロスマンは、ローマ皇帝にしてストア派の哲人、マルクス・アウレリウスの言葉を引きながら、図らずも人の心と脳に刻まれた「構造」としての「殺人の禁止」に言及する。

〔資料13〕「すべての人間は分かちがたく相互に依存しあっており、一部を傷つけることは全体を傷つけることだと理解する力が、個々の人間のうちに本能的に備わっているとしたら。

　ローマ皇帝マルクス・アウレリウスは、のちにローマを滅ぼすことになる蛮族と壮絶な戦いを続けながらも、この力を理解していた。1500年以上も前に彼はこう書いている。「この宇宙を動かすものの繁栄と成功、それどころかその存続さえも、ひとりひとりの人間の存在に依存している。すべてが連鎖をなして切れ目なくつながっている。因果の連鎖だろうと、ほかの要素の連鎖だろうと、そのほんの一部でも傷つけることは全体を傷つけることなのである」。
〔中略〕殺人への抵抗の大きさを正しく理解することは、人間の人間に対する非人間性のすさまじさを理解することにほかならないのかもしれない。グレン・グレイは第二次大戦の体験から罪悪感と苦悩に駆られ、この問題について考え抜いたあらゆる自覚的な兵士の苦悩をこめてこう叫ぶ。「私もまたこの種に属しているのだ。私は恥ずかしい。自分自身の行いが、わが国の行いが、人類全体の行いが恥ずかしい。人間であることが恥ずかしい」」（グロスマン、95—6頁）。

　こうして我々は再び、ユゼフフ村で初の殺戮を終えた後の暗い宴の場面に送り返される。隊員たちは酒に溺れながら、昼間の自分たちの行ないに嫌悪と恥辱を覚え、ひどく荒んでいた。ルジャンドルの言い方を借りるなら、１人の男の命を奪うということは、ある未来を奪うことだが、その未来は故人のその後の人生だけを意味するのではなく、彼から生まれたかもしれない子らの人生とその子らの父をも奪ったことを含意し、さらにはその子らから生まれ出たかもしれない子らの父らの未来をも含意するのであり、殺人とはそれが奪った生命から連綿と続いていったかもしれない一族の未来の全体を世界から抹消することになるのである。殺人が構造的な破壊行為にほかならないのは、それにより

236

失われた1人の生命の価値が彼ないし彼女から連綿と続いてゆく人類の未来の
外延と重なり合い、1人の死が人類の破滅と重なり合うからである。殺人の禁
止が1個の構造であることに気づいたからこそ、グロスマンは「人間の身内に
ひそんで、同類である人間を殺すことへの強烈な抵抗を生み出す力」に言及し
ながら、「この力があればこそ、人類はこれまで存続してきたのだ」と断定し
えたのである（グロスマン、96頁）。

　我々は長らく、平時を支配する「殺人の禁止」が戦時では解除され、戦場で
は人殺しがむしろ賞賛されると信じ、兵士たるものみな競って戦闘に参加する
ものと思ってきた。しかし、事実はまったく異なり、人はできる限り戦闘を回
避しようとするし、どうしても避けられずに殺人を遂行した者たちはその後の
人生を苦悩と記憶にうなされて過ごす。人間のそうした傾向は太古からまった
く変わっていない。だとすれば、人類には平時と戦時の異なる2つの時間帯が
あるのではなく、平時という唯一の時間帯のみがあって、戦時とは人間本性に
反する時間帯、すなわち人間に対して非人間的な振る舞いを強いる異常な時間
であったことになる。戦時を通過する人々のうち、殺された者たちは世界から
消え、殺した者たちは精神を蝕まれ、殺さなかった者たちは両者に対する負い
目を感じ、戦友に対する疾しさを抱えて生きるのである。わずか2パーセント
以下のソシオパスを除いて……。

第14講
粛清の嵐のとそのなかに開花した徒花

1 「準拠の殺害」──ナチズムとスターリニズム

(1) 2種類の否定

　ここ数回の講義において、我々が見てきたのは、軍事行動や戦争行為と呼ばれるものに似ているが別物であった。ナチスの電撃作戦は見事な成果を上げたが、我々の関心の範疇にはない。我々が見てきたものとは、戦争を隠れ蓑にしながらも戦争とは別様に成し遂げられた殺人であり、それも組織的かつ計画的な犯罪である。おそらく犯罪学が対象にする連続殺人犯がどれほど精力的に努力と研鑽を重ねたところで到底及ばない域に達している殺人であろう。そのような殺人を犯すことができるのは、殺人という行為が国家という巨大な組織により計画的かつ系統的に実施された場合に限られる。

　こうした事実を基本前提とした上で、あらためて問おう。ナチズムとは何か？　この問いに真っ直ぐ応えるのはいかにも難しい。そのため、次のように言い換えてみよう。ナチズムとスターリニズムとは、いったいどこがどうちがうのか？

　たとえば、ヒトラーがユダヤ人を絶滅させようとしたとき、彼は優生学に由来する概念の射程を拡大し、あたかも「最終解決」に科学的なお墨付きが与えられたかのように演じて（もしくはうそぶいて）みせた。しかし、それによりヒトラーが優生学を信奉していたかというと甚だ怪しい。優生学のツール群が都合よく利用されていたにすぎないのは、彼らの標的とその選別の基準が遺伝学はおろか広義の生物学からも大きく逸脱し、もはや進化論の面影すらない次元まで広がっていたからである。つまり、ナチスによる科学の利用法は、いわば権威の脱け殻を楯にして、利用価値のある概念のみを拡大解釈しながら恣意的に利用し、使用後は何もかもゴミのように廃棄するというやり方だった。科学的な文言を援用しながらその実、科学者を見下し、けれども使える部分のみ

巧妙に活用するやり口は、法律についても同様だった。

　対して、スターリンのソ連においては、マルクス主義が公式の教義となっていた。カール・マルクスは神格化され、『資本論』をはじめとする彼の著作群は無謬の真理を蔵する経典と見做された。それゆえ、マルクス主義の教義に反対する者たちはすべて敵対者と見なされ、投獄され、もしくは殺害された。その教義に歯向かうことがなくとも、共産主義が敵対視する者たちは片っ端から粛清された、――資本家（企業経営者）、大規模農場主（地主）、既存の学問を教えていた知識人たち（「ブルジョワ科学者」）、そしてスターリンの地位を危ぶめる可能性のある有望な若者たち、等々。

「準拠 référence, reference」とは、法や宗教、社会規範など、人を共同体に参入させ、共同体の秩序を演出し、維持する装置である。それぞれの文化・社会において、ひとりひとりの個人を人間たらしめ、人を人として定礎する根拠があり、それが「準拠」と言われる。ナチズムとスターリニズムは、いずれも既存の準拠を破壊したが、ナチズムがありとあらゆる準拠を破壊し、自滅（自己否定）に周囲の一切を巻き込み、「全滅」を志向していたのに対し、ソヴィエトの社会主義は絶対の準拠を持ち出し、それを唯一無二の真理として掲げることで他のあらゆる価値を否定していった。ナチズムは否定を実力行使として運用したが、スターリニズムは真理の体系に背く階級や、真理＝教義が敵と名指す人々を殺害して収奪の限りを尽くしたのである。

　ルジャンドルは、「準拠の破壊」にはそれぞれの体制における「破滅（自殺）への意志」の実現形態が表われていると述べていた。ハンナ・アーレントが言うところの「行政的殺戮」である。行政の本質は、どんな人物であれ他人を迂闊に信用せず、かつ法への憎悪をたぎらせていたところにある。スターリンは、それゆえ誰も信用せず、どんな規準にも依らずに邪魔者たちを粛清していた。

〔資料１〕「1939年９月を境に、中部ヨーロッパは鏡に映った像に似た状態を呈した。ヒトラーのドイツ軍がポーランドを侵攻したのに呼応して、８月にモスクワで調印された独ソ不可侵条約に基づき、９月17日にヨシフ・スターリンがドイツと同じ行為に出たからだ。ダフ・クーパーやイヴリン・ウォーのよ

うな保守派にとって、それは正体が露呈した瞬間だった。つまり、ドイツの国家社会主義とソ連の「一国社会主義」という二つの全体主義体制が、本質的には違わないことが露見したように思えた。独ソは条約によって協調関係にあったが、両国ともその皮肉を十分に認識していた。〔中略〕ソ連が占領した地域は、さまざまな点でドイツ側の鏡像で見たところそっくりだったが、鏡に映った場合と同じく、右と左が裏返しになっていた」（ファーガソン、160頁）。

　2つの体制は全体主義という点で鏡像を形成していただけでなく、流血に対するやけに冷めた態度という点でも共通していた。ルジャンドルはその態度を「肉処理」と呼んだ。

(2)「肉処理」
　問いはこうである。どうして合法的な殺人には準拠の殺害がともなうのか？
　キリスト教の神はユダヤ教の神でもあるから、ユダヤ教がこの世界から消滅し、その神が胡散霧消すれば、副次的にキリスト教も巻き添えにされるだろう。ヒトラーは無論、それを企図していたが、射程はそれだけではなかった。
　準拠の殺害は、我々の世界観から死後の魂やら彼岸、運命といったものを追放ないし放逐するから、世界そのものが途轍もなく乾いた時空へと移行させられる。通常、人は「彼岸」や「死者の魂」を信じながら、1民族の抹殺など企てることはできない。なぜなら、もしも「あの世」や「祟り」があると信じていれば、死者を畏れ、殺人の報いを恐れ、また自らの手を人の血で汚したことに罪の意識を抱かずはいられないからである。
　しかし、目の前の肉塊がもはや死者の亡骸ではなく、単なる肉塊であり、魂のない肉片にすぎなくなったら、どうだろうか。……我々は豚肉を食べながら、それに宿っていた魂が今も現世をゆらゆら彷徨っているなどと考えない。冷蔵庫の牛肉にわずかに魂の名残が宿っているとも思わない。むしろ、いくら豚肉を頬張り、牛肉をかみ砕こうとも豚の祟りなどないし、牛の呪いもないと信じている。同じく、人を殺しても、土の上にただ肉が転がるだけなら、殺人の禁止というハードルは低くなるばかりだろう。
「肉処理」を「準拠の殺害」の一帰結として理解しうるのは、死者が単なる物

240

体と化す契機にあり、以降、そこにあるのは、もはや葬る必要もなければ、向
こう側の異世界に送り出す必要もないただの「肉」になる。死者ではなく、た
だの物体ならば、家畜の肉と同じく乱暴に扱っても絶対に報復されないし、バ
チが当たることもない。人の肉も所詮は動物の肉でしかない。つまり、宗教性
が完全に蒸発した世界における人の身体とは、いささかも特権的な扱いを受け
ることなく、肉屋の倉庫にぶら下がる肉塊と同列に扱われて然るべき「物」に
なり下がるのである。

　このような考え方を、おぞましく感じる人もいるかもしれないが、科学的に
妥当と見做す人もいるだろう。この、きわめてドライな見方には、殺戮への敷
居を確実に低くする作用がある。言語による否定であれ、実力行使としての否
定であれ、否定には2種類がある。それをニーチェ＝ドゥルーズによるニヒリ
ズムの分析から見てみよう。

(3) ニヒリズム（ニーチェとドゥルーズ）

　ニヒリズム（虚無主義）とは、否定と破壊の思想である。ドゥルーズがニー
チェから整理したニヒリズムの諸類型のうち、次の2類型が2つの全体主義体
制にほどよく一致する。以下の詳細は、ジル・ドゥルーズ『ニーチェと哲学』
（江川隆男訳、河出文庫、2008年）を参照されたい。

①否定的ニヒリズム

　否定的ニヒリズムは、キリスト教的ニヒリズムとも呼ばれる。ある真理に依
拠し、それを最高価値に掲げ、その名の下に他の一切の価値を否定しようとす
る。キリスト教は、唯一絶対の神を信奉するがゆえに他の宗教における神々を
否定し、他の宗教を斥け、唯一の教義たらんとした。同様に、ソヴィエトの共
産主義・社会主義は、マルクスの思想を唯一の教義に掲げ、それ以外の真理を
否定し、その思想に背く者たちを亡き者にし、その思想が敵対視する階級を壊
滅させた。

　いわゆる宗教的原理主義も、唯一の真理を掲げるかぎりにおいて、この「否
定的ニヒリズム」に含まれる。

②反動的ニヒリズム

　反動的ニヒリズムは、あらゆる真理を否定し、排撃する運動である。否定的
ニヒリズムにはただひとつの究極の真理があったが、反動的ニヒリズムにおい
てはそれもなく、真理などどこにも存在しない。最高価値など存在しないし、
何ものにも価値などない。それゆえ、価値を標榜するものは何もかも反動的ニ
ヒリズムの標的となり、暴力の餌食となる。そこから放たれるのは、抑制の効
かない攻撃性であり、箍(たが)の外れた暴力性である。

　法や刑罰の抑止力が効かない殺人衝動や、サディズム的衝動は、この純粋否
定の化身であり、ナチズムは１つの政治体制が純粋否定の運動と一体化し、す
べてを巻き込みながら膨張する破滅への意志を体現していた。

　否定的ニヒリズムは守護すべき真理の名の下に否定の狼煙を上げ、「あれか
これか」の攻撃性を発揮するが、反動的ニヒリズムの否定は即座に攻撃につな
がり、否定性そのものが破壊の化身となる。

２　スターリニズム

　同じ「準拠の殺害」に手を染めながら、ニヒリズムの観点から見るなら、た
だひとつの真理を掲げるか、いかなる真理も掲げず、すべての価値に牙を剝く
かにより、２つの体制は対照的である。よくある「右か左か」の区別よりも
「否定的か反動的か」の区別の方がより深く核心を突いている。というのも否
定的ニヒリズムには真理があり、真理への「信」が担保されているが、反動的
ニヒリズムにおいては真理がなく、言語への「信」すらもはや微塵も窺われな
いからである。後者において、言語は人を操る道具でしかなく、たとえ人を信
じさせるための効果は認めても、自分が信ずるには当たらない。それゆえ、次
のような悲しくも滑稽な事態に至るのだ。

　〔資料２〕「スターリンは世評にたがわず、偏執的で猜疑心が強い人物として
　現代史できわだっている。アレクサンドル・イサエヴィチ・ソルジェニーツィ
　ンがかつて述べたように、ソ連の独裁者がたった１人の男しか信用しなかった
　ことは、究極の皮肉だ。あいにくその男こそ、歴史上で最も悪辣きわまるウソ

つきだった」（ファーガソン、175 ― 6頁）。

　この１文に２人の決定的なちがい、すなわちスターリンは誰も信じようとしない猜疑心のかたまりであるにもかかわらず、かろうじて真理を抱き、言語への「信」を保っていたが、対して、あらゆる準拠の殺害を企むヒトラーにとっては条約ですら人を欺くための囮りでしかなかった。言語への「信」なき者にとって、口から出た言葉がウソかまことかは端からどうでもよいことだったのである。

　『殺戮の世界史』なる大著において、著者マシュー・ホワイトは、わざわざ「スターリンとヒトラー：ひどいのはどちらか？」という項目を設け、先ずヒトラーについて次のように評す、――「選挙で自由な民主主義国の指導者になると、すぐに自分の本性をあらわにした。世界征服をねらっているあいだ、彼は無類の残虐行為を犯した」（マシュー・ホワイト『殺戮の世界史』住友進訳、早川書房、2013年。495頁）と述べ、いきなりの豹変ぶりと暴力への躊躇いのなさを強調していた。対照的に、スターリンについては結論として次のように述べるにとどまった、「スターリンのほうは歴史全体のなかでも最も典型的な独裁者だった」（同、496頁）。この落差はどうしたことだろう。スターリンはその治世のあいだ、ヒトラーの２倍かそれ以上の犠牲者を出したはずである。にもかかわらず、上記のような素っ気ない評価が下されたのは、殺害の目的が独裁者の地位をおびやかすおそれのある脅威を事前に排除することにあっただけだからだろうか。少心な君主による予防措置が荒っぽく、かつ大規模になされただけなのだ。ひどく奇怪に感じられるのは、スターリンの考える脅威があまりにも妄想的に膨れ上がり、途方もない規模の犠牲者を出してしまった点だけである。ある日、スターリンの後継者と目されていた人物セルゲイ・キーロフがいわく付きの狂人に射殺された。

　〔資料３〕「スターリンはすぐに暗殺者はもっと大きな陰謀にかかわっていると思い込み、人民の敵であると疑われるすべての人間を殺害し、排除するよう指令を出した。彼は過去10年間に起きた、不足、飢饉、事故、自然災害などのあらゆる問題は、ソヴィエト社会をむしばんでいる反革命の破壊工作員のせ

いだと考えていた。トロツキーがこの陰謀の中心人物であり、この混乱を意図的につくりだし、自分が復活するための道を開こうとしている、と思い込んでいたのである。

　スターリンのとりとめのない妄想が政府の指導原理となってしまった。暗殺者はトロツキーと結託していると非難され、射殺された。20人あまりの暗殺者の友人も射殺された。〔中略〕暗殺者がメキシコに亡命中のトロツキーを見つけだすために派遣された。トロツキーはだまされてこの男を信用してしまい、ピッケルで頭を打ち砕かれて殺された。

〔中略〕大粛清は社会のあらゆる層に広がっていった。すべての大都市の近郊の森のなかに、ＮＫＶＤ〔※内務人民委員会〕は50年後に暴かれることになる大規模な秘密の墓地を作っていた。キエフ近郊のビキヴニャの森のなかに、20万人もの死体が集団墓地のなかで発見された。レニングラード（サンクトペテルブルク）郊外のルジェフスキーには3万人の犠牲者が、レヴァショヴォには2万5000人が埋葬されていた。モスクワ近郊のプトヴォでは、調査者が2万5000人の遺骨を見つけた。骸骨はモクスワ動物園の下にも見つかっている。

　ミンスク近郊のクラバティの森では10余りの埋葬の穴が見つかり、10万人の死体が入っていた。老人たちは、1937年から1941年のあいだ、発砲音が毎日、毎晩、森から聞こえていたと報告している。人民の敵たちは新しく掘られた溝に沿って並べられ、ピストルで後頭部を撃たれて殺された。

　大粛清のすべてが、イデオロギーや権力闘争と関係があったわけではない。ベリヤはＮＫＶＤ長官という地位を利用し、自分が目を付けた若い（しばしば未成年の）女子を誘拐し、家に連れ込んで強姦していた」（ホワイト、484―5頁）。

　多くの歴史家の言うことを信じるなら、著しい人命軽視は、スターリンの政治を特徴づけているものの、彼に固有というよりロシアの伝統であり、とりわけロシア軍の伝統だったという。社会主義以前にも、ロシア皇帝は自軍から大量の死者を出しながらも平然としていたし、レーニンも邪魔者には容赦なかった。近代最初の粛清は、トロツキーが敵軍に恐れをなした自軍の兵士に対して行なったものである。それでもスターリンの残忍さが群を抜くのは、祖国の

人々の生命に対するほとんど無造作とも感じられる処遇の苛酷さであり、いわば人の生命と存在の驚くばかりの軽さである、——言うまでもなく、プーチンはスターリン直系の小心な冷血漢にほかならない。

〔資料4〕「スターリンは情け容赦なく人民を戦争に投入した。公式記録では、戦争の最中に、15万8000人のソヴィエト兵が、臆病だったり、脱走したりしたため処刑された。別に44万2000人の犯罪者が罰として無理やり戦闘に服役させられ、人の命よりはるかに高い価値のある戦車の前で地雷源を通って侵攻するといった危険な自殺的行為をやらされていた。刑罰部隊から逃れる最も確実な手段は、死ぬか負傷することだった」（同487頁）。

恐怖に基づく独裁は、まさに共産主義のパラドクスというほかにない。「階級なき社会」の夢、それは革命後、民主的で平等な社会が訪れるという約束だったはずだ。そのような理念を謳いながら、スターリンの生命と地雷源を歩かされる下級兵士の生命との著しい比重のちがいが出てくるとは、社会主義の約束のなんたる空手形であったことか。ソ連における生命の呆れるほどの格差こそ、数々の社会主義国が直面したパラドクスのなかでも最たるものだろう。

　マルクス主義がまちがっているか否かは私の知るところではない。確実に断定しうるのは、マルクス主義だけが正しいと考える態度には致命的な誤りがあるということである。唯一無二の真理を掲げ、その名の下に「まちがった」連中を裁き、処断する態度も（当然のことながら）絶対にまちがっている。もしくは、掲げた思想の正しさと、それ以外の思想を許さない体制とのあいだに致命的な離齬があったと言うべきだろうか。しかし、その場合にも、思想の内実を取るか体制の盤石さを取るかの選択の機会がもしもあったなら、そのとき後者を取ったがゆえの「まちがい」を、やはり極限まで推し進めたがゆえに社会と政治の病もまた致死的なレベルにまで進行させてしまったと考えるべきかもしれない。

　その短絡さ、やや正確に言えば、唯一無二の真理を掲げる代わりに、人とその能力をあまりにも軽んじる態度は、結果として企業経営もろくに知らずに資産家から財産を奪った上に彼らの命をも奪い、農場経営者から土地を奪って彼

らを収容所送りにした態度にも窺われるだろう。ただ奪取しただけで経営のノ
ウハウなど何も知らないのだから、あとは工場の生産性はみるみる落ちていき、
農園の収穫量は激減し、小作農は飢え、大量の餓死者を出すだけだった。何し
ろマルクスの『資本論』には価格（価値）の理論や、資本の回転や生産の過程
については詳細かつ厳密に述べられていたものの、どこを読んでも企業経営の
ノウハウに通じることなんてできないし、農場経営のコツを見つけようにもそ
もそも記されていなかった。それゆえ、まともな経営者がいなくなり、資金が
底を突けば工場は荒廃した挙げ句に収容所に作り替えるくらいが関の山であり、
大農園にしても農地で何をどう栽培すれば収穫量が増えるかなど共産党幹部の
誰にもわからなかったから、すぐに飢饉と飢餓にまっしぐらだったのである。

　要するに「計画経済」と銘打って、中央政府が価格統制を行ない、5 カ年計
画をぶち上げたはいいが、所詮はド素人のぶち上げた「絵に描いた餅」でしか
なかった。本当のところ誰も経済のことなんか知らないのだから、やっている
ことは悪質な詐欺グループと変わらない。他方、国民には完全雇用を謳ってい
たから、仕事もないのに大量の人を雇い、例えばスーパーで精算済みの商品を
レジ袋に入れる係を 10 人も雇って、商品を袋に入れる工程を 10 段階に分ける
ような不毛な細分化を行なっていた（ブルシットジョブの百花繚乱！）

　中国の毛沢東に至っては、農業政策の失敗だけで飢餓のために 3000 万人も
の人命を失ったと言われる。もちろん大規模な粛清も行なわれ、全死者数は軽
くスターリン体制を凌駕している。為政者に奪われた命の数に関しては、チン
ギス・ハンと毛沢東が歴史的にも随一である。ただし、全人口に占める死者数
の割合となれば、カンボジアのポルポト政権が圧倒的であり、毛沢東をもはる
かに凌ぐ。粛清の恐怖によってもっとも長期の政権を維持しているのは言わず
と知れた北朝鮮である。チンギス・ハンを除けば、どの国も社会主義を標榜し
ている点で共通している。

　ヒトラーに比してスターリンが凡庸な独裁者に見えるのは、社会主義体制の
国々が自由と平等を謳いながら、なぜかどれも独裁体制を築き、大量殺人に手
を染めていったからだろう。いずれも同じような悲惨な末路を辿ったという点
でも、独裁者はみな凡庸に見えてしまう。革命の当初こそ新たな文化がこれか
ら開花するかのような希望がきらめいていたものの、実際には希望どころか文

化の砂漠が広がり、そこに整列の号令と発砲音が響きわたるばかりだった。そして、押し殺された民衆の怒号が、大量の遺骸が埋められた地下から地鳴りのように響いていたようにしか思われない。

　くり返すが、ユダヤ教とキリスト教を問題にするとき、神が存在するか否かを判断することに意味がないのと同じく、マルクス主義の教義を奉じる者たちを前に、その考えが正しいのか否か判断することにも意味はない。そうではなく問題は、無謬の真理があり、それを不可侵の最高価値に据えるとき、他のすべての知は最高価値の観点から貶められ、自動的に下位グループに分類されるか、さもなければ廃棄されてしまうことにあるのである。唯一の真理にのみ価値があるのであれば、それにもとる一切は、人であれ学説であれ、不可侵の真理を維持し護持するためなら、いつでも、どうとでも処分しうる手段に堕すだろうし、それゆえ特権階級以外の誰もが単なる捨て駒になり、容易に打ち捨てられるということ、これである。

3　ソ連の優生学

　ソ連では、当然ながら、生物学にしてもマルクス主義から離れるわけにはいかなかった。ダーウィンの進化論は、キリスト教国では神の創造に抵触したため反発を招いたが、ソ連では革命の視点から能動性に欠けるとして斥けられた。つまり、ダーウィンであれ、メンデルであれ、マルクス主義の観点から再テストをパスしなければ、科学として認定してもらえなかったのである。

　マルクス主義的な革命思想というのは、簡単に言えば、弁証法という否定の反復を通じてレベルアップしてゆく成長物語である。その際、革命とは既存の因習や過去の自分から脱却し、革命思想に目覚めるというストーリーをともなっている。図式的には「正→反→合」（テーゼ→アンチテーゼ→ジンテーゼ）の過程を辿る。

　否定の操作をわかりやすく示すため、精神分析のラカンによる性の定義を見てみよう。性差から男性を定義するのにラカンは「A → not A → not not A」の三段階を次のようなステップによって表現する。先ず女の定義から開始し、「女 ＝ 〈男〉ではないもの」を第一命題とし、次いで「男 ＝ 〈女〉ではないもの」を求めるため、それと「〈〈男〉ではないもの〉ではないもの」を等号で結

ぶ。

　この「Xではないもの」（not X）の階梯を上りながら革命的道徳観を会得していくプロセスは、言ってみれば政治的な自己啓発セミナーである。つまり、絶えざる自己否定が求められ、自己批判に次ぐ自己批判による超克の思想であり、その都度ヴァージョンアップしてゆく物語である。次々に否定を重ね、空っぽになったら、そこにマルクス主義の教義が注入され、洗脳されてゆくパターンである。

　否定的ニヒリズムは、ドゥルーズが「キリスト教的ニヒリズム」とも呼んだように、どことなくカビ臭い道徳臭が漂っている。マルクス主義の場合にも、自己否定の契機に、キリスト教徒における告白（懺悔）の義務のマルクス主義ヴァージョンとでも言うべきものがあるからだろうか。

(1) ルイセンコ主義：亡霊（ラマルク主義）の復活と台頭

　ソヴィエトの生物学は、革命性を欠くという理由から、ダーウィンの進化論がそのままの形で導入される余地はなかった。自然まかせの進化には革命の要素がないし、突然変異に個別の努力や思想が反映されないのも問題だった。

　途方に暮れる生物学者のスキを見たのか、奇妙な学説が突如、現われた。発端は 1928 年に発表された「春化処理」を論じた農学分野の論文だった。内容は、秋撒き用の小麦の種子を湿らせた上で冷蔵しておくと春撒き小麦になるという内容だった。言い換えると、厳しい「環境」に置かれた秋撒き用の小麦はその試練をくぐり抜けることにより、春撒き小麦の形質を「獲得」したことになる。秋撒きという自己の殻を破って革命的に春撒きの形質を手に入れたというわけだ。

　この学説が公認の生物学になったことで、ソ連では自然科学までもマルクスの公準に則った学説とならなければならなくなった。

(2) 甦る亡霊の猛威

　以前、メンデルの講義の際に、マラーという超変人の生物学者の名を挙げた。獲得形質は遺伝しないという通説を覆して、放射線を浴びせて生殖細胞に人工的な変異を作り出せば、その変異が遺伝的に継承されるという、正しいけれど

もどこか危険な学説を提唱した人物である。いよいよ彼の名に再び言及する機会が訪れた。どうやら放射線と社会主義思想のあいだに、少なくとも彼の目にはラマルキズムによって結ばれる太い絆が見えていたらしい。

〔資料5〕「1932年、〔ハーマン・ジョー・マラーは〕社会主義に傾倒し、人間の選択的生殖を目指す優生学思想（マラーは、ある本でマルクスとレーニンの形質をかけ合わせた子どもを見てみたいと記したが、のちの版では賢明にもそのふたりをリンカーンとデカルトに改めている）に強い情熱を抱いた彼は、大西洋を渡ってヨーロッパに移り住んだ。そうしてベルリンにやってきたのは、ヒトラーが権力を握るわずか数カ月前のことだった。マラーはそこで、上司のオスカー・フォークトが、部下からユダヤ人を排除しなかったという理由でナチスに研究室をめちゃめちゃにされるのを目の当たりにし、恐怖に身震いすることとなる。

　ふたたび東に向かったマラーは、レニングラード（現在のサンクトペテルブルク）のニコライ・ヴァヴィロフの研究室に身を落ち着けた。しかしその直後、メンデリズム反対論を唱えるトロフィム・ルイセンコがスターリンに取り入って、「コムギはロシアの精神と同じく、交配ではなくむしろ鍛錬によって新しいタイプへと変わりうる」というとんでもない自説を擁護すべく、メンデリズム支持派の遺伝学者たちを迫害するようになった。しかも、ルイセンコ説を信奉しない人間は、説得ではなく銃殺の対象となったのだ。ヴァヴィロフも結局獄死している。マラーは、大きな期待をもって優生学にかんする最新の自著をスターリンに贈ったが、あまり気に入られなかったので、うまい口実を見つけてすんでのところでソヴィエトを脱出した。その後彼はスペイン内戦に参加して国際旅団の血液銀行で働き、それからイギリスのエディンバラへ渡ったが、またしても運の悪いことに、直後に第二次世界大戦が勃発した。マラーは、灯火管制下のスコットランドの研究室で冬に手袋をはめながら実験をする苦労に耐えかね、何とかしてアメリカへ戻ろうとした。だが、喧嘩好きで怒りっぽく、講義下手で、ソヴィエト在住歴のある社会主義者を欲しがるようなところはなかった。しかし、最後にはインディアナ大学が彼に職を与えてくれた。その翌年、マラーは人為的変異の発見の功績によりノーベル賞を受賞したのである」

（マット・リドレー『ゲノムが語る 23 の物語』中村桂子他訳、紀伊國屋書店、2000 年。
66 ― 7 頁）。

　社会主義体制における真理は、宗教的教義に近く、批判の余地すらない無謬
の「真理」でなければならなかった。科学的真理は通常、検証と反証に堪えな
ければその地位を維持できないが、マルクス＝レーニン主義の場合、批判を許
さず、もしも反対しようものなら銃殺に処すという乱暴な方法で、究極の真理
の地位を保持していた。
　それゆえ、マルクス主義の教義と矛盾する知見はすべて誤りとして棄却され
るか、もしくは反革命的と見なされることになった。もちろん反革命的な思想
を提唱した科学者は、みな犯罪者（思想犯）と見なされて収容所送りになった。
　生物学もマルクス主義の天秤に載せられた。すなわち、マルクス主義的革命
観に合致するのは、メンデリズムとラマルキズムのどちらなのだろうか？
　メンデリズムの遺伝形質は変化しない。となれば、遺伝とは無目的に組み合
わせの操作を繰り返すだけで、方向性は何もない。それでも未知のどこかに向
かって小さな変異を蓄積し、のろのろ変化していくのが「進化」だったはずだ。
しかし、そんな考えは、全然カッコよくないし、そもそも革命的じゃない。却
下。
　その一方、ルイセンコの小麦の学説を見てみるとどうだ？　自由主義陣営で
は「変形ラマルク主義のたわごと」と見なされるかもしれないけど、……め
ちゃくちゃ革命的！　採用。こうしてルイセンコ主義という独自路線の生物学
が隆盛を誇った結果、ソヴィエトの生物学は以降、完全な停滞期に入ってゆく。
　変人マラーがソヴィエトの地を踏んだのは、そんな時代だった。無駄に戦闘
的なマラーは、スターリンが支配する国でもじっと黙っていることなどできな
かった。マラーにしてみれば、無知の勘違い野郎たちにきちんとした学問を教
えてやるくらいのつもりだったかもしれない。しかし、そんな道理が通じるよ
うな国ではなかった。無駄に攻撃的な発言がルイセンコ派の連中による攻撃、
それも集中砲火の口火を切らせてしまった。すんでのところで彼（だけ）は逃
亡することができた。不幸だったのは、マラーの逃亡後、かの地に残らざるを
得なかったごく普通の生物学者たちである。以降、ラマルク主義に批判的な研

究者の多くはルイセンコ派から糾弾され、大学や研究所を失職することになった。大半は、収容所に送られて、謎の死を遂げたという。

　生物学の学説の適否を経済学（ないし経済哲学）の観点から判定するなどという、愚かしいことがあってはならないが、そういう発想が大手を振って歩いていた時代はそう遠い昔ではないし、被害者もまた生物学界隈にとどまらなかった。

(3) レフ・ランダウの災難

　ソ連を代表する物理学者、レフ・ランダウの災難にはどこかナチズムのシンパだったハイゼンベルクの災難に似たところがある。2017年にノーベル物理学賞を受賞したキップ・ソーンの著作（名著！）から、先端物理の啓蒙書にはめずらしい記述、ソ連の収容所に関する「まとめ」っぽい記述を引くことにしよう。

　〔資料6〕「レニングラードを経て西欧に留学してその後帰国したソ連の若い
　理論家の中で、ずば抜けた大きな影響を物理学に及ぼしたのは、レフ・ダヴィ
　ドヴィッチ・ランダウだった。1908年裕福なユダヤ人家庭（父親はカスピ海沿
　岸のバクーの石油技術者だった）に生まれた彼は、16歳でレニングラード大学
　に入学し、19歳で学部を卒業した。レニングラード物理技術大学で2年間の卒
　業研究を終えて、Ph.Dに相当する研究を完了すると西欧に留学し、1929―30
　年の18カ月間にスイス、ドイツ、デンマーク、イギリス、ベルギー、オラン
　ダの理論物理学の主な中心地を巡った。
　〔中略〕背が高く、やせっぽちで、自分自身と同じく他のどの人にも鋭く批判
　的だったランダウは、数年おそく生まれたことを残念がっていた。物理学の黄
　金時代はド＝ブロイ、シュレーディンガー、ハイゼンベルク、ボーアその他が
　新しい量子力学を創造していた1925―27年だった、と彼は考えていた。もう
　少し早く生まれていたら、彼もそれに仲間入りできただろう。「素敵な少女は
　みんな奪われ、結婚してしまっていた。素敵な問題はみんな解かれてしまった。
　残された問題はどれも心から好きにはなれなかった。」彼は絶望して、1929年
　にベルリンでこう語った。しかし、実は量子力学と相対論の法則の帰結の探求

はようやく始まったところで、これらの帰結は驚嘆すべきものを孕んでいた
のである。原子核の構造、核エネルギー、ブラックホールとその蒸発、超流動、
超伝導、トランジスター、レーザーと磁気共鳴映像などは、そのごく一部であ
る。ランダウはその悲観論にもかかわらず、やがてこれらの帰結を発見しよう
とする探求の中心人物となるのである。

　1931 年にレニングラードに帰ると、熱烈なマルキストであり愛国者であった
彼は、現代的な理論物理学をソ連に輸血することに生涯をかけようと決心した。
〔中略〕ランダウが帰国するとまもなく、スターリンの鉄のカーテンが下ろされ、
それ以降西側への旅行はほとんど不可能になった。レニングラードでランダウ
の同級生だったジョージ・ガモフが、後に回想している。「ロシア科学は今や、
資本主義世界と戦うための武器になった。ヒットラーが科学と芸術をユダヤ陣
営とアーリア陣営に区分したのと同じように、スターリンは資本主義的科学と
プロレタリア科学という観念を作り上げた——ロシア科学者にとって、資本主
義諸国の科学者と〈友好を保つ〉ことは犯罪になった。」

　政治的風潮は悪から恐怖に変わっていった。1936 年、すでに農業の強制集
団化の過程で 600 万あるいは 700 万の農民とクラーク（地主）を殺していたス
ターリンは、今日では大粛清と呼ばれている、数年にわたるこの国の政治指導
者と知的指導者の粛清を始めた。粛清にはレーニンの最初の政治局員のほとん
ど全員の処刑と、ソ連軍の高級指揮官、共産党中央委員会の 71 人のメンバー
の中の 50 人、外国に派遣した大使の大部分と非ロシア系の諸共和国の首相と
高官の処刑、あるいは二度と帰らない強制連行が含まれていた。もっと低いレ
ベルでは、ほぼ 700 万人が逮捕、投獄され、250 万人が死んだ——その半分は、
多数の科学者といくつかの研究チームまるごとを含む知識人であった。ソ連の
生物学、遺伝学、農業科学は破壊された。

　1937 年末、今やモスクワの理論物理学研究の指導者になっていたランダウは、
粛清の熱気が彼に迫ってきているのに気づいた。恐怖に駆られた彼は助けを捜
し求めた」（キップ・S・ソーン『ブラックホールと時空の歪み』林一、塚原周信訳、
白揚社、1997 年。162—4 頁）。

ヒトラーとは異なり、スターリンは大量殺戮の主犯でありながら、天寿を全

うした稀有な独裁者である。彼が殺されずに済んだのは、狙われるより先に殺してしまったからだ。スターリンは彼の寝首を掻きそうな可能性のある、つまり有望な人材を見つけると近くに置いて、定期的に粛清し、邪魔者を排除していた。ソーンが述べているように、同輩から側近、党の幹部など、少しでも脅威になりそうな者たちはみな粛清された。

　あくまで推定値でしかないと断った上で、前掲のホワイトの著書からある数値を引いておきたい。それは「処刑、強制収容所、飢餓、民族浄化、水漏れのするボートでの必死の逃走のため、共産主義体制下での死者数のだいたいの推定値」である。

●中国：4000万人

●ソヴィエト連邦：2000万人

●北朝鮮：300万人

●エチオピア：200万人

●カンボジア：170万人

●ベトナム：36万5000人

●ユーゴスラヴィア：17万5000人

●東ドイツ：10万人

●ルーマニア：40万人

●北ベトナム：5万人（内部で、1954 − 75年）

●キューバ：5万人

●モンゴル：3万5000人

●ポーランド：3万人

●ブルガリア：2万人

●チェコスロヴァキア：1万1000人

●アルバニア：5000人

●ハンガリー：5000人

●おおよその総死者数：7000万人（ホワイト、573 − 4頁）

　毛沢東は、1人の人間が出した死者数としては圧倒的な大差で史上1位を占

めている。歴代の戦争の死者数をすべてカウントしても第二次大戦に次いで2位にランクされるほどである。スターリンは近代人としては毛に次ぐ順位にあるが、世界史のランキングでは6位に下がってしまう。ただし、ランキングを作ったホワイトがわざわざ断りを入れた文を引くと、以上の推定値には「共産主義が権力を掌握するための内戦で死んだ2000万人や冷戦時代の代理戦争で死んだ1100万人は含まれていない」。ソ連がその歴史の始まりから終わりまでに出した戦死者を加えれば、かなりのところまで中国に迫るかもしれない。その上で、もしもP・ルジャンドルのいささか口の悪い言い方を真似て言えば、粛清で人を殺害した「世界記録」保持者はおそらくスターリンにちがいない。その驚異的な数値ですら、あるいは毛沢東が凌駕しているのかもしれないが、いずれにしても「死人に口なし」であり、どの数値も推定値の域を出ないのだから、想像上でいくら比較しても大した意味はない。

　粛清の嵐が吹きすさぶ時代、ソヴィエトの地においてレフ・ランダウが蒙った災難に関して、続きを見てみるとしよう。

〔資料7〕「1938年4月28日早朝、彼のアパートのドアはノックされ、彼は婚約者のコーラがひどくショックにうちひしがれてアパートのドアから彼を見守る中を、公用の黒いリムジンに押し込まれ連行された。他の大勢の者の上に降りかかった運命が、今やランダウの身にも降りかかった。

　ランダウはモスクワでもっとも悪名高い政治犯監獄の一つ、ブチルスカヤにリムジンで連れていかれた。彼はそこで、ドイツ・スパイとして活動したことが発覚し、その償いをしなければならない、と告げられた。その告発は滑稽なものだった。(ユダヤ人で熱烈なマルキストであるランダウがナチス・ドイツのためにスパイをする?) だが、そんなことは重要ではなかった。告発はほとんどつねに滑稽だった。スターリンのロシアでは、人が自分の投獄された真の理由を知ることはまれだった。もっともランダウの場合には、最近暴露されたKGB文書にそれを伺わせる記録がある。同僚との会話で、彼は共産党とソ連政府を、科学研究の組織化の仕方と大テロの中で始まった1936―1937年の大量逮捕で批判した。このような批判は「反ソビエト活動」と見なされ、そのまま投獄される理由になった。

　ランダウは幸運だった。入獄はわずか1年ですみ、辛うじて一命を取り留めた。彼は1939年4月に釈放された。それは1930年代のもっとも有名なソビエトの実験物理学者ピョートル・カピッツァがモロトフとスターリンに直訴して、ランダウが、そしてすべてのソビエト物理学者の中でランダウだけが、超流動がどのようにして起こるのかという謎を解く能力をもっているという理由で釈放を求めた結果だった。(超流動はカピッツァの実験室と、それとは独立にイギリスのケンブリッジのJ・F・アレンとA・D・マイスナーによって発見されたが、もしソビエト科学者がこの現象を説明できれば、それはソビエト科学の力を二重に証明することになるだろう。)

　ランダウはすっかり衰弱し、ひどい病気になって釈放された。やがて彼は肉体的、心理的に回復して、量子力学の法則を用いて超流動の謎を解明し、この解決によってノーベル賞を受賞した。しかし、彼の精神は破綻していた。彼は政治当局のどんな些細な心理的圧力にも、二度と耐えることはできなくなったのだった」(ソーン、168―9頁)。

　率直かつ利発なランダウは1年の収容所生活ですっかり変わり果てた。スターリンの粗雑で杜撰な権力の振るい方に比して、ランダウの心身に刻印された傷跡のなんと生々しく繊細なことか。キップ・ソーンの文章は、権力の濫用が人にどのような傷跡を残すか、すなわちPTSD(心的外傷後ストレス障害)がどれほど破壊的であり、またどれほどの後遺症を残すのかを如実に伝えてくれる。

(4) 第二次大戦後

　ルイセンコ主義がいよいよ攻勢になり、敵対者たちを失職や追放に追い込むのは、第二次大戦後のことだった。1948年にスターリンが「公認教義」に認定すると、まともな生物学はそれゆえ徹底的に弾圧されることとなった。結果は言うまでもない、――ソ連の生物学はその間(というか、その前からだが)、まったく進捗を見ることなく絶望的な停滞を続けることになる。

　そして、ルイセンコ主義の終焉はスターリンのお墨付きから5年後、突然に訪れた。1953年、スターリンが急死したのである。死因は脳卒中でまちがい

ないだろう。助かった命なのではないかとも囁かれているが、他人に対するあまりに妄想的な猜疑心のためか、周囲の人々が近づくのを恐れ、ために発見と治療が遅れ、それが突然死を遂げた要因のひとつになったのではないかと疑われている。あるいは、スターリンのやることなすことに全員が我慢の限界だったため、敢えて放置し、そのため治療が遅れたとも噂されている。また、ある側近が「流石に毒には勝てなかった」とこぼしていたとの記録もあり、（これもお国柄か）毒殺説も根強く残っている。

　スターリンのお墨付きという支えがなくなった途端、当初よりガセっぽい学説だったこともあり、元々は農学の論文だったから、みるみる勢いを失うのは当然の成り行きだった……。結局、ルイセンコ主義は、大量殺戮に大義名分を与える生物学などではなく、たまたま革命的と勘違いされて開花した徒花でしかなかったのだろう。

　加えて、そもそも生物学という学問から大量殺戮を可能にする論理を引き出すことには元々無理があった。優生学という問題含みの学問ですら、そのままではユダヤ人やジプシーの「絶滅」作戦には到底結びつかない。

　もちろん優生学の言葉づかいは不用意な失言などではない。比喩をはじめ、種々のレトリックを使って世論に訴えようとしたのは初期の優生学者たちの思惑であり作戦だった。そんな連中が磨き上げ、洗練させたもっともキャッチーなフレーズが「生きる価値のない生命」だった。ヒトラーとナチスはそのフレーズが概念ですらなく、邪魔なものすべてをぶち込めば、なにもかも呑み込んでくれる便利なブラックボックスであることを見抜いていた。優生学がナチズムの動機になったとか、大量殺戮の原因になったと断定することはできないが、少なくとも T4 作戦までは優生学的に実施された殺戮であって、以降は当初の優生学者の引いたラインから逸脱ないし脱線したと言うこともできそうにない。優生学とナチズムが遂行した作戦との関係は、もちろん無関係ではないが、絡まり具合が複雑であるばかりか、至るところで虚像と実像が入れ替わり、しかもウソと本音が虚実のどちらに紛れ込んでいるかすらはっきりしないのである。

　その、虚実が複雑に入り組んだ作戦で利用された優生学と比較すれば、ルイ

センコ主義のど根性進化論はくだらない代物だが、かわいいものである。ただし、そんな学説に反対したせいで銃殺されたらたまったものではないが……。

第15講
2つの結語──ゲノムとテロル

　最終回は通常、これまでの全14回の講義のまとめか、もしくはこれまでの講義を踏まえて何がしかの結論を導くかのいずれかが適当だろう。我々の試みはやや常道を外れたように映るかもしれないが、歴史を顧みるのが我々の「今」を知るためだとすれば、むしろ当然の問いかけになる。すなわち、今後の世界の行方を2つの異なる視点から展望しようと思っているからである。ひとつは生物学と優生学との接点から見える現在と未来であり、もう一方は政治と戦争における「テロル」の意味である。

1　ゲノム

(1) 遺伝子とは何か──遺伝子、ＤＮＡ、ゲノム

「遺伝子」は長いあいだ正体不明の概念だった。19世紀末、メンデルによって遺伝法則は解明されたものの、遺伝を司る肝心の物質が何なのかは長らく特定できなかった。そういうものがあるにちがいないという予測と確信だけがあり、大方の予想はタンパク質に集まっていたが、どの予想ももの見事に外れてしまった。1953年、ワトソンとクリックにより遺伝を司る物質はタンパク質ではなく、核酸だと発表されたからである。ＤＮＡとはデオキシリボ核酸の略称であるが、その全体が遺伝子というわけではなかったし、遺伝子のすべてがＤＮＡにのみ担われているわけでもなかった。ＤＮＡのなかには遺伝や発生に関係しないクズＤＮＡや、それ自身の占める領域を拡張する以外に何もしない「利己的遺伝子」などがある一方、染色体には遺伝に不可欠でありながらＤＮＡにない物質が含まれている。

　字義通りに読めば、「デオキシリボ核酸」とは、ＲＮＡつまりリボ核酸をde-oxidizeしたもの、すなわち脱–酸化したリボ核酸という意味になるだろう。ちなみにリボ核酸の部品は、リン酸、リボース、塩基から成っている。それらのうち主たる遺伝情報は4種類の塩基に担われており、内訳はアデニン（A）、

グアニン（G）、シトシン（C）、ウラシル（U：$C_4H_4N_2O_2$）である。デオキシリボ核酸の部品は、リン酸基、デオキシリボース、塩基だが、肝心の塩基の内訳はアデニン（A）、グアニン（G）、シトシン（C）、そしてチミン（T：$C_5H_6N_2O_2$）である。3つの塩基についてはDNAとRNAとで共通しているが、残る1種類、RNAの部品ウラシルとDNAの部品チミンとのちがいは、前者よりも後者において炭素が1つ、水素が2つ多い。この点に主たる特徴があるのだが、詳細は省く。もうひとつの主たるちがいは、RNAの場合はリボース（$C_5H_{10}O_5$）を材料に作られる1本鎖になるか、DNAのようにデオキシリボース（$C_5H_{10}O_4$）を使って作られる2本鎖となるか、にある。

　2本鎖には、向きを逆に結合することで、一方に生じた損傷を他方を参照して修復できるメリットがあると信じられてきた。ところが最近、ウイルス研究から1本鎖にも巧妙な修復機構があることがわかってきた、——機能的なゲノムをそれまでクズと思われてきた回文構造の配列が挟み込んでおり、その反復により回文構造を辿ることで修復が可能になる。この構造を有する配列は、今やクリスパー（CRSPR）の名で広く知られ、我々のDNAにも組み込まれていることがわかっている。つまり遺伝子は逆向きの二重構造に加え、回文構造にも護られており、重層的な修復構造を内蔵していたことになる（山内一也『ウイルスの意味論』みすず書房、2018年、143－7頁。デイヴィッド・クォメン『生命の〈系統樹〉はからみあう』的場知之訳、作品社、2020年、337―41頁）。

　さて、当面の問題は塩基配列のうち、遺伝に関係する身体の設計図に当たる部分とそれ以外のちがいにあり、とりわけ前者の中身にある。

(2) ヒト・ゲノム

「ゲノム genome」という単語は、「遺伝子、種」を意味する「gene」と「かたまり」を意味する接尾辞「-ome」から成る。国際的なプロジェクトとして1990年に開始されたヒトゲノム解析は予想よりもだいぶ早く、2003年に完了した。

　ヒトゲノムの全体がその内部に折り畳まれた染色体は、わずか100万分の6メートル（6μm）の細胞核に格納されている。複雑に折り畳まれた染色体を真っ直ぐに伸ばせば、なんと2メートルの長さになるという。

　2016 年に『セックスの終焉』という刺激的なタイトルの本が出た。著者であるヘンリー・グリーリーの本職は法律家だが、生物学の可能性に魅せられ、門外漢でありながらも先端生物学の専門書を書くことになったという。著書のタイトルが意味するところも刺激的だった。すなわち、間もなく人類はセックスによる子作りをやめてしまい、生殖はゲノム編集を含む最新テクノロジーに委ねられ、残るセックスはもっぱら娯楽のために営まれるようになるのだという。こうした大胆な主張の背景には、ゲノム解析が予想以上に早く完了したことに加え、予想を上回る速度でコストダウンが図られたことにもあった。グリーリーの基本的な視点は、生殖技術の成長速度が速すぎて、社会的な議論が追いつかず、私たちの心の準備ができていないことにある。私たちが「こんなことができたらいいな」と表明する前に「できる」ことが次々に増え、慎重な議論を待つまでもなく夢の技術が手の届くところまできているのだ。いったい何が起きているのか？　先ず、彼がゲノム解析に要する費用について述べた言葉を見ておこう。

　〔資料１〕「ヒトひとりの全ゲノム配列の解読に 15 年とかからなかった。当初、全ゲノム解読には５億ドル（500 億円）ほど費用がかかり、何年も必要とした。今日、ご自分のゲノム配列を知るには数日で済むし、費用も 1500 ドル（約 15 万円）ほどになっている。オブザーバーはこの費用がさらに下がり続け、間もなく 1000 ドル（約 10 万円）になり、じきにさらに安くなることが期待されている。ほとんどの人は、数年以内に費用の低価格化に合わせて全ゲノム配列の解読が遺伝子テストに使われるようになることを期待している」(Henry T. Greely, "*The End of Sex and the Future of Human Reproduction*", Harvard University Press, 2016. p.11）。

　おそらく 500 億円は人件費や種々の機材を含む研究プロジェクト予算だったのだろう。それに対して、1500 ドルや 1000 ドルはサービスの価格であり、商品の値段である。つまり、たった 10 年のあいだにゲノム解析は高額の予算をパクリと鯨飲する一大研究テーマから、商売として成立する身近な技術に成長したのであり、それゆえグリーリーは価格・値段に関してさらに述べている、

――2015年にはだいたい1500ドルの費用を要する。間もなくその費用は数百ドルになるだろう――数千ドルではない。20年から30年のあいだには、たぶん2桁か、もっと小さな数値で費用を表わせるようになるだろう」(*Ibid.,* p.101)。1500ドルから2桁も安い費用となれば、日本円では数千円もしくは千数百円という価格帯になる。

　ゲノム解析をする際のメリット、つまり解析のポイントはエラーの特定と抽出にある。2本鎖を構成する塩基対のうち、ちがいはほぼ1000分の1になる。つまり99.9パーセントは一致しているのだから、それくらいのエラーなら大した影響はなさそうだが、「各ゲノムは32億の塩基対から成っていて、それが意味するのは、あるヒトの任意のゲノム2つについて、異なる箇所が300万ほど見出され、2人の人間について彼らの2倍体ゲノムを比較すれば、だいたい600万箇所ほどのちがいが見出されるだろう」(*Ibid.,* p.21)。修復を要する箇所が600万にものぼるとなれば、それぞれの塩基対が身体のどの部位、どんな機能に関連しているのかも気がかりになってくる。

　いかに巧みな修復機構を有するとはいえ、どうして我々のゲノムはこんなにもたくさんのエラーを抱え込む仕組みを作ってしまったのだろうか？

　私たちの祖先は細菌ではなく、アーケアであり、つい最近まで「古細菌」と呼ばれていた。海底にメタンハイドレートを構築したメタン生成菌など、いわゆる嫌気性細菌が典型だが、彼らは細菌の仲間ではないし、細菌の祖先でもなかった。アーケアは深海にのみ住むわけではなく、我々の腸内にも暮らしていて、日々メタン（おならの成分のひとつ）の製造に励んでいる。進化論の観点から史上最大の出来事を考えるなら、アーケアから真核生物への飛躍こそその筆頭に挙げられるだろう。真核生物の誕生は進化の歴史における最大の異変であり、その大ジャンプがあってこそカンブリア紀の大爆発も可能になったし、恐竜の繁栄はもちろん、人類の栄華も可能になった。

　真核生物は、身体を巨大化させる過程で分裂生殖を廃止し、有性生殖に移行していった。分裂生殖は単なる複製であり、一方が他方のコピーとなるだけなので、親子の区別がない。もっと言えば、どちらがオリジナルでどちらがコピーなのか判別できないから、親子という世代の区分も成立しえない。他方、有性生殖は、いわゆる「性」および「性差」の誕生を意味するが、生殖の結果、

新たに出現する個体（子）は2体の親のいずれかの複製ではないのはもちろん、両者の足し算でもなく、これまで存在したどんな個体にも還元されないオリジナルな存在として出現する。親の遺伝子2つを結合させ、さらにそれをシャッフルして1個体を作るわけだが、その操作にともなう最も大きなリスクはエラーを抱え込むことにある。真核生物は、病や事故、果ては死のリスクを抱え込んでもなお有性生殖へと突き進んだ。我々真核生物は、どんな種であれ、生殖により先代とは異なる新奇な個体を創出することにリスク以上のメリットを見出したということなのであろうか……。

(3) 生殖とは何か？

　生殖、つまりオスとメスの交尾を微視的に見ると、単なる肉体の結合とは言えない局面がある。受精とはある意味でメスの生殖細胞（卵子）がオスの遺伝子（精子）に感染することである。多くのオスは求愛行動を磨き上げることにより、メスに受け入れられるよう努力するが、メスは滅多なことでは心を動かされないよう進化してきた（マーリーン・ズック『性淘汰』（佐藤恵子訳、白揚社、2008年））。その防衛機制は交尾が終わっても終わることなく、外的な侵入者に対するメスの身体の反応にも表われる。免疫のはたらきを説明するのに戦争の比喩を多用する習慣が未だ適切であるとしたら、セックスの内実もまた戦争そのものである。

　　〔資料2〕「ヴァギナは通常かなり酸性である。精液はその酸性を中和すべくザーメンにアルカリ塩基を供する。スペルマはヴァギナ、子宮頚部、子宮、そして輸卵管へと移動するのに大量のエネルギーを消費する。精嚢は大量のフルクトース、つまり糖を送り出してスペルマを育てるのに用いる。メスの生殖システムは精子細胞に対する免疫反応を発動させる。ザーメン中に含まれるプロスタグランディンはその〔メスの免疫の〕働きを抑えるのに役立つ」（Greely., p.38）

　性選択は、メスがオスの求愛行動に合格のサインを出して終わりとはならない。戦闘と駆け引きの場は、生殖プロセスにおけるヴァギナと精子との複雑な

戦術のやりとりへと移ってゆく。ヒトの場合、1回の射精で1億から4億の精子が放出される。酸性のヴァギナは侵入者の精子を片っ端から殺害しようとし、実際に多くの精子は酸によって殺される。無論、精液の側も指を咥えて殺されるだけでなく、塩基の傘を差すことで、なんとか酸性雨の衝撃をやり過ごそうとする。酸の攻撃をしのいだ精子たちはさらに進軍しようとするが、メスの免疫系がそれを黙って見逃すはずもなく、すっかり少なくなった精子の集団に最後の猛攻を仕掛けようとする。その攻撃に対し、精液の側はプロスタグランディンで対抗する、──化学的な戦術を駆使しながらメスの猛攻から逃れ、さらにめっきり少なくなった精子がやっとのことで辿り着いた「輪卵管は、精子にとって非常に快適な環境である。そこは栄養豊富であり、かつ心地よい PH レベル、さらには免疫系からの防禦も整っている。また精子はそこで最終的に卵子と出会うことになる」(*Ibid.*, p.39)。待っていた卵子はたった1つ、──それと結合しうる精子も原則として1つきりだ。1億から4億の精子の大部分は、この、最後に卵子と結合する唯一の精子のために犠牲になる。精子がヒトの作る最小の細胞であるのに対し、卵子はヒトの有する最大の細胞である。「平均的に健康な女性は、1度も妊娠しない場合、だいたい30年から40年にわたる月経サイクルを経験し、計420回もの排卵を行なう」(*Ibid.*, p.43)。それに対して、「健康な男性は死ぬまで精子を生産しつづけ、生涯を通じて数千億──おそらくは1兆ほど──の精子を作るはずだ」(*Ibid.*, pp.43-4)。大きさについても総数についても、精子と卵子との極端な格差があるのは、もっぱら生殖のメカニズムに起因する。

　多細胞生物のデフォルトは、言うまでもなくメスである。そのことに疑いの余地がないのは、原始的な生物のオスが生殖のための器官に過ぎないことが多い点からもわかる。複雑化と巨大化を経るごとに、オスの形態は徐々に体裁を整え、メス好みの装いと力を身につけるようになった。おそらく真核細胞は多細胞化と大型化に舵を切った過程のどこかで、感染によるリスクを負ってまで「差異」の産出に賭けたばかりか、「差異の最大化」を図ってオスの体躯を洗練させてゆくことになった。

　しかし、進化はあくまで結果論であり、どれほど試行錯誤しようともその成否は事後的にしか明らかにならない。しかも、見えない未来に手を伸ばし、闇

夜の中から当たりくじを引くのには少なくとも数千万年にわたる駆け引きを繰り返すか、もしくは数億年にわたる自然選択と性選択という二重になった選別の篩をくぐり抜けなければならなかった。

　生殖技術は性をめぐる悠久の歴史を問題視する。問題とはすなわち、もっと早くて便利な方法がないかという形の問いかけになる。新たな関心は、自然に身を任せる悠長なプロセスではなく、人為的に自然の歴史に介入することが可能か否かにある。もしも可能なら、どれくらいまで可能なのか、また、いかなる点にどれくらいの介入が可能なのか、という点に絞られるだろう。

(4) 技術革新

　現在、人工授精の技術は、ヒトに対しては限定的にしか用いられない。生殖医療は「不妊治療」とも言われるように、「生殖は本来、自然に委ねるべし」との理念に諾うことができない人たちにのみ開かれている。子どもができない夫婦、同性のカップル、未婚だけど子どもがほしい独身者たち、等々。

　しかし家畜についてなら話は別だ。牛や豚など、ほとんどの家畜は人工授精から製造されている。日本で育てられている肉牛のほぼすべてが人工授精により製造されており、母牛は遺伝子の供給源である雄牛と会ったことすらない。つまり我々の知る牛肉はクローン牛のものであり、それぞれの国と地域で管理され、品質が保証された製品として世界中に流通している。「セックスの終焉」は未来の話ではない、――家畜の世界では、とっくの昔から言わずと知れた事実なのである。

　初の人工授精は1930年代、ソ連における家畜の実験で成功している。アメリカでも1940年代から50年代にかけて大規模実験が行なわれ、肉質の向上が認められると新たな技術として普及していった。ところが実験の対象が人間となると話は別だ。人の場合、自然な生殖を法的な婚姻制度が覆っているからである。「1953年、シカゴ裁判所は、既婚女性が（精子提供によるものと思しき）人口受精を受けた場合、たとえ夫の合意があったとしても、姦通の罪に値するとみなし、その結果生まれた子についても非嫡出子になると考えた」(*Ibid.*, p.47)

　生物学的に「不確かな父」に対し、ローマ法は常に「法的な父」に正当性を

付与してきた。母の確かさが疑うべくもないのに対し、父の確かさを保証する
のは法律しかなかったから、その措置はある意味、当然でもあった。しかし、
技術はあらゆる「確かさ」に揺さぶりをかけ、法の定めるステイタスの堅固さ
に次々と亀裂を入れてゆく。

　精子提供を受けたか、もしくは購入した精子を用いた人工授精は、「父」の
地位を不確かにするだけでなく、「父」を不要にしかねない。人工授精に加え、
代理母を雇って代理出産を実施すれば、今度は「母の確かさ」という元来、疑
うべくもない観念にも疑義が出されるかもしれない。今や「父」はもちろん、
「母」のステイタスですら不確定であやふやなものになりかねない（ロビン・
フォックス『生殖と世代継承』平野秀秋訳、法政大学出版局、2000 年）。

　社会の根幹を揺るがしかねないテクノロジーがもしも文化的に許容されると
したら、自然な生殖と法的な婚姻を守ることが却って子どもの健康を脅かすよ
うなケースに限られるだろう。

　　〔資料3〕「もしも、たとえばX染色体1万ごとに1つ血友病の対立遺伝子が
　　あるとすると、1万人に1人の男性が病気を受け継ぐことになるが、女性は
　　1億人に1人——男性の比の自乗分の1——が疾病誘発対立遺伝子をもった
　　2つのX染色体を引き継ぐことになる。これら古典的なX関連特性はそれゆえ
　　全体としてほとんどが男性に現われるが、息子に受け継がれることがないの
　　は、息子たちは自分たちの父のX染色体を得ることができなかったからこそ男
　　性になったからなのである。保有男性の娘たちは父のX染色体をもっているか
　　らキャリアと見てまちがいない。それぞれの娘の子どもたちは血友病対立遺伝
　　子をもったX染色体を50パーセントの割合でもっているだろう。もしも娘なら、
　　彼女はキャリアになる。息子なら、病気を抱えることになるだろう」（Greely,
　　p.65）。

　数字がやや複雑だが、1万人に1人の男性が血友病を受け継ぐのは、男性の
X染色体が母親から受け継がれるからだ。だから、血友病を患う父親の息子は
血友病を受け継がない一方、娘の方は受け継いでしまう。したがって、1万人
に1人の女性が少なくとも1つの血友病の対立遺伝子をもつX染色体を保有し

ていることになる。資料が言及する「1 億人に 1 人」という比は、女性が 2 つ
もつ性染色体（X 染色体）が両方とも血友病を誘発するケースに当たり、その
ような組み合わせは 1 万人に 1 人いる血友病を患う男性を父にもち、1 万人に
1 人いる血友病の遺伝子を少なくとも 1 つ持つ母からそちらの遺伝子を継承し
たパターンのみとなる（それゆえ 1 万の 2 乗になり、1 億という数値が導かれ
る）。

　さらには染色体異常の例も挙げられる。染色体は普通 2 対から成るが、時お
り 3 対（トリソミー）の異常が起き、深刻な疾患に至る。

　〔資料 4〕「1 つのスクリーニング・テストは単純そのものだ。母親の年齢で
ある。妊婦の年齢は、有名なダウン症候群（トリソミー 21）だけでなく、エド
ワーズ症候群（トリソミー 18）とパトウ症候群（トリソミー 13）など、最も
一般的で重篤な遺伝的条件である 3 つのリスクの増加と非常に強い相関がある。
若い女性にとって、胎児がトリソミー 21 をもつリスクは 1000 分の 1 ほどだが、
その割合は 30 代から上昇し始める。女性が 35 歳になる頃にはトリソミー 21
の妊娠の確率はほぼ 0.4 パーセントであり、40 歳で 1 パーセントに接近し、45
歳になると 3.5 パーセントを超える。

　1970 年代、研究者たちはダウン症のスクリーニングに使える生化学的方法を
見出した。アルファ・フェトプロテイン（AFP）は、人の血中タンパク質で
あり、胎児は 3 期のうち最初の 1 に最も活発にこのタンパク質を産生する。あ
る種の AFP は胎盤壁を横断して妊婦の血流に入り込む。研究者たちが気づい
たのは、もし妊婦の血中 AFP レベル（母の血清アルファ・フェトプロテイン：
MSAFP）が際立って低くなっているなら、妊娠はダウン症をもつ赤ちゃん
を出産しなければならなくなる確率が高くなる。他方、もし AFP レベルが際
立って高い場合、子どもたちは神経管の欠陥という悪質だが遺伝的ではない条
件のリスクが高まってゆく」（*Ibid.*, p.82）。

　この他、遺伝性の疾患でありながら、中年期以降に発症する病気、例えば男
性のみ発症するハンチントン舞踏病の場合、その因子を持つ人物はとりわけ男
性的な魅力の持ち主が多く、それゆえ性選択に引っかかりにくく、たやすく継

承されやすい。それら致命的な遺伝的疾患のリスクを前もって取り除くことは、生まれてくる子どもの未来にとっても福祉の増進に資するはずだ。問題は費用である。

〔資料5〕「1度のＩＶＦ（体外受精）サイクルの値段はケースごとに異なるし、領域ごとに変わるが、基本的なＩＶＦサイクルの中央値に対して公正な評価をすれば、おそらく2万ドル（約200万円）くらいになる。そして、もちろんこれは1回のＩＶＦサイクルの値段であって、子どもができるまでの価格ではない。子どもをもうけるまでには普通、もっと高くつく──そして妊娠中や分娩の費用は含まれていない。あいにく、ほとんどの場合、ＩＶＦ1回のサイクルでは子どもはできない。

　ＩＶＦの成功率は不妊の理由、精子提供を受ける女性の年齢、患者のＩＶＦ既往歴、そしていずれの処置が採られるべきか、といった条件によって劇的に変わる」（*Ibid.*, p.58）。

グリーリーによれば、2012年に実施されたＩＶＦサイクルはおよそ15万8000サイクルに上るという。同じサイクルから5万1000〜6万5000人の赤ちゃんが生まれた。たいへんな数のようにも感じられるが、出産数全体からみるとわずか1.6パーセントである。しかし、体外受精から生まれた子ども全体の約半数、45パーセントが multiple、つまり大半が双子であり、3パーセントが3つ子で生まれてくるという。その時点におけるＩＶＦ成功率は32パーセントだった（*Ibid.*, p.59）。

　さて、安価でゲノム解析ができ、ゲノム編集も次第に身近になり、体外受精も普通の医療（とりわけ保険適用が可能）になれば、我々の世界における生殖にも、病気の治療や予防を超える意味が見出される（もしくは加えられる）だろう。

　グリーリーが目をつけたのは、幹細胞を用いた技術、すなわちヒトＥＳ細胞やｉＰＳ細胞の可能性に彩られた未来である。次の記述を読むとやや頭が混乱する人がいるかもしれないが、必ずしも夢物語ではない。

〔資料 6〕「そして、iPSCs から女性の卵子や男性の精子を作るだけでなく、女性から精子を作り、男性から卵子を作るといったような事象が稀有なことでなくなれば、ゲイやレズビアンのカップルがはじめて彼ら・彼女たち自身の子どもをもつ機会に恵まれるだろう」（*Ibid.*, pp.102-3）。

やや虚を突かれた感があるのは、男性同士のカップルから彼らの遺伝子を使った女の子が生まれ、女性のカップルから彼女たちの遺伝子を使って男の子を作ることが可能になると言われているからである。染色体レベルの話に限定するなら、ＸＹの男性 2 人からＸＸの組み合わせを導出することは、なるほど可能かもしれない。しかし、ＸＸの対しかもたない女性からＹ染色体を作り出すのは至難の業だろう。もし本当にゲノムの水準で性別を変更する技術が成立し、遺伝子レベルの自然の理を人為によって超えられるというのなら、性別のみならず、容姿や筋力、知力についても手を加え、改良（改造？）することが可能になるだろう。もちろん可能になるという表現は技術面に限らず、費用面についても言われなければならない。

1990 年に全ゲノム解析の費用は 500 億円だったが、2010 年には 50 万円にまで下がっていた。グリーリーの著作は 2016 年に発表されたから、その 1 年前の 2015 年時点の予測として、約 5 年から 10 年以内に 200 ドル（2 万円）になり、20 年から 40 年以内には 50 ドル（5000 円）になるという（*Ibid.*,pp.111-2）。

技術面および費用面で簡単かつ手軽になるとき、はじめて「セックスの終焉」が現実味を帯びてくる。遠からず「セックス」から生殖行動という意味が、あたかも古くなったかさぶたのように剝落してゆくのであろうか。

〔資料 7〕「総じて私が期待するのは、40 年以内に全世界規模で健康に配慮する人々のあいだで半分かそれ以上の人たちが簡便なＰＧＤ〔着床前診断〕を利用して子どもをこしらえ、少なくとも一部はＤＮＡに関して、またはそれが予告する特徴とリスクに鑑みて子どもたちを選別するようになることである」（*Ibid.*, p.103）。

単なる期待であるとしても、この記述は重要である。大半の人々が子作りを

自然の理に委ねるのをやめ、技術的かつ計画的に子どもを製造するようになるとき、おそらく優生学の夢はようやく完成の時を迎える。そのとき我々は何の疑問もなく、何の罪悪感も抱くことなく「子どもたちを選別するようになる」。もはや劣った遺伝子を除去するといった野蛮な思想は問題にすらならないだろう。「生きるに値しない生命」に対する呵責ない攻撃行為ももはや必要ない。なぜなら、そういう生命はそもそも生まれないか、たとえ生まれるとしても確率が著しく低くなるからである。人は病気の恐怖から解放されるだけでなく、容姿の良し悪しに悩まされることもなく、誰もが卓越した運動能力と知力、美貌に恵まれ、人生をエンジョイするようになる……のだろうか？

　いや、そうなるとき、今度は古典的な生殖によって生まれた子どもたちが自然な生殖ゆえにリスク管理ができていない生命として、無責任な親とともに非難の対象になるかもしれない。一方には大金を使って購入したゲノムに数々のオプションを加え、贅を凝らし、非の打ちどころのない遺伝子をもつ人たちの集団が生まれるが、他方には粗野な自然の遺伝子をもつだけの人たちの集団が生じ、それらの集団が生物学的に区別されるとき、2つの集団がカーストとして等級づけられるようになる時代が到来しないとは誰にも言えないだろう。

　さらに言えば、社会的な価値の足し算でできた子どもを手に入れたとして、必ずしも子育てに成功するとは限らない。期待した通りに育たない子どもは、誰の子ともつかぬ「失敗作」や「欠陥品」と切り捨てられかねないし、医師たちにしても子どもの性能に関して製造者責任を問われかねない。ともあれ、個々の子どもの価値の下落や、あるいは製品価値の暴落を通して、ヒトのモノ化が否応なく進行していくだろう。生命のモノ化が進めば、「生きる価値」の等級付けも否応なく進行してゆく。いずれのプロセスも19世紀の優生学が思い描いた真のヒエラルキーと緊密に結びついている。西洋世界はインドのカースト制を忌まわしい因習と見なしてきたが、今や全世界が数値化された諸価値のヒエラルキーとして再構成されつつあるのかもしれない。既存のヒエラルキーの再生産につながるのか否かは2次的ないし3次的な問題へと退き、網羅的かつ包括的でありながら、それと矛盾することなく冷淡かつ非寛容な階層秩序が築かれてゆく。もはや誰1人として反論しえないし、誰1人として逃れられない牧場社会——

2　テロル

　さて、話のムードはガラッと変わる。

　テーマは標題どおり「テロル」である。「テロリズム」および「テロリスト」という語は厄介である。その理由は、意味が2つあって、しかもそれらのあいだに齟齬があるからであり、加えて用法にも悪意ある作意が凝らされているからである。

　テロリズムの主たる意味のひとつはフランス革命とその後の「恐怖政治」に由来し、国家の行為もしくは政治手法を指す。それに対して、もうひとつはアメリカをはじめ大国が「テロリスト」と名指した武装組織によって企てられる武力行使や暴力的な企てを指す。国家による支配の方法としての「テロ」と、国家未満の非合法的な集団・組織による「テロ」があり、いずれも暴力に訴え、「恐怖」を植え付ける点では共通するものの、それらの内実と趣向はずいぶんと異なっている。

　一般に「テロリスト」の用法は一方向的であり、一方から他方への誹謗中傷に近いが、実際には罵詈雑言を超える効果が見込まれている。今、誰かがある「敵」を「テロリスト」呼ばわりしたとしよう。それは単なる命名にとどまらず、ある種の通過儀礼の含意をともなう。というのも命名の瞬間を境に、テロリストと名指された者たちは決定的なステイタスの変更を余儀なくされるからである。以降、彼らは絶対的な「悪」と見做される。テロリストである以上、彼らに対するいかなる誹謗中傷も許され、いかなる武力攻撃も無条件に正当化される一方で、「怪しいとみなされると攻撃され、死んでしまえば「テロリストだった」ことにされる」（西谷修『理性の探究』岩波書店、2009年。90頁）。

　この種の名指しの魔力はなるほど重大な意味を有するが、しかし我々が今回考察したいのはその種のテロ、つまり手垢に塗れているものの極めて現代的でもある語の用法ではない。むしろ原義に立ち戻り、戦争と政治における「テロル terror（恐怖）」がいったい何を目的にし、どんな効果を狙っていたのかをあらためて考察したいのである。

(1) アーレント『全体主義の起源』

　ハンナ・アーレントの『全体主義の起源』のテーマは、ナチズムという全体主義体制がいかに誕生し、なにを目指し、なにをなし遂げたのか、ということだった。全体主義とは簡単に言えば、国家の意志と全体の利益を最優先にする体制である。諸個人の自由や権利は、国家の方針や全体の利害に資する限りにおいて容認される。もしも諸個人の動向が国家の進むべき方向（ベクトル）に逆らうようなら容赦しないだろう。また、諸個人が国家と同じベクトルにしたがって進むのを阻んだりするのも許されない。

　全体主義は稀有な体制ではない。アメリカやイギリスのように二大政党制を採る国々や、ドイツのように小党分立が常態化し、連立政権を作るのが普通になっている国々では、政権政党の方針と異なる考えを野党勢力が持っているのは普通のことだし、諸個人にも多様な思想や自由な行動が保証されていて当然である。しかし、一党独裁のソ連や中国、北朝鮮のような国々では、異論があること自体が許されない事態である。もし誰かが国論に異議を唱えようものなら即座に叛逆者と見做され、処分の対象にされるだろう。日本は万年与党と万年野党の不思議な政治体制だが、他国から見れば建前としては民主主義だが、内実としては「空気」としての全体主義が薄いヴェールのように国民全体を覆っている体制とでも定義できるだろう。全体主義の靄がかかった民主制とでも言えようか（実際、この講義のレポートでも、海外での生活経験がある学生から、日本で暮らしているとひどく息苦しくて、まるで収容所に詰め込まれているみたいだという声があった）。

　さて、ナチスは普通選挙により政権を奪取し、ヒトラーは国民投票によって国家総統という破格の地位を得た。しかし以降はナチスが倒れ、戦争に敗北するまで選挙で民意が問われることがなく、いわば全体主義化をひた走ることとなった。目下のところ全体主義とは何かを厳密に定義するよりも、全体主義を達成するためには何をするのが適切であり、そのために効果的な手段は何かを問うことにしよう。なぜなら、その手段こそ「テロル Terror」にほかならないからである。

　〔資料8〕「対外政策の領域で秘密警察に委ねられるすべての任務も、その最

も本来的な機能、すなわち権力掌握後における全体主義のフィクションの即時の実現ということに比すれば第二義的なものでしかない。〔中略〕彼〔独裁者〕はまず政治的反対者をテロルによって殲滅しなければならない。この初期段階は本質的に、本来の意味で〈全体主義的〉ではない。このときにはまだ警察や精鋭組織が、現実に存在する体制の敵にテロルを加えているのだから。全体主義特有のテロルと真の秘密警察支配は、このような反対派がもはや存在しなくなったときにやっと始まる。この時点から後は——そして近代的な警察手段の技術的な完璧化と道徳的な臆面のなさとのおかげで大抵この時点は人が予想するよりも早く来るのだが——、政治的反対者は絶えず拡張する警察機構の真の意図を隠蔽する口実としてのみ利用される」（アーレント『全体主義の起原 3』、196 ― 7 頁）。

　全体主義は特定の政治体制であるだけでなく、相反する意味を有する、——すなわち各国が採用する政治体制によって相反する 2 つの意味をもつ。ある体制にとっては、ありうべからざる悪夢であり、なんとしても遠ざけなければならず、断じて出現してはならぬ負の極地にあるのが全体主義である。反対に、別の体制にとっては唯一の到達目標であり、国家・社会が一色に染まるまでどんな手段を使ってでもそこに向かって進まなければならない目的地である。アーレントは後者の社会がそのために採る手段が「テロル」だという。
　ただし、彼女が「政治的反対者をテロルによって殲滅」すると言う場合の「テロル」は、日常的に用いられる「テロ」の用法であって、ロベスピエール流の「恐怖政治」を意味していない。暴力に訴えて政治的反対者を殲滅することは、手段としての「テロル」であり、その段階ではまだ「全体主義特有のテロル」に到達してはいない。全体主義に固有の「テロル」は、アーレントに言わせると反対派の消滅＝不在とともに始まる。そうであれば、真の「テロル」は、暴力とイコールで結ばれる概念ではないし、暴力による威嚇ですらない。叛逆者の告発と排除は、彼を断罪するためではなく、その他大勢を俯かせ、その中から彼に続く者が現われないようにするため殊更に大袈裟な身振りで演じられる。そうやって殲滅すべき敵がもはや 1 人も残っておらず、それゆえ暴力に訴える必要すらなくなるとき、つまりある種の静寂が大地を覆うとき、初め

て真のテロルが達成され、社会は全体主義に屈する。

〔資料9〕「現実に存在する反対派がことごとく粛清され、住民の組織が固められてもはや彼らが身動きもできないほどになったとき、つまり本来の意味の監視などはほとんど不必要になったとき、テロルは抵抗を壊滅し住民を監視する単なる手段であることをやめた。この段階においてはじめて、テロルというものをその固有の本質とする、本当に全体的な支配がはじまるのである。この全体主義固有のテロルの内容は決して単にネガティヴなもの——たとえば体制の敵の打倒といったこと——ではなく、それぞれの全体主義のフィクション——無階級社会の建設とか民族共同体あるいは人種社会の建設とか——の実現にポジティヴにも役立つ。理論的には、これらのフィクションの実現は、そしてそれとともにそもそも全体的支配なるものは、世界支配という前提のもとにおいてのみ可能であり、それ故この方向への歩みはすべてもっぱら実験的な性格しか持たない。しかしこの限界のなかで全体主義のフィクションはすくなくとも一時的にはほとんど完全に実現され得るばかりか、全体的に支配されている地域が外界からぴったりと閉ざされていればいるほど完全に実現されるのである。ヒットラーのドイツにとってこのような隔離のすばらしい機会は第二次大戦だった。そしてヒットラーは、戦争のおかげで非全体主義世界への「橋を取り払う」ことができ、人種社会というナツィのフィクションをほとんど工場経営のような形でおこなわれる「人種的劣等者」の殺戮によってすくなくとも一時的には全面的に実現し得たことを、最悪の軍事的逆境にあってすら忘れなかったのだ」（同198—9頁）。

ナチスが台頭したとき、突撃隊（SA）はヒトラーの手足となって、党大会の警備から敵対する党派や邪魔者の襲撃など、いわゆる手段としての「テロル」を任されていた。当時、不満を抱え、鬱憤を溜め込んだ若者たちにとって、SA は格好の憂さ晴らしができる集団だったのだ。組織のトップにはナチスのナンバー2にしてヒトラーの盟友、エルンスト・レームが据えられていた。最初こそ適切に機能していたようだが、ＳＡの集団行動は次第に激化し、命令もなしに暴動に及んだり、各地で暴行沙汰を起こしたりするなど次第のコント

ロールが効かなくなっていった。「長いナイフの夜」は、親衛隊（SS）が組織され、SAとの対立が決定的になった段階で起きた粛清だった。その口実として「レームが一揆を企てた」とされていたが、もちろんそんな事実はなく、事実上は将来的な危険分子を未然に始末したにすぎなかった。

　将来的な危険とは、未だ敵対していないし、潜在的かつ仮想上の敵でしかないが、いつ顕在化しないとも限らない脅威である。手段としての「テロル」を担っていた強力な部隊を組織的に抹殺するとき、口実としてでっち上げられた「一揆」は、たとえ便宜的なフィクションでしかないにせよ、組織の内部には次のようなメッセージとして反響するだろう、——上の意向にそぐわない行動に出たら、いつでも、どんな人物でも叛逆者として粛清されうる、と。

　SAのテロ行為は手段としての「テロル」であり、SA全員の粛清は全体主義の始まりを告げる「テロル」だった。以降、SAのような扱いにくい集団が生まれることはないだろう。テロルと粛清のあとに残るのは、従順な兵士と警官の部隊であり、極めて円滑に作動する命令系統であり、ヒトラーの意向を速やかに伝える伝導装置である。ナチスに行きわたる「恐怖」が社会全体に拡散し、人々を静寂のヴェールで覆い、国家が鉄のカーテンで閉ざされるとき、「テロル」もまた、この閉ざされた内部（＝全体）に行きわたる。この状態こそが全体主義の達成であり、常態としての「テロル」、すなわち1人の反逆者もいない世界の到来である——。

(2)　テロルの現在形

　ロシアがウクライナに侵攻したとき、ウクライナのゼレンスキー大統領はアメリカのバイデン大統領らの助言に抗ってキーウにとどまった。その際に、ゼレンスキーの勇気ある頑固さと比較されたのが、アフガニスタンのガニ大統領のあまりにも迅速すぎる逃走劇だった。タリバンが首都カブールに迫ろうとしていたとき、ガニ大統領は「尻尾を巻いて逃げる」という言葉がぴったりのタイミングで国を見捨て、国外に逃走した。国民も政府軍も唖然とした、——大統領の求心力は地に堕ち、軍の士気が低下するのは明白だった。間もなくタリバンは勝利宣言をし、各国はガニ大統領のみっともない振る舞いを一斉に非難した。以降、タリバンは単なるテロ組織ではなく、アフガニスタンの政治を牛

耳る政党になり、「テロル」は何かを成し遂げるための手段ではなく、盤石な支配を表わす言葉となった。

　故国を捨て、国外に逃げたガニとは対照的に、ウクライナのゼレンスキー大統領は、ロシアから暗殺部隊が送り込まれたと言われながらも、市中に出て、自撮り映像を全世界に発信し、「私はここにいる」と宣言した。ロシアが喧伝した「腰抜けの大統領が国外に逃亡した」というフェイクニュースを、本人が身をもって反証する格好になった。以降、ウクライナの発言が重要度を増す一方で、ロシアから出てくる言論の価値は暴落することになった。ゼレンスキーのスピーチは自国民の祖国愛を刺激し、軍の士気を上げたばかりか、各国の支援を引き出すことで政府への求心力を決定的なものにした。彼とブレーンたちはその巧みな演出によって、ウクライナの大統領を「テロル」の脅威に抗う自由主義世界の「顔」に仕立て上げることに成功したのである。

　他方、ロシアでは当初こそ戦争への反対を叫ぶデモが小規模ながら各地で起きたものの、警察の暴力的な取り締まりや、新たに重い懲役刑が制定されたのをはじめ、国民に対する徹底的な締め付けが行なわれた。警察による強圧的な鎮圧にしろ、強権的な法律の制定にしろ、それらは手段としての「テロル」であり、全世界にロシアが未だ恐怖政治の国であり、ソ連時代から「テロル」を継続し強化していると印象づけることになった。もはやひとつのデモも起こらず、国民の全体が政府の言い分を垂れ流すだけのテレビ番組を視聴し、それ以外の意見がひとつも見られないにもかかわらず、その状態を誰も不自然だと思わなくなるとき、アーレントのいう真の「テロル」が到来したことになる。何もできないし、何もしないという「絶望」の境地としての「テロル」である。

　〔資料10〕「だから恐怖は本来行動の原理では決してなく、反対に、行動し得ないという絶望なのだ、政治の領域のなかではそれは一種の反政治的原理である。そういうわけでモンテスキウは、恐怖によって動かされる専制はおのずから滅亡にむかう唯一の国家形式、自己の破滅の核を自分のうちに持っている唯一の国家形式であると考えた。君主国を没落させ、もしくは共和国を腐敗させるためには外的な事情が必要であるが、専制の場合にはまさにその反対であって、その存立は常にもっぱら外部事情によるものであり、ほうっておけばおの

ずから滅亡するのである」（同、295頁）。

　この資料で印象的なのは、モンテスキューを引きながら、アーレントの言う「原理」が奇しくもドゥルーズとガタリによるファシズムの運命論と共鳴している点にある。すでに引いたことのある文章だが、もう一度引いておこう、——「ナチスは、自分たちを滅びるだろうと考えていた。しかし、どのみち自分たちの企てはくりかえされ、全ヨーロッパ、全世界、全惑星におよぶだろうとも考えていた。人々は歓呼の声をあげた。理解できなかったからではなく、他人の死をともなうこの死を欲していたからである」（『千のプラトー』、264頁）。加えて、モンテスキューを参照しながらアーレントが言うには、恐怖政治に訴える専制主義は「おのずから滅亡にむかう唯一の国家形式、自己の破滅の核を自分のうちに持っている唯一の国家形式である」。今はこれらの言説を重く受け止めておこう。スターリンに代表されるソ連の血まみれの恐怖政治は、ゴルバチョフの登場によって終止符を打たれ、一度はソ連の崩壊という形で結末を迎えた。現在のロシアを覆う恐怖政治は新たに生じたものではなく、いわばソ連の墓場から蘇ったゾンビのようなものだ。ソ連崩壊時にＫＧＢの諜報部員として活動していたプーチンこそ、ソ連の恐怖政治の中枢にいた残党以外の何者でもないし、いわばソ連の亡骸がロシアのトップに登り詰めたにすぎない。モンテスキューの言葉を引くアーレントのコメントに、ドゥルーズたちによるファシズムの定義を付け加えよう、——「ファシズムの場合、国家は全体主義的というよりも、はるかに自滅的（*suicidaire*）だということ」。原文では否定的な比較級が用いられている（直訳すれば、「自滅的でないよりもはるかに全体主義的ではない」となるが、さすがにわかりにくい）が、全体主義を達成することと自滅的であることは、どちらが優位にあるかが問題ではなく、自滅が全体主義の条件にして運命であるという、いわば不即不離の関係にあると言わなければならないだろう。それゆえアーレントの議論をドゥルーズ＝ガタリ風に敷衍すれば、「ファシズムは、全体主義的であるがゆえに否応なく滅亡の核を蔵し、おのずと核が増殖するのを止める術をもたない」とでもなるだろう。今のロシアもまた歴史法則に洩れず、おのれの破滅に向かって確実に歩を進めているにちがいない。各国首脳の気がかりは唯一、——ロシアが死んでゆくそ

れ自身の破滅はいったいどれだけの国を巻き込み、どれほどの生命を巻き添え
にし、大地をどれほど荒廃させようとするのか、という点に絞られているはず
だ。

　スパイ上がりの亡霊君主が敷く「恐怖政治」は、国民の絶望的な無力感を支
えにする一方で、ロシアを非難し警戒する西側諸国の首脳を漸進的に疲弊させ
てゆくだろう。ロシアの無力感はこうして国外に波及し、全世界に徒労感と無
力感を拡散させてゆく。怒りを秘め、苛立ちを露わにしながらも、次第に脱力
感に苛まれ、諦念に打ちひしがれてゆく生命、——我々の生命もまた、力への
意志のもっとも衰弱した形態に堕ちていくのだろうか——。

　〔資料11〕「それぞれの市民の生れながらの力を制限して、各市民の強さを同
　一のものとみなし得るような空間を設定することが共和制の法律の意味なのだ
　が、この法律が崩壊したとなると混乱が生じて、各個人の強さがもはや他の市
　民の強さと結びつき得ないばかりではなく、それぞれの力がその対抗力によっ
　て相殺される。すなわち恐怖によって麻痺されるというきわめて独特な事態が
　生ずる。この破滅的状態においては権力の発生が妨げられるばかりか、無力そ
　のものが生み出されるのである。
　　この一般の無力のなかから他の全ての人間の強さに対する恐怖が生ずるので
　あり、この恐怖から一方では他のすべての人間を支配せんとする意志——これ
　は専制君主にふさわしい——、他方での支配されることへの諦め——これのお
　かげで被支配者にとって専制は堪えがたいものではなくなる——が生ずる。政
　治生活においては美徳は本来強力であることにおける同一性への愛であるのと
　同様、恐怖は本来無力における権力への意志、つまり支配せんとする意志もし
　くは支配されんとする意志なのだ」（アーレント、295 — 6頁）。

　ニヒリズムを直訳すれば「虚無主義」となるが、その作動形態はもっぱら否
定であり、どんな標的であれそれを否定によって打倒し粉砕することである。
我々は前回の講義において、唯一の真理を掲げる「否定的ニヒリズム」と、あ
らゆる真理に牙を剥く「反動的ニヒリズム」を見たが、いずれの否定も否定す
べき対象を殲滅し、無きものにしようとする点で徹頭徹尾「無への意志」に貫

かれていた。否定された意志は、消滅するか、たとえ消滅しなくとも挫かれ、打ちひしがれ、なすすべなく「無力感」に陥るだろう。つまり、あらゆる意志が否定を経由し、それ自身の根底に無の闇を見るようになる。もはや無を願うこともなく、否定への衝動をも喪失するから、意志はもはや「無への意志」をもたず、ただ「意志の無」に至る。ニーチェ＝ドゥルーズは、意志の無の境地をこう表わしていた、——「おれが何をしようとも、何をしなくとも、世界は変わらない。だからおれは何もしないし、なにも欲しない」。他の力に挫かれ、それが力であることすら忘れてしまおうとして、それ自身の小さな殻の中に身を縮め、すっかり萎びてしまった力の状態——。なにも望まず、なにも欲せず、なにもしない最小の力を満たしているもの、それこそ常態化し、おのれの意志とほとんど区別がつかなくなった「恐怖」にほかならない。「空気」を読むことに長けた者たちの慎ましくも礼儀正しい「テロル」……。

　〔資料 12〕「恐怖、そして恐怖の源である無力が反政治的な原理であり、政治的行動に対立する状況をあらわすように、Verlassenheit〔見捨てられた状態、見捨てられていること〕およびそれから出てくる最悪を目指しての論理的・イデオロギー的演繹は、反社会的状況であり一切の人間的関係を荒廃させる原理である。それでもやはり組織された Verlassenheit は、一個人の専制的・恣意的な意志によって支配されるすべての人間の組織化されていない無力よりもはるかに脅威なのだ。その危険は、いたるところで終りにさしかかっているように見えるわれわれのこの世界を、その終りから新しい始まりがよみがえるひまもないうちに荒廃させようとしていることである」（同 300 頁）。

　民衆の無力感は、政治的な意向を表明できなくなることであり、行動を不能にされた結果なのだから、その原動力だった「恐怖」が反政治的な原理と呼ばれるのは至極もっともだろう。ユダヤ人たちはそれこそ何もかも奪われ、「Verlassenheit 見捨てられた状態」に陥ったが、恐怖による支配を受けた民衆もまた、人間関係の荒廃した大地に裸足で立ち、いわば人間性の廃墟に生きていた。我々がかろうじて人間たりえたのは他者と社会関係を結び、社会状態を生きることによってなのだから、人間性の廃墟に屹立するとき、人は他者への

信を疑い、言語への「信」のあるべき土台から「不信感」が芽生え、他者への猜疑心が培養されているのを目の当たりにするだろう。もはや「信」があるのではなく、その代わりに「恐怖」があり、我々は世界という床の底が抜け落ちているのを発見する。もはや私が見捨てられているのではなく、私のいる世界が見捨てられ、果てしなく堕ちてゆく。床が抜けた世界、つまり故郷にいながらにして誰にも居場所がない。辺り一帯を見回してみれば、致死的な緊張のため、空気はかつてないほど張り詰めているだろう。人びとの声という声はみな銃声にかき消され、発しえたはずの言葉のすべてが世界の静寂となって無底の奈落に谺するのみ――。

　我々にとっての政治がそれを回避し、遠ざけ、斥ける試みでないとしたら、いったい政治とはなんなのであろうか？

読書案内（ちょっと「学魔」〔高山宏〕っぽく博覧強記を装って）
※書誌情報は原則〈著者『書名』（版元・出版年）〉のように記す。

第1・2講　生物学関連の書物に触れる際に大事なのは、ダーウィンらの原典に触れるよりも、まずは最新の成果に通じておくことである。というのも、古い学説の多くはすでに更新ないし刷新され、過去の遺物となっているものも（案外）多いからである。古い本に書かれていることを真に受けるのは本人のためにならないし、人に吹聴したりするとさらに始末が悪い。ならば古い知識には触れない方がいいのかというとそういうわけでもない。むしろ逆である。歴史のない学問はない。どんな学問であれ、5年前までの知識しか蓄積されていなければ、専門家の脳の歴史も5年くらいの厚みしかないという羽目になる。そういうことがあってはならないので、最新の成果を睨みつつ過去の達成をも案内するとしよう。

　まず、ダーウィン以前の博物学の時代を一瞥するのにもっとも適した書籍はといえば、**木村陽二郎**の『**ナチュラリストの系譜**』（ちくま学芸文庫 2021）だろう。ビュフォンからリンネ、ラマルクを経て、ジョフロワとキュヴィエとの論争までトピックにスキがない。内容があまりにも濃縮され過ぎていて、やや唖然とするレベルだが、ならばその分だけ読み返せばいいだけのことである（とはいえ、フランス語の長い肩書きをそのまま記して、さっさと先に行くのは文庫本という体裁を無視したぶっきらぼうさで、ややヤバい）。

　次いで、生物の進化に目をやるなら、イギリスの古生物学者、**リチャード・フォーティ**の『**生命40億年全史**』（草思社 2003、文庫あり）は紛れもない名著だし、是非とも読んでほしい。しかし、読者によっては中身の一部がすでに古びていると感じる人もいるかもしれない。事実、この20余年の間に更新された情報も少なくない。『生命40億年全史』の果たした役目を引き継ぐと豪語する**ピーター・ウォード／ジョゼフ・カーシュヴィンク**の『**生物はなぜ誕生したのか**』（河出書房新社 2016）が、フォーティの著作のもつ雄大な物語性を含め、

どこまで役目を引き継げたかは怪しいが、内容的には文句なしだ。**サイモン・コンウェイ＝モリス**『**進化の運命**』（講談社 2010）も同様の野心をもった大著に数えられるだろう。英文になるが、Jonathan B. Losos,"*Improbable Destinies*"（Riverhead Books, 2017）も古生物学の成果を見渡しながら進化の未来を占った興味深い書物だった。なお、フォーティの『**地球 46 億年全史**』（草思社 2008）は地質学者としてのフォーティの面目躍如といったところか。こちらも文庫になっており、訳者あとがきを含めて、すばらしい余韻を残すこと請け合いである。またフォーティの専門である三葉虫をテーマにした『**三葉虫の謎**』（早川書房 2002）は類書がなく、その語り口は彼の著作の中でも白眉といえるだろう（フォーティの隠し芸：ジャケットを使った三葉虫の脱皮のモノマネは是非とも見てみたい！）。『**〈生きた化石〉生命 40 億年史**』（筑摩選書 2014）もまた読書の幸せを感じさせてくれたし、『**乾燥標本収蔵 1 号室**』（NHK 出版 2011）に至っては、大英博物館を舞台に博物館の住人たちの肖像をまるで博物誌のように記述した、ウィットに富むけれども、科学と博物館の今後の行方に痛烈な矢を放つ（柔らかな）批判の書ともなっていた。

　生化学の観点から生命の歴史にアプローチする研究者として、**ニック・レーン**の『**生と死の自然史**』（東海大学出版会 2006）、『**ミトコンドリアが進化を決めた**』（みすず書房 2007）、『**生命の跳躍**』（同 2010 年）を推薦しよう。レーンの本はどれも緻密で大胆な問題提起を行なっているが、一部の専門家から「粗雑」やら「杜撰」と謗られたのを気にしたのか、最近の本は細部に足を取られ、身動きがならないような窮屈さを感じる。フォーティ並みの語り部でありながら、レーンに劣らぬ緻密さを備えた植物学の名著、**デイヴィッド・ビアリング**の『**植物が出現し、気候を変えた**』（みすず書房 2015）は単純に読み物として最高の逸品である。同じ著者による『**植生と大気の 4 億年**』（京都大学学術出版会 2003）を開くと、あまりの文体の落差に愕然とするだろう。後者は硬派な専門書であり、一般読者を遠ざけるガチガチの空気が充満しているが、収録されたデータはどれも大事なものばかりだ。

　進化論の祖、**チャールズ・ダーウィン**本家でお勧めなのは『**ミミズと土**』（平凡社ライブラリー 1994）である。自宅の庭に生きるミミズたちを長年にわたって呑気に観察しつづけた結果がこの偉大な書物に結実している。その影響が

知覚心理学者・佐々木正人の名著『ダーウィン的方法』（岩波書店 2005）を生み、さらには可愛らしくも鋭い問題提起を含む絵本、『ダーウィンのミミズの研究』（新妻昭夫・文、杉田比呂美・絵、福音館書店 1996）をも産み落とした。この可愛らしい絵本だけでも是非とも読んでおこう。たぶんミミズの謎は深まるばかりだから……。

　ダーウィンのもう一つの主著、『人間の由来』が性選択を主題にしていることは本文でも触れたが、同じく本文で挙げたマーリン・ズック『性淘汰』（白揚社、2008 年）は女性ならではの視点から書かれた性選択の著作として実に興味深い。また、およそ性選択をめぐるトピックは漏れなく網羅したと思しき大著、Gil G. Rosenthal,"*Mate Choice*"（Princeton University Press,2017）を挙げておく（邦訳が出る気配はまったくない）。『キャンベル生物学』の最新版が書棚にあるような人なら、性選択の教科書くらいの気持ちで置いておくのも悪くない。

第3講　キュヴィエ関係でもっとも精力的な研究者といえば、まちがいなくマーティン・J・S・ラドウィックだが、残念ながら日本語で読めるものは『化石の意味』（みすず書房 2013）1 冊しかない。キュヴィエの講義や論文の重要箇所を英訳し、解説を加えた著作、"*Georges Cuvier, Fossil Bones, and Geological Catastrophes*"（The University of Chicago Press, 1977）くらいは日本語に訳されてほしいものである。ラドウィックの代表作はまちがいなく大著、"*Worlds Before Adam*"（同 2008）になるだろうが、キュヴィエが主人公のこの本を手に取り、厚さ、紙質、図版の美しさを再確認しただけでも昨今の出版状況では邦訳の企画が通らない（以前に企画書が出てこない）のは無理からぬところか、とうなだれるしかない。続巻とも言える"*Earth's Deep History*"（同 2014）にも「アダム以前の世界」という章があり、キュヴィエの出番もたくさんあるものの、未だ邦訳が出る気配はない。若き日のキュヴィエの講義とジョフロワとの友情が描かれた、カール・ジンマーの『進化大全』（光文社 2004）は上質な紙で図版も美しく、内容も充実していて、しかも値段も手頃だ。クローディーヌ・コーエンの『マンモスの運命』（新評論 2003）は、主人公がマンモスだけに、いたるところにキュヴィエへの言及があるものの、読み方としては純粋にマンモ

スの物語とそれをめぐる人間のドタバタを堪能するのがいい。稀代の女性化石探索者、メアリー・アニングについては、**リン・バーバー**『**博物学の黄金時代**』（国書刊行会 1995）に詳しい。アニング以降の化石ハンターの代表格・ジョン・B・ハッチャーについては大部の評伝があるが、大著ゆえ邦訳は期待できないから、興味ある人に向けて書誌情報のみ紹介しておく。Lowell Dingus,"*King of the Dinosaur Hunder*", Pegasus Books,2018.

　大絶滅については、先のフォーティの著作も多くを教えてくれるが、目下の気候変動を含めて理解するには、**エリザベス・コルバート**『**6度目の大絶滅**』（NHK 出版 2015）がいい。キュヴィエの講義では原文から訳出したので、ここに邦訳書を紹介しておく。同じくらい重要な本なのに日本語に訳されていない作品として、Anthony D. Barnosky & Elizabeth A. Hadly,"*Tipping Point for Planet Earth*"（Thomas Dunne Books, 2015）がある。はっきり言おう。必読である。**カート・ステージャ**『**10万年の未来地球史**』（日経 BP 社 2012）も役に立つ。

　ピーター・ウォードも絶滅ネタが得意な生物学者で、一番のお薦めは『**恐竜はなぜ鳥に進化したのか**』（文藝春秋 2008、文庫あり）だが、『**生きた化石と大量絶滅**』（青土社 2005）や『**地球生命は自滅するのか？**』（同 2010）も面白い。『生きた化石──』の訳者あとがきを読むと、なんとも隔世の感を拭えない（生物学が数十年のあいだにいかに変わったかを如実に物語る記述だ）。ウォードはペルム紀の大絶滅を考察し、おどろおどろしく描写するのに長けているが、ある意味、我々の未来を占う観点からペルム紀末の事象に興味を持たれる向きには**ダグラス・H・アーウィン**『**大絶滅**』（共立出版 2009）を推薦したい。毛色は少し異なるが、Nathaniel Rich,"*Losing Earth*"（Picador,2019）は、気候変動をめぐる 1979 年から 1989 年までの社会運動を主題としている。タイトルも意味深で「地球を失うこと」とも「敗北しつつある地球」とも読める。そんなことを言うのも「気候変動を止めることが出来たかもしれない 10 年」という副題があるせいだ。我々人類はまたぞろ負けてしまうのだろうか？

　大仰な話から離れ、各論に行こう。最初に奇妙に愛着のある図鑑を 1 冊。絶滅動物の代表格である恐竜に関する書籍や図鑑はたくさん出ているが、手許にオールカラーで、版元もしっかりしているのに絵がどこかヘタで気持ち悪

い図鑑がある。Gregory S. Paul,"*The Princeton Field Guide to Dinosaurs* : 2nd edition, Princeton University Press, 2020. たぶん絵心のない人が努力を重ねた結果、まあまあの水準まで上達したが、それでもヘタうまの限界を超えられなかったのだろう。デッサンの狂った細密画に感じる違和感と言えばわかるだろうか、——それ風の味わいのあるヘタさに惹かれ、思わず購入し、たまに開いて「なんだかなあ」と首を捻りながら眺めるのに好都合な本である。

　各論と言いながら横道にそれた感があるため、少し軌道修正しよう。Dave Doulson,"*Silent Earth*"（Jonathan Cape,Penguin, 2021）は、昆虫の面白さを紹介しつつ、虫たちをめぐる危機的状況を告発する。その際、昨今のアメリカの学者たちの流行語なのか、元アメリカの高官、ロナルド・ラムズフェルドがイラク戦争の際に口走った「Unknown Unknown 知らないということすらわかっていないこと」がキーワードになっている。また、蛍の専門家であるSara Lewis,"*Silent Sparks*"（Princeton University Press,2016）は、全編オールカラーの美しい本で（あるがゆえに邦訳が望めない本でも）あるが、「蛍のために我々にできること」として日本の取り組みが紹介されており、図解つきで蛍の生態を教えてくれる（おそらく小学生が描いた）可愛らしいポスターが載っている（p.141）。絶滅に抗する地道な努力は案外、身近にあるのかもしれない。

第４講　スペンサーの論文は文庫でも読めるが、あまり勧める気にはなれない。社会学の創始者だからと言って無理に持ち上げる必要はないのだ。オーギュスト・コントを読むくらいならサン・シモンを読んだ方がためになるし、スペンサーに割く時間があるなら断然ヒュームを読むべきだ。なので、ここではむしろメンデル絡みで遺伝に関連した書籍を選んでおこう。是非お読みいただきたいのが第 15 講で僅かに言及した**山内一也『ウイルスの意味論』**（みすず書房 2018）と**デイヴィッド・クォメン『生命の〈系統樹〉はからみあう』**（作品社2020）である。いずれの作品も進化や遺伝に果たした感染の役割を、驚くような新事実とともに伝えてくれる。遺伝をあくまで数学的に理解したい向きには**ジョン・メイナード＝スミスの『進化遺伝学』**（産業図書 1995）があれば十分かもしれないが、本文で紹介した**マット・リドレー**のもうひとつの主著、**『や**

わらかな遺伝子』（紀伊國屋書店 2004）くらいは目を通しておきたいものだ。遺伝または発生の失敗の数々を軽快に渉猟してゆく奇書、**アルマン・マリー・ル
ロワ**の『**ヒトの変異**』（みすず書房、2006）は、めくるめく驚異に満ちた逸品である。

第5講　レヴィ＝ストロースによるインセスト・タブーの解明は、現代の人類学がなしとげた最も偉大な仕事のひとつにちがいないが、大著『**親族の基本構造**』（番町書房 1977、青弓社 2000）を読みこなすのは、さすがにややきつい。橋爪大三郎の『**はじめての構造主義**』（講談社現代新書 1988）や**小田亮**『**レヴィ
＝ストロース入門**』（ちくま新書 2000）から入るのがいいだろう。レヴィ＝ストロースを究めたくなったら、『**構造人類学**』（みすず書房 1972）や『**悲しき熱帯
1・2**』（中公クラシックス 2001）で肩慣らしをし、『**今日のトーテミズム**』（みすずライブラリー 2000）を経て『**野生の思考**』（みすず書房 1976）に到達するのを第一目標にしよう。ところで、どうして『**構造人類学Ⅱ**』は邦訳が出ないのだろう？　うかうかしている間に大好きな論文がいっぱい詰め込まれた『**構造人類学ゼロ**』が原文で出ちゃったじゃないか。どうするんだ？

　ミシェル・フーコーに関しては、講義では資料に『**異常者たち**』というコレージュ・ド・フランスでの講義録を用いたが、この講義は社会科学にもっとも大きな影響を与えた『**監獄の誕生**』（新潮社 2020）と『**性の歴史Ⅰ　知への意志**』（新潮社 1986）とのあいだ、ちょうど両書のつなぎ目に当たる。どうせならまとめて3冊読んでしまおう。ついでなのでフーコーに絡めて、私がもっとも敬愛する日本の書き手、**丹生谷貴志**の著作から、たぶん全世界でも丹生谷さんしか書けないフーコー論が入っている本を何冊かを挙げておきたい。『**砂漠の小舟**』（筑摩書房 1987）『**女と男と帝国**』（青土社 2000）『**家事と城砦**』（河出書房新社 2001）『**三島由紀夫とフーコー〈不在〉の思考**』（青土社 2004）。

第6講　「国民」を定義しようとすると泥沼に嵌まって出られなくなるのを示したのがフィヒテとルナンだった。むしろ**アーレント**の『**全体主義の起原**』第
1巻のようにコスモポリタンのユダヤ人を国民の外部性として定義したあと、翻って国民の構築に向かったと解する方がしっくりくる。

　講義内でも引いたように、ベネディクト・アンダーソンはナショナリズムの空虚さに触れ、「ナショナリズムは、他のイズム〔主義〕とはちがって、そのホッブスも、トクヴィルも、マルクスも、ウェーバーも、いかなる大思想家も生み出さなかった」と述べたが、国民（nation）を離れ、国家をその始原・本質において問う重要な仕事なら、正直いくらでもある。とりわけ **E・H・カントローヴィチ**『**王の二つの身体（上下）**』（ちくま学芸文庫 2003）は、今や国家論のホッブスに相当すると言えるだろう。それというのも、**ジル・ドゥルーズ&フェリックス・ガタリ**『**アンチ・オイディプス（上下）**』（河出文庫 2006）の第3章で展開される「専制君主機械」の概念や、フーコーが『知への意志』の最終章で展開した「君主の至上権」も、実はカントローヴィチの労作がなければ発想すらされなかったはずだから。エリザベス女王の国葬が紛れもなく、つまり（安倍元首相の国葬とは異なり）疑問の余地なく「儀礼」としての国葬たりえた理由と根拠を理解したいのなら、これらを読むのがもっとも早道である。日本の天皇が現に肉体を持っていながら「象徴」というステイタスに就いてあることに、どこか違和感を覚えながらも必死に勤しもうとした態度なども「なるほど」と理解しうるはずだ。**西谷修**は『**不死のワンダーランド**』（増補版、青土社 2002）の「Ⅲ　死の不可能性、または公共化する死」をフレーザーの不眠の弱き王の肖像を描くところから始めていた。同じく**フレーザー**の『**金枝篇**』（ちくま学芸文庫 2003）を参照しながら君主制を論じた異様な書物、**ジャン＝ポール・ルー**の『**王：神話と象徴**』（法政大学出版局 2009）も挙げておこう。この邦訳本が異様でありながら原著よりも価値ある仕事になっているのは、本文全体の実に2倍近くにならんとする膨大な訳注（！）にある。ちなみに『アンチ・オイディプス』の第3章を読みこなすのに必要な道具立ては、カントローヴィチの労作は言うまでもないが、そのほかに**マルセル・モース**の『**社会学と人類学**』（弘文堂 1973 に収録された『贈与論』と『呪術論』）、とりわけ同書に収録されたレヴィ＝ストロースの「マルセル・モースへの序文」が提唱した「浮遊するシニフィアン」の概念であり、さらには**カール・ポラニー**の『**大転換**』（東洋経済新報社 2009）である。国家を抜きに「再分配」は把捉されえない。ポランニーだけが経済の観点から税制を視野に収める目を持ちえたのは、再分配のシステムに未開社会の贈与とは質的に異なる経済行為を認めつつも、資本主

286

義とも仕組みが異なることがわかっていたからである。すなわち、王の発明品
たる貨幣はその際、官吏の愚行に連れ添われて国家の血管を循環するが、蓄積
された財はまだ市場に投下されない。

第7講　敵の仕組みを知るのも大事なことだけど、下手に紹介して変な影響を
与えたくないので優生学系の参考文献を挙げるのは控える。内容以前の段階で
問題含みの文献もあるので手に取る際には注意してほしい。唯一の推薦書は
エルンスト・ヘッケルの画集**『生物の驚異的な形』**（河出書房新社 2009）で決ま
りだ。抽象画のようにも見えるが、ヘッケルの筆致はデッサンに長けた生物学
者の最高峰と言うべき次元にあり、生物図鑑というよりむしろマニエリスムの
感すら覚えてしまう。せっかくなのでマニエリスム関連の必読本を 2 冊のみ挙
げておこう。**グスタフ・ルネ・ホッケ**『**迷宮としての世界（上下）**』（岩波文庫
2010）と**マリオ・プラーツ**『**官能の庭**』（ありな書房 2000）だ。

第8講　まずは定番として、**マックス・ウェーバー**の**『古代ユダヤ教（上下）』**
（岩波文庫 1996）と**ジャン・ポール・サルトル**の**『ユダヤ人』**（岩波新書 1956）を
挙げよう。前者はタイトル通り、紀元前のユダヤ社会における預言者（カリス
マとしての錯乱せる預言者）の言葉を分析している点で、タイプは異なるが**ス
ピノザ**の**『神学・政治論（上下）』**（光文社古典新訳文庫 2014）の社会学版とも言
える。後者は現代ヨーロッパ社会のユダヤ人問題を主題としている点で、**マル
クス**の**『ユダヤ人問題によせて』**（岩波文庫 1974）をホロコースト後の時代に引
き継ごうとした著作といえよう（ただし、分析はかなり浅い）。

　本文で触れたユダ福音書に関しては、**エレーヌ・ペイゲルス＆カレン・L・
キング**『**『ユダ福音書』の謎を解く**』（河出書房新社 2013）がある。

　ユダヤ教はイエスをキリストと認めず、人を神に連絡するメディアの出現を
否認する。つまりユダヤ教徒であることは即座にキリスト教の否定につながる。
ユダヤ教における神との断絶に関しては、先に挙げた丹生谷貴志『砂漠の小
舟』をはじめ彼の多くの論考が今なお示唆に富む（原初的かつ徹底した否定神
学としてのユダヤ教的ニヒリズム）。

　自身がユダヤ系でもあった**ジャック・デリダ**の**『シボレート』**（岩波書店

1990）は謎めいた表題が何を含意しているのかを含め、ユダヤ人問題の核心につながっている。デリダのあの、ひどくまわりくどい哲学を、アルジェリア出身のユダヤ系フランス人という、生来の根なし草としての立ち位置から読んでいくと案外入り口も見つけやすくなるかもしれない。

　もしもヨーロッパにおけるユダヤ人問題が中東に移植され、イスラエルに移行したとすれば、当然、パレスチナ問題を無視・排除するわけにはいかない。パレスチナ問題を扱った新書を（なんでもいいから）いくつか読んだあとなら、是非とも次の 1 冊に挑戦してみてほしい。**ジャン・ジュネ『恋する虜』**（人文書院 1994）。

　ユダヤ人問題に限らず、人種差別一般を扱った作品として、**ルース・ベネディクト『レイシズム』**（講談社学術文庫 2020）が手に入りやすくなったのはうれしい。**レヴィ＝ストロース『人種と歴史／人種と文化』**（みすず書房 2019）も必読文献のひとつだ。**ルイ・デュモンは『ホモ・ヒエラルキクス』**（みすず書房 2001）の補論で、インドのカースト制は新参者を飲み込んでシステムを更新しながら維持していくのに対し、自由と平等を謳うアメリカ社会は外部に排除すると述べていたが、昨今はアメリカだけでなく西洋キリスト教社会全般が建前では平等を謳いながら、現実には過酷なヒエラルキーを温存させていると主張する人も少なくない。その代表格として 1 冊だけ紹介しておこう。Isabel Wilkerson, *"Caste : The Origins of Our Discontents"*, Random House, 2020. **ジョック・ヤングの『排除型社会』**（洛北出版 2007）は「包摂型社会」から「排除型社会」への移行を問うていたが、実態はむしろ建前に覆われていたカースト制（ヒエラルキー型社会）が隠しようもなく露呈し、カースト間の憎悪が排除の身振りとして表出されるようになったにすぎないのではないか。すでに**フランツ・ファノンは『黒い皮膚・白い仮面』**（みすず書房 2020）や**『地に呪われたる者』**（みすず書房 2015）において、ヨーロッパ先進国に潜む堅固な人種カーストに勘づいていたはずだ。

第 9 講　本文でも言及した**トーマス・ヘイガー『大気を変える錬金術』**（みすず書房 2017）は必読である。「買え」とは言わないまでも、とりあえず「読め」と言わせてもらう。二酸化炭素を排出しない燃料として、水素とともにアンモ

ニアが再び脚光を浴び、その恩恵が農業に限られない点においても、あらためてハーバー＝ボッシュ法の射程に思いを馳せておく必要がある。

　同じ物質を原子と呼び、元素と呼ぶのは、物理が「原子」と呼ぶものを、化学は化合物の材料という観点から「元素」と呼ぶのが慣例になっているかららしい。元素の本としては『**元素生活**』（寄藤文平、化学同人 2017）がずいぶん話題になったが、推薦書として真っ先に頭に浮かぶのは**サム・キーン『スプーンと元素周期表**』（ハヤカワノンフィクション文庫 2015）だ。同じ著者の『**空気と人類**』（白揚社 2020）も楽しい。**セオドア・グレイ**〔著〕**ニック・マン**〔写真〕の『**世界で一番美しい元素図鑑**』（創元社 2010）は科学ぎらい、とりわけ化学に苦手意識を持った人ほど手に取ってほしい図鑑である。

　迂闊にも誰が述べたことなのか失念したが、シアン化物の反応の激しさから、初期の生命はシアン化物をどこかしらの時点で代謝に用いていたのではないかという推論を披瀝している人がいた。毒物はなぜ身体にとって毒なのか、という根本問題に対する仮説的な解として興味深くないだろうか？　毒の起源として考えられる解として、1 つには必須の生元素に極めて似た性質を持っているから、2 つ目として反応性が激しすぎて生命にとって手が出せなかったから、第 3 には以前に使っていたが、もはや使用しなくなったから。先の答えは第 3 の解を仮説的に設定してみたわけだ。**道端齊『生元素とは何か**』（NHK 出版 2012 年）は、生命が使用する 31 の主要元素がなぜ選ばれたのかを生化学と進化論の観点から丁寧に教えてくれる。どんな生物もまったく使用しようとしない元素の代表は砒素である（つまり生物にとって砒素は普遍的に毒なのだ。だから砒素中毒で死んだ人は細菌を寄せ付けず、それゆえ腐敗しない！）。本棚に 1 冊、毒物の本が欲しい人は、**船山信次『毒の科学**』（ナツメ社 2013）を挙げておこう。最強の毒物がボツリヌス毒であり、それが触媒毒であると聞いて、「触媒って何？」と思った人は、**田中一範『あなたと私の触媒学**』（裳華房 2000）に目を通すといい。

第 10 〜 12 講　ポグロムは歴史のあちこちで生じた惨事であるにもかかわらず、しっかりした研究はほとんど見かけない。その名の通り、悪質な陰謀論に煽られたロシアのケースが有名だが、権力に「扇動された」で終わってしまっ

たら分析にもならない。集団が発狂しうるか否かはわからないが、正気の個人が集団に紛れるとそれまでの判断力を失い、錯乱し暴挙に及ぶことがある。その光景を遠巻きに眺めていたのかもしれない、19世紀に「群衆」というテーマを発見した2人の研究者が現われる。一人は**ギュスターヴ・ル・ボン**であり、彼の『**群衆心理**』（講談社学術文庫 1993）は今なお必携である。もう一人の**ガブリエル・タルド**による『**世論と群衆**』（未来社 1989）は「公衆」の概念を提唱したものの、その集団に理性的判断を認めて近代的理性を託したどころか、逆に個室にいるだけで本性は群衆と変わらないと定義した。主著『**模倣の法則**』（河出書房新社 2007）と併せ、SNS時代の孤独な群衆の内実を鋭く抉る著作だ。さらにもう一人、ご存じフロイトを加えて、三様の群衆論をまとめ、それぞれのアクチュアリティを世に問うたのが、**S・モスコヴィッシ**の『**群衆の時代**』（法政大学出版局 1984）である。とはいえ群衆論の決定版といえば、**エリアス・カネッティ**『**群衆と権力（上下）**』（法政大学出版局 2010）にとどめを刺す。汲めども尽きぬ豊かな発想の源泉である。**ミンコフスキー**の『**生きられる時間（Ⅰ・Ⅱ）**』（みすず書房 1972）の冒頭で言及される精神科医、ド・クレランボーは私にとって長らく謎めいた存在だったが、その謎めく人物の異様さを分析することから始まる**港千尋**の『**群衆論**』（ちくま学芸文庫 2002）は、日本人が書いた群衆論というだけでなく、この分野の金字塔でもあるだろう。一人の中に写真家と思想家が共存する港さんの描き出す世界は、ありそうでない特異性に満ちている。

　強制収容所の過酷な経験を伝える本は少なくない。**ヴィクトール・フランクル**『**夜と霧**』（みすず書房 1985）や**ブルーノ・ベッテルハイム**『**生き残ること**』（法政大学出版局 1992）が代表格と言えるだろうが、実のところ両名とも絶滅収容所の生き残りではない。フランクルがアウシュヴィッツにいたのはわずか数日でしかないし、「極限状態」を命名したベッテルハイムは絶滅収容所が建設される以前に強制労働キャンプから出て、アメリカに移住している。それゆえ彼らの貴重な体験記ですら、ナチスが秘密裏に実行した作戦にとっては傍証程度の意味しかない、──その点が逆に起きた事柄の凄まじさを物語るのだが……。エリ・ヴィーゼルの本があるではないかという向きもあるだろうが、生還者からの疑惑の声が晴れないうちは本物の体験記とは認めがたいというのが

妥当なところではないだろうか。

ただ、まったく証言がないというわけではない。「所長ルドルフ・ヘスの告白遺録」と副題のついた『アウシュヴィッツ収容所』（講談社学術文庫 1999）は、読みながら苛立ちを抑えがたくなるが、それでも目を通しておくべき書籍だ。同胞の死体を焼却炉に投げ込む労働を終えたあとに飯を食うユダヤ人たちの姿を見て、「あんなことをしたあとで平然と飯を食えるなんて、まったくあいつらは不可解だ」と言ってのける無神経さ……「お前が言うな」と誰もが言いたくなるにちがいない。また、シュロモ・ヴェネツィアなる人物の手になる『私はガス室の「特殊任務」をしていた』（河出文庫 2018）という本も忘れてはならない。タイトルからドイツ兵の告白本かと思った人もいるだろうが、ヴェネツィアはユダヤ人であり、収容所で働かされていた囚人なので、ヘスから「不可解だ」と謗られた側に身を置いていた。その意味ではヘスに読ませたくなるばかりか、アウシュヴィッツの生き残りの証言としてもクロード・ランズマンの映画・書籍の『ショアー』（作品社 1995）と並んで決定版と言えるだけの重みがある。ほぼ時を同じくしてアウシュヴィッツに移送されていたシモーニュ・ヴェーユの序文があるのもうれしい。なお、『ショアー』に関心がある人は、鵜飼哲・高橋哲哉編『『ショアー』の衝撃』（未來社 1995）とショシャナ・フェルマン『声の回帰』（太田出版 1995）を探してみるといい。

なお、絶滅収容所の存在を否定する「否定論者」たちに代表される歴史修正主義に対する呵責ない批判として 1 冊だけ挙げておこう。ピエール・ヴィダル＝ナケ『記憶の暗殺者たち』（人文書院 1995）である。昨今のワクチン陰謀論など、ネットのデマから広がる妄想的な信念と集合行動には先に挙げた群衆論の再読と併せて、ヴィダル＝ナケの怜悧な批判の刃を見ておく必要がある。

ところで絶滅収容所の経験が物語るのは、神も亡霊もなく、祈りは通じないという事実だった。その結果、信仰を失い、無神論に至って終わりかというと、そう簡単な話ではない。ニーチェが述べたように神の死の時代は長く続く。人は信仰の呪縛から解放され、人の賑わいに紛れるのではなく、根なし草になり、救いの望みもなく大地を這うしかないおのれの生存を呪うことになるのだ。こうしてこの世に生まれてきたことを呪詛するシオランの『生誕の災厄』（紀伊國屋書店 2021）が生み落とされ、さらには反吐と汚物に塗れた大地を呪詛しな

がら創造者である神に悪態をつき、唾を吐く『**悪しき造物主**』（法政大学出版局 1984）に至る。

　戦争を隠れ蓑にしたナチスの作戦行動は、暴力を理性に反するものと捉える従来の考え方を疑問に付すこととなった。むしろ最悪の暴力こそ理性の所産であることのではないかと思考に強いること——その問いに対するひとつの答えが、**マックス・ホルクハイマー＆テオドール・アドルノ**の地下出版物、『**啓蒙の弁証法**』（岩波文庫 2007）である。彼らの洞察はなるほど見事なものだが、いかんせん邦訳書の登場が遅すぎた（色々な意味で）。ナチスのシンパだったハイデガーの存在論をユダヤ人の生き残りが引き受け、いかに展開したかを見るには、**エマニュエル・レヴィナス**の主著、『**全体性と無限**』（講談社学術文庫 2020）、および『**存在するとは別の仕方で　あるいは存在することの彼方へ**』（朝日出版社 1990）を措いてほかにない。すでに挙げた西谷修の『不死のワンダーランド』は、**ヴィクトル・ファリアス**の『**ハイデガーとナチズム**』（名古屋大学出版会 1990）が提起したハイデガー問題の余波が収まらぬ中、レヴィナスの思想に正面から向き合った書物でもあるが、それに続く『**戦争論**』（講談社学術文庫 1998）や、講義録『**夜の鼓動に触れる**』（ちくま学芸文庫 2015）は同じテーマ系を究めながらも、どちらかというと哲学・思想よりも文学や戦争の側に舵を切っていて読みやすく、かつ示唆に富む。**ジョルジュ・アガンベン**の『**ホモ・サケル**』（以文社 2003）も同じ思惟の系譜から読まれるべきだろう。

　我々の生きる世界がナチス以降の世界であり、ナチスの暴力は終わったのではなく、始まっただけだという認識を示した法学者、**ピエール・ルジャンドル**の作品はどれも刺激に満ちている。本文で触れた『ロルティ伍長の犯罪』（人文書院 1998）は必読書だが、ほかにもルソン・シリーズの『**真理の帝国**』（人文書院 2006）や、ルジャンドル自身による総論、『**ドグマ人類学総説**』（平凡社 2003）がある。入門編としては『**西洋が西洋について見ないでいること**』（以文社 2004）が興味深く、かつ気軽に読めるだろうし、西洋的規範をユダヤ＝ローマ＝キリスト教的ドグマとして捉え直す『**同一性の謎**』（以文社 2012）も導入としては最適だろう。主著は未訳だが、フランス語原典はクセが強すぎるので割愛する……。

　ヒトラーをめぐる文学的想像力として、美しくもヤバい作品として、ジャ

ン・ジュネ『葬儀』（河出書房新社 1987）を忘れるわけにはいかない。主人公が
ヒトラーの専属ポルノグラファーとなり、第二次大戦が未だ継続する異世界
を覗き見る異様な文学作品、**スティーヴ・エリクソン『黒い時計の旅』**（白水
Uブックス 2005）はジュネが『葬儀』で繰り広げた夢想の直系に当たるだろう。
いずれの作家も文章表現および文体の鬼である。

第 13 講　第 101 大隊の行動は、私たちの目を**スタンレー・ミルグラム『服従
の心理』**（河出文庫 2012）に導く。大多数の人間は思った以上に主体性がなく、
命令や規範に対して従順なのだ。ミルグラムの「服従」実験は当然ながら、彼
自身の手によっても継続されたが、別の研究者も手を変え、品を変え、過酷な
実験に手を染めていった。その射程距離については**アレックス・バーザ『狂
気の科学者たち』**（新潮文庫 2019）第 9 章を参照されたい。また、兵士が戦友の
行動や態度に同調し、上官を信頼する感情などを理解したければ、**ロバート・
K・マートン『社会理論と社会構造』**（みすず書房 1961）の準拠集団論を避けて
通るわけにはいかない。また、個人の生産性を左右するのは各人の能力や道徳
観よりも集団の規範であることを証明した点で、**G.C. ホーマンズ『ヒューマ
ン・グループ』**（ミネルヴァ書房 2018）もまた今なお重要な文献であり続けてい
ると言えるだろう。
　他方、戦場の兵士が意外なほど発砲していなかったこと、つまり個人の行動
を意外なほど平時の規範が支配している事実に関して鋭い洞察を示した研究は
少ない。殺人者の動機を探る犯罪学者や精神科医の言葉は巷に溢れるほど垂れ
流されているが、殺人を犯さない普通の人の動機や規範意識を分析する犯罪学
者や医師の言葉は極めて少ない。心や行動に問題がある人を見つけるとすぐに
家族関係や幼児期に原因があると考える発想に対して、ミルトン・エリクソン
が放った言葉は、その意味で今なお注視に値するだろう。彼はこう言ったのだ、
「たとえば、たくさんの幸せで、成功を収め、しっかり適応した人たちの人生
を見渡して、彼らになぜかと尋ねてみてください（笑）。全く意味がありませ
ん。〔略〕なぜ私たちは彼らの子ども時代や両親の関係を分析すべきなのでしょ
う？　彼らはそんなものに一度も煩わされませんでしたし、金輪際わずらわさ
れたりしないでしょう」（Edited by Jay Haley, *"Changing Couple: Conversation*

woth Milton H. Erikson, vol.II, Triangle Press,1985. p.11）。問題行動は幼児期に縛られているが、問題のない人たちは幼児期の呪縛から解放されているなどと言えば、即座にダブルスタンダードの誇りを免れまい。何しろ問題が発覚する前は、いずれも同じカテゴリーに収まっていたはずなのだから。

　また、グロスマンが引用した**マルクス・アウレリウス『自省録』**（講談社学術文庫 2006、岩波文庫 2007）から直結する思想は、レヴィ＝ストロースの構造人類学やルジャンドルのドグマ人類学の洞察に通じている。すなわち、全体は要素ひとつが消えると総計から 1 が差し引かれるのではなく、埋め合わせのできない欠陥が生じ、全体がバラバラになり、構成ないし構造そのものが別物になってしまうのである。まともな人間がまともであることの理由と根拠を明らかにするためのヒントがここにある。

第 14・15 講　まずは 15 講の前半部から。グリーリーは優生学の未来をゲノム編集がもたらす可能性として思い描いていた。その夢と希望、そして憂慮が未来に何を描き出すかはわからないが、過去から悪夢を想起し、怪物を呼び覚ますことならできる。挙げておきたいのは、**ローン・フランクの『闇の脳科学』**（文藝春秋 2020）という、いかにも怪しげなタイトルの書籍だ。この本に登場するロバート・ヒースという科学者は同性愛者の脳に電極を挿し、通電という手段を用いて同性愛を治してしまったのだという。同性愛が治療を要する疾患か否かが問題なのではない。人間を作り替える技術を肯定するか否かが問われているのだ。肯定する立場からすれば、性犯罪の前科がある者たちの脳にある種に機械を埋め込んで再犯を未然に防ぐことができるし、反社会的な思想を抱くのを前もって阻止することもできる。グリーリーの議論から広がる可能性は広く、いろいろなヤバい道に連なっていることがわかれば OK だ。

　ゲノムについて考えるとき、我々が忘れがちな観点を教えてくれるのが、体内細菌など我々の身体の中に暮らす他者たちの活動である。**マーリーン・ズックの『考える寄生体』**（東洋書林、2009 年）は、私たちがゲノムでできているだけでなく、他者たちの活動に左右されていることを教えてくれる。また**『私たちは今でも進化しているのか？』**（文藝春秋、2015 年）は、環境に適応するという意味での進化が驚くほど短期間で達成されることを実例をもって示し、いわ

ゆる斉一説が予想するよりも進化がずっと迅速かつ劇的である可能性を示唆している。締め括りとして挙げておきたいのは、両親のファーストネームがいずれも「ジーン」であることから幼少期より苦しめられてきたという**サム・キーン**の『**にわかには信じられない遺伝子の不思議な物語**』（朝日新聞出版 2013）である。キーンの本は科学的な読み物として最良の部類に入る。つまり、いつ読んでも面白く、ためになる。

　さて、話題を 14 講および 15 講の後半に移そう。冷戦時代、ソ連は鉄のカーテンを下ろすことにより巨大な閉鎖系となった。**ソルジェニーツィン**の『**収容所群島**』がつとに有名だが、敷居が高いので、ここでは短めの中編として『**イワン・デニーソヴィチの一日**』（新潮文庫 2005、岩波文庫 1971）を挙げておこう。**ハンナ・アーレント**の『**全体主義の起原**』全 3 冊（みすず書房 2017）の記述はゆっくりとナチスのホロコーストの核心に向かって進んでゆくのだが、そう見えながら最終巻の「テロル」をめぐる論述はむしろ当時のソ連社会の全体主義を強く意識した記述になっており、それゆえ 2022 年の現在もなお、アーレントのアクチュアリティをあらためて痛感する所以である。『**無秩序の活用**』や『**公共性の喪失**』で知られる**リチャード・セネット**は、ミシェル・フーコーの友人であり、かつアーレントの知己でもあった。ドイツ時代にシオニズムに共感していたアーレントが戦後、イスラエルから距離を置くようになった理由に触れ、セネットは次のように述べている、「政治の問題は、無（nothing）としてカウントされかねない人たち、相続するものがありえない人々が、そうであればこそ、いかにして彼ら自身と彼らに共通の生の条件を創出しうるのかという点にあった」（Richard Sennett,"*The Conscience of the Eye*",W.W.Norton & Company,1990.p.134.）。アーレントのアメリカ時代を描いた著作、Richard H. King,"*Arendt and Amerika*",The University of Chicago Press,2015 もセネットのアーレント観に独特の敬意を払っていた。また『**暴力**』という記念碑的著作のある、Richard J. Bernstein,"*Why Read Hannah Arendt Now*"（Polity Press,2018）は小著ながらタイトルからして直球のアーレント啓蒙本であり、是非とも邦訳を期待したい。論壇が左右に分裂していた時代にあって、彼女がいずれの陣営にも容易に属することなく、毅然と孤独を生きた言論は今なお至宝である。『**暴力について**』（みすずライブラリー 2000）は、主著の敷居の高さを

感じることなく、アーレントが時代の空気を吸いながら、その都度の出来事や世相に何を感じていたのかを眺めながら、彼女の基本的なスタンスを窺い知ることができる。

アーレントの「テロル」は、テロ組織という「やつら」、つまり三人称の問題ではなく、俯いて「口をつむぐ」私たち一人称の問題だった。その意味でファシズムは他人事ではないし過去の問題でもない。世界を見渡せば未だ民主制よりも独裁や全体主義が多数派を占める状況は変わらず、それが人類の未来に暗い影を落としていることも否めない。**マキアヴェッリ**の『**君主論**』（岩波文庫 1998）をあらためて読み返さなければならない所以であり、かつ**カール・シュミット**の『**政治的なものの概念**』（岩波文庫 2022）と『**独裁**』（未來社 1991）も併せて押さえておく必要がある。さらに英語の文献になるが、小著を 2 冊だけ紹介に加えさせてほしい。1 つは「ファシズムとヒューマニズムについて」との副題を掲げ、中心となる章を「ファシズムの永遠回帰」と題した書物、Rob Riemen,*"To Fight against This Age"*（W.W. Norton & Company, 2018）であり、もう 1 点は「我々と彼らの政治」との副題を掲げる、Jason Stanley, *"How Fascism Works"*（Random House, 2018）である。アーレントはもちろんだが、**ティモシー・スナイダー**の『**暴政：20 世紀の歴史に学ぶ 20 のレッスン**』（慶應義塾大学出版会 2017）に共鳴し、我々の時代をファシズム前夜と予感するか、もしくはそのとば口・発端にあるという認識が（わずかでも）あるなら、どちらも一度は手に取ってみるといいだろう。

また、アーレントとは別の水準で、常におのれの（あまりに独特すぎる）道を行きながら、いかなる陣営よりもラディカルな言論をものした**ジャン・ジュネ**の『**公然たる敵**』（月曜社 2011）を挙げておこう。ジュネが 1970 年に立て続けに発表した文章・発言は昨今のブラック・ライブズ・マターのさなかで生まれたと言ってもおかしくないほどアクチュアリティに溢れている。ジュネの言葉が未だ強く轟くということは、アメリカの人種カースト制が当時からほとんど変わっていないことにもなる——50 年も経ていながら……。

戦争を遂行する国家がウソばかりついており、どんな約束も条約も当てにならないのは、歴史を顧みるまでもなく、日々のニュースや報道からも明らかである。彼らの常套句に一喜一憂しないでいるためにも、**アンヌ・モレリ**『**戦争**

プロパガンダ 10 の法則』（草思社文庫 2015）は手元に置いておきたい。

　絶滅収容所ではどんなに祈っても届かないし、伝わらないと言ったが、ならば祈りに意味がないかといえば、そうではない。届かずとも祈るのが「精神」の営みであり、それゆえ祈りを肯定することはそれが何者にも届かないことの肯定をも含意する。言い換えるなら、届くのを目的化すると祈りの価値は下落し、むしろ絶望と怨恨の温床になる。ずいぶん前に小泉義之氏と雑誌で対談した際、当時、世間を賑わしていた「どうして人を殺してはいけないのか？」という子どもの質問に話題が及んだ。小泉さんは、どれほど殺意を覚えたとしても殺すことはなく、ただ「死ね」と呪えばいいと語った。そして「その呪いはいつか必ず叶う」とも。彼はデカルト論で「祈り」をテーマにしたことがある。祈り、呪い、考え、弔うことは、どれも精神の営みである。刺し、撃ち、殺すのは物理的行為、つまり肉体の力を使って人に害をなすことである。我々が心を持ち、精神の営みを捨てずに生きようとするなら、死者を生ゴミと一緒にしたりせず、死者を想い、死者との断絶を思惟し、祈り、弔うことが必須である。なので、やや古い本になるが、**小泉義之**の『**弔いの哲学**』（河出書房新社 1997）を挙げて、少しばかり長くなり過ぎた稿を閉じるとしよう。

あとがき

　物理の世界ではニュートンの仕事が一挙に開花したときのことを「奇跡の年」と呼ぶらしい。その年、1665 年はロンドンがペスト禍に見舞われ、大学が休校というより閉鎖され、若きアイザックは故郷の農園に疎開し、田舎で奇跡的に生産的な年を過ごすことになった。とりわけ万有引力が有名だが、それを導出するツールとしての微分学を作り出したのもこの年である。物理を探究するうちに副産物として数学の一分野をも創設してしまったわけである。とはいえ、のちにライプニッツが無限小解析として微分学を世に問うと、ニュートンは未発表だったくせに「微分を先に作ったのはオレだ」と言い出して、歴史に残る悶着を引き起こすこととなった。とはいえ、微分をめぐる一悶着は「奇跡の年」の出来事ではないので、ご安心を。

　ニュートンの逸話は、コロナ禍のさなかで授業を余儀なくされた際、たくさんの学生に語ったことでもある。「この困難な時代をどう生きるかで人間の真価が問われる」とか、それっぽく耳に響くけれども、実は心にもない（おまけに身も蓋もない）言葉を添えていたかもしれない。

　もちろん私の身に「奇跡の年」が到来したかといえば、口が裂けてもそんな大それたことは言えないし、言うわけにもいかない。なんとか時間を工面し、いろいろ創意工夫を重ねながら、やっとのことで拵えたのが本書である。

　犯罪社会学と銘打ちながら、普通、大学で開講されている内容からはずいぶんかけ離れていると感じられる、その由来を少しばかり説明しておこう。

　東北関東大震災の余波で原発事故が起きた時、東京にある某国立大学の一教員がいわゆる「原発村」の宣伝マンとして各地の説明会や講演会に足を運んでは一般聴衆の無知を論い、愚弄し、嘲笑してきたのを知らされた。科学者はもちろん、専門家ですらない大学教員が大それた肩書きを利用し、便利な御用学者として方々で適当なことを触れ回っていたのがわかり、その犯罪性をしっかり押さえておく必要があると（当時は）感じたものだ。とはいえ彼の名前や所属大学、その振る舞いの愚かしさ、浅はかさなどは本講義では（生物学編でも物理学編でも）まったく扱っていない。

　もちろん市井の研究者たちに清廉潔白であれ、などと今さら寝言めいたことを言いたいわけではない。グレゴリー・ベイトソンの研究の大半は軍から資金を得て行なわれたものであるし、「アフォーダンス」で有名なJ．J．ギブソンの認知科学も著書を開けば資金面だけでなく、実験にも軍の協力が欠かせなかったことは一目瞭然である。本書で用いたグロスマンに至ってはプロの軍人であり、その立場と地位があってこそ得られた知見に価値がある。彼は軍の訓練だけでなく、エンタテインメントが人の魂に刻印された殺人の禁止を解除し、タブーを脱感作しつつあることに対して危惧を表明していた。

　米軍はもちろん、グロスマンの研究の軍事的な意義を認め、金を出す一方で、彼の表明する危惧に口を挟むような真似はしない。そこがアメリカのよいところであるし、グロスマンの発言にもよい意味でウェーバーの価値自由が窺われる。つまり、自分の研究とそこから導かれる考えが、いかなる団体・機関といかなる関わりを持っているかを自覚し、その上でおのれの意見や態度を表明するのを慎むこともあえてしないということである。要するに問われているのは職業上の矜持の如何ということである。○○大学教授という肩書きを掲げて地元住民の不安を嘲笑し、市井の人々を愚弄したバカに言いしれぬ怒りを覚えた所以であり、彼の振る舞いを講義で取り上げるに値しないと判断した所以でもある。

　事ほど左様に科学者・研究者と軍事、国家との関わりは単純ではない。相応の複雑さを意識しながらも、以来、科学と政治、軍事との灰色の関係に抜き差しならぬ関心を抱きながら、講義の主題に取り上げたい気持ちが強くなっていった。おそらく10年前くらいからだろうか、通常の講義と1年交代で、つまり隔年開講になるが、「科学と国家と大量殺戮」と銘打って春学期に「生物学編」を、秋学期に「物理学編」を扱うようになった。履修した学生たちに対しては日頃より「君たちは物事を文系と理系に分けて考えるのが好きなようだけど、世界は文系と理系に分かれてはくれないんだよ」と言っていたが、それでもハードルはやや高く感じられたらしい。とりわけ秋の物理学編がしんどかったらしく、履修生が100人を切ることもあった。ダーウィンから語り始めようが、はたまたアインシュタインから始めようが、学生たちは「これのどこが犯罪社会学？」と当惑しつつも、毎回欠かさず出席し、回を重ねるにつれ、

ただならぬ方向に向かうのを察し、ヤバさを実感したようだ。講義の満足度が高かったか否かはわからないが、情報量に対する満腹度が高かったことだけはまちがいない。

　2020年度は周知のように世界がコロナ禍に見舞われ、授業の運営に根本的な変更を迫られることとなった。私の講義にわずかながら「奇跡の年」の残り香が漂っているとすれば、それまで蓄積した資料類をまとめ、板書のためのノートからテキスト版の講義録を作成し、履修生に公開することによって、オンデマンド授業のシステムに組み込んだことだろう。2020年度はオンデマンド授業を逆手に取って本書の執筆に着手し、2022年はすでに出来上がった講義録を点検し推敲することにより、本として仕上げるところまでなんとか漕ぎ着けた。「奇跡」と言うほど出来栄えを自画自賛するつもりはないが、大学に在籍する研究者を日々追い立てるブルシット・ジョブ（クソどうでもいい仕事）の増殖は、コロナ禍でも一向に減少する様子がなかった（むしろさらに増殖したのではないか？）から、我々が研究者として小さな「奇跡」を奪還するには、学生の前で滔々と喋ることができなくなった状況を逆手に取って、原稿を書くチャンスに転換するしかなかった。

　400字詰めにして40枚から50枚の原稿を毎週欠かさずに仕上げるというノルマは、自分で自分に課したとはいえ、相応にきつい仕事のように思われるかもしれない。とりわけ1年かけて50枚強の卒業論文に取り組む4年生にはそう感じられるかもしれないが、実のところ私にはそれほど大変な仕事量ではない。30代の頃、がむしゃらに原稿を書いていた（書かされていた）時代に比べれば、ずいぶん楽だった。「〔資料〕」と銘打ち、学生たちに読ませたいテキストをたくさん引用したが、偉大な先人たちの文章に助けられたのは言うまでもない。同時代人たちの言葉は同じ世界を生きる水先案内人のように感じられた。もちろん若い頃に鍛えられ、腕を上げていたことは確実に効いている。好きこそものの上手なれと言うが、たぶん一面の真理を突いているのだろう、――事実、研究や執筆の時間が取れないことで「厳しい」と感じ、無性に苛立つことはあっても、文章を書き、本を作る作業で「きつい」と感じ、やめたくなることは一度もなかった。その点では自分に合っている仕事だと思うし、そう思えるだけで幸せ者なのだろう。

　というわけで本書は、「科学と国家と大量殺戮」と銘打った講義の「生物学編」全15回である。15個の窓から見える風景から成るコラージュとでも言えばよいだろうか。網羅的に扱うことが不可能なのは、巻末の読書案内を一瞥してもらえれば明白であろう。そこに列挙された文献はどれもそれぞれの講義から広がる関連文献群である。大部分が本文中では言及されてすらいない。それら講義で扱いきれなかった書籍は、それらをすべて読めば全体が見えるとか、網羅的にわかるという種類のものではなく、15の窓から見えてくるだろう、複雑に絡み合ういくつもの道筋を示すというからくりになっている。各人の好奇心を刺激し、それぞれの欲望に進むべき道行きを微かでも示すことができたなら、それで十分である。

　願わくば、本書が読者にとって「物理学編」を読んでみたいという本になっていてほしい。物理学編の読書案内はより混迷の度を深め、さらに「学魔」めいた様相を呈するかもしれないが、それも密かな楽しみになれば、と願うばかりである。

　当初、言視舎の杉山尚次氏には「少女論」という企画を持ち込んだのだが、それに着手しようと思った頃合いに、ロシア軍がウクライナに侵攻した。4月に新学期の講義を始めたわけだが、そのとき時宜を逸した「少女論」よりも、戦況を横目に見ながら展開してゆく「科学と国家と大量殺戮」の単行本化を優先すべきではないかと思った次第である。杉山氏に打診し、相談した結果、本書を仕上げ、上梓に踏み切ることとなった。間髪入れずに快諾してくださった杉山氏には感謝の言葉しかない。

　講義の幾許かの箇所は報道を見聞きしながら認めた言葉がその時々の状況を痕跡として残しているかもしれない。とりわけ最終回の後半部分は進行中の出来事を主題に取り上げ、先行きの予測を含めて相応の詳細さで論じている。2022年の事象を強く反映した文章を残すことの是非に関しては色々と考えを巡らせたものの、どんな論考も所詮は置かれた時代と地域に制約を受けるものだし、その点ではあらゆる表現が「生もの」たらざるをえない。「生もの」性がすぐに古びて腐臭を放つなら、私の力不足ということになるだろうが、予想に反して変わらぬ鮮度を保ってくれるなら論の素材として用いた文献が未だ衰

えを知らない証左でもあるだろう。

　7月の後半に講義を終え、最後の推敲を重ねる過程では、学生たちの質問や感想がとても役に立った。よくわからないと指摘のあった箇所はより平明な説明に切り替え、鋭い質問にはレポートに応答するだけでなく、講義内容にも反映させている。本書の欠陥や不備が講義時よりも少なくなったとしたら、学生諸君のお蔭である。「お世辞ではなく、私史上最高の授業」と言ってくれたNさんをはじめ、この形式での授業に賛同し、背中を押してくれた学生たち全員に記して感謝しよう。

　なお、明治学院大学学術振興基金から出版助成として補助金の支給を受けて出版の運びとなったことも記しておかなければならない。やや悪夢めいた読書案内が書かれた事の次第は、研究支援課の倉林泰之氏とのメールによるやり取りに起因する。もう少し簡単なものを書くつもりで始めたことが段々おもしろくなって短期間で大きく増殖した次第である。増殖の結果、面白い内容になったとしたら、きっかけを与えてくれた倉林さんたちのお蔭でもあり、合わせて記し、謝意を示させていただく。みなさん、ありがとう。

2022 年 10 月 14 日　澤野 雅樹

※本書は令和四年度明治学院大学学術振興基金補助金を得てなった。

澤野雅樹（さわの・まさき）
1960 年生まれ、明治学院大学教授。専門は社会思想、犯罪社会学。
主な著書『癩者の生』（青弓社）『記憶と反復』（青土社）『数の怪物、記
号の魔』（現代思潮社）『ドゥルーズを「活用」する！』（彩流社）『絶滅
の地球誌』（講談社選書メチエ）『起死回生の読書！』（言視舎）『ミルトン・
エリクソン―魔法使いの秘密の「ことば」』（法政大学出版局）ほか多数。

編集協力………田中はるか
DTP 制作………勝澤節子
装丁………長久雅行

［犯罪社会学講義］
科学と国家と大量殺戮 生物学編

発行日❖2022 年 12 月 31 日　初版第 1 刷

著者
澤野雅樹

発行者
杉山尚次

発行所
株式会社言視舎
東京都千代田区富士見 2-2-2　〒 102-0071
電話 03-3234-5997　FAX 03-3234-5957
https://www.s-pn.jp/

印刷・製本
中央精版印刷㈱
© Masaki Sawano, 2022, Printed in Japan
ISBN978-4-86565-239-0 C0036

言視舎刊行の関連書

978-4-86565-069-3

起死回生の読書！
信じられる未来の基準

「なぜ本を読まなければならないのか」「本が読まれない」ことは業界的問題どころか、文明論的に恐るべき意味をもつ。知識人の役割と責任を取り戻すことは後戻りできない課題だ。「ではどうするか」を簡潔に、具体的に提示する。

澤野雅樹著　　　　　　　　　　四六判並製　定価1700円＋税

978-4-86565-233-8

新・戦争論
「世界内戦」の時代

ウクライナ-ロシアの戦争、中国の大国主義は、21世紀型新・戦争概念「世界内戦」の概念ぬきには理解できない。この事態を10年前から予見していた論客が、世界規模で進む「没落する中流」と戦後日本社会の欺瞞、空洞化を指摘。

笠井潔著　　　　　　　　　　　四六判並製　定価2200円＋税

978-4-86565-234-5

世界史の読み方
認識を刷新する４つの論点

鷲田小彌太式「世界史」読解法の極意——世に「新しい読み」などない。「読み換え」だけがある。読み換えの技術〔アート〕が、独創の根幹であり、哲学の技法だ。

鷲田小彌太著　　　　　　　　　四六判並製　定価2000円＋税